RECUEIL

DES

ARRÊTS DE LA COUR IMPÉRIALE

DE DIJON

ET DES

JUGEMENTS DES TRIBUNAUX DE PREMIÈRE INSTANCE

DU RESSORT

en matière civile, commerciale et criminelle

RÉDIGÉ

PAR H. F. RIVIÈRE

Avocat à la Cour impériale, Docteur en droit, Lauréat de l'Académie de Législation

AVEC LA COLLABORATION DE PLUSIEURS JURISCONSULTES

Prix de l'abonnement, *franc de port*, DIX francs.

TOME III.

DIJON

AU BUREAU
DE
L'ADMINISTRATION DU RECUEIL
Rue des Godrans, 41

À LA LIBRAIRIE
DE
LAMARCHE
Place Saint-Etienne

1859

RECUEIL

DES

ARRÊTS DE LA COUR IMPÉRIALE

DE DIJON

ET DES

JUGEMENTS DES TRIBUNAUX DE PREMIÈRE INSTANCE

DU RESSORT

en matière civile, commerciale et criminelle

RÉDIGÉ

PAR H. F. RIVIÈRE

Avocat à la Cour impériale, Docteur en droit, Lauréat de l'Académie de Législation

AVEC LA COLLABORATION DE PLUSIEURS JURISCONSULTES

TOME III

DIJON

AU BUREAU
DE
L'ADMINISTRATION DU RECUEIL
Rue des Godrans

A LA LIBRAIRIE
DE
M. LAMARCHE
Place Saint-Etienne

1859
1860

RECUEIL

DES

ARRÊTS DE LA COUR IMPÉRIALE

DE DIJON

ET DES

JUGEMENTS DES TRIBUNAUX DE PREMIÈRE INSTANCE

DU RESSORT.

ART. 278.

Saisie-Arrêt. — Faillite. — Jugement de validité. — Nullité.

La saisie-arrêt pratiquée par le créancier d'un failli, entre les mains d'un débiteur de ce dernier, et validée par un jugement rendu par défaut postérieurement à la cessation de payements, ne doit pas recevoir effet et procurer au saisissant le payement de sa créance au détriment des autres créanciers.

Du moins c'est un acte qui peut être annulé s'il est établi que le créancier poursuivant a eu connaissance de la cessation de payements, avant sa poursuite.

(Grenier C. Villet, syndic de la faillite Sautereau.)

Les sieurs Grenier frères, se prétendant créanciers du sieur Sautereau d'une somme principale de 5,141 f. 50 c., firent pratiquer une saisie-arrêt entre les mains d'un sieur

Tainturier. Suivant un jugement par défaut rendu au tribunal de première instance de Dijon le 6 décembre 1855, ils obtinrent une condamnation à leur profit pour le payement de la somme sus-énoncée, et en même temps la validité de leur saisie - arrêt, et en vertu de ce jugement ils prirent le 13 du même mois une inscription hypothécaire. Postérieurement, et à la date du 30 mai 1856, le sieur Sautereau fut déclaré en état de faillite, et, par jugement rendu sur le rapport du juge-commissaire le 27 juin suivant, le tribunal de commerce de Dijon fixa au 19 octobre 1855 l'époque de la cessation de payements.

Les sieurs Grenier frères demandèrent leur admission au passif de la faillite pour une somme de 5,592 fr. 75 c., dans laquelle était comprise celle de 290 fr. 15 c., montant des frais de saisie-arrêt et du jugement de première instance, et furent admis pour cette somme comme créanciers cédulaires.

Les demandeurs prétendant avoir un droit incontestable pour recevoir directement du sieur Tainturier, tiers saisi, le montant de leur créance, et le syndic de la faillite soutenant que le jugement du 6 décembre n'avait point été exécuté dans les six mois de son obtention, ainsi que le prescrit l'art. 156 C. proc. civ., ont cru devoir donner assignation audit syndic à comparaître à l'audience du 19 mars 1858, par-devant le tribunal de commerce de Dijon, pour faire statuer sur leurs prétentions.

Jugement de ce Tribunal, du 30 juillet 1858, ainsi conçu:

« Considérant que, le 6 décembre 1855, les sieurs Grenier

frères obtenaient contre Sautereau, au tribunal civil de Dijon, un jugement par défaut prononçant condamnation au payement d'une somme de 5,141 f. 50 c., et validité d'une saisie-arrêt pratiquée entre les mains d'un sieur Tainturier; qu'en vertu de ce jugement, ils ont pris, à la date du 13 du même mois, une hypothèque sur tous les biens présents et à venir de leur débiteur;

Considérant qu'à la date du 30 mai 1856, le sieur Sautereau a été déclaré en état de faillite, et que, par jugement du 27 juin suivant, rendu après examen des affaires du failli, la cessation de ses payements a été fixée au 19 octobre 1855;

Considérant que le 20 juillet 1856 les demandeurs ont produit l'extrait du compte qu'ils avaient ouvert à Sautereau sur leurs livres, balançant par une somme de 5,592 f. 75 c., dans laquelle figurait celle de 290 f. 15 c. pour frais de saisie-arrêt et jugement de première instance, et ont demandé leur admission au passif de la faillite pour ladite somme de 5,592 f. 75 c., sans réserve autre que celle de leurs droits contre la femme du failli, dont ils annonçaient avoir la garantie, et que le 2 août ils ont été admis au passif de la faillite pour cette somme, mais comme créanciers cédulaires seulement;

Considérant qu'il n'est excipé d'aucun acquiescement de la part de Sautereau au jugement par défaut du 6 décembre 1855; que le 30 mai 1856, date de la déclaration de la faillite, ce jugement ne lui avait pas été signifié, et qu'à partir de cette époque, il n'a pas non plus été signifié au syndic; qu'il n'a donc été exécuté par aucun des moyens indiqués par la loi; qu'aux termes de l'article 156 du Code de procédure civile, il doit être réputé nul et non avenu; que vainement les demandeurs soutiennent que leur admission au passif de la faillite pour les frais équivaut à un acquiescement; que le syndic, qui n'avait aucune connaissance de ce jugement, puisque, n'étant pas partie au procès, ledit jugement ne pouvait, aux termes de l'art. 1351 du Code Napoléon, lui être commun avec les sieurs Grenier frères, et qu'il pouvait d'autant moins y acquiescer, qu'à l'époque de la production du bordereau, les six mois de rigueur étaient expirés depuis longtemps, et qu'il ne lui appartenait pas de faire revivre un acte qui devait être considéré comme n'ayant jamais existé ;

Considérant que, même dans l'hypothèse la plus défavorable au syndic, cette prétention des frères Grenier serait encore insoutenable, en ce que l'admission et son libellé excluent toute idée de préférence sur la somme due par Tainturier, puisque cette admission n'est faite qu'à titre cédulaire, qu'elle a eu lieu ainsi sur la demande des frères Grenier, et que ses termes n'ont donné lieu à aucun contredit de leur part ; que si, à l'époque du 2 août 1856, ils avaient cru avoir des droits sur la somme saisie-arrêtée, ils les auraient exercés contre Tainturier, sans se préoccuper du syndic, et n'auraient produit qu'éventuellement pour le cas d'une éviction sur la contribution, et auraient fait des réserves dont ils se sont abstenus ;

Considérant, au surplus, qu'en ne basant leur bordereau que sur le compte qu'ils avaient avec Sautereau, et en faisant dans cette demande abstraction complète du jugement du 6 décembre 1855, ils ont substitué une ordonnance d'admission aux droits qui pouvaient, selon eux, résulter de ce jugement, et créé ainsi une véritable novation ;

Considérant que l'art. 446 du Code de commerce déclare nuls et sans effet relativement à la masse tous droits d'hypothèque, même judiciaire, constitués au profit d'un créancier depuis l'époque fixée comme étant celle de la cessation des payements, ou dans les dix jours qui auront précédé cette époque ; que le texte comme l'esprit de cet article annulent dans ce cas tous payements faits, même de bonne foi, autrement qu'en argent ou effets de commerce ; qu'à plus forte raison, ils doivent annuler les actes qui assurent ce payement ;

Considérant que, l'hypothèque prise au bureau de Dijon le

13 décembre 1855 étant nulle, le jugement qui la confère, au cas même où il serait contradictoire, doit naturellement suivre le même sort, et être annulé, quant à ses effets, par l'état de faillite de Sautereau;

Considérant qu'un jugement de validité n'est autre chose, comme dans l'espèce, que la substitution de l'action de la justice à l'impossibilité dans laquelle le débiteur se trouvait placé; considérant qu'un transport opéré par justice ne saurait avoir plus de force et produire d'autres effets que s'il avait été fait de toute autre manière; que l'état de faillite du débiteur contre lequel il a été ordonné ne saurait en changer la nature; que l'art 446 est général, en ce que ses prescriptions n'ont fait aucune réserve; qu'il est tellement évident que la loi a eu pour but de maintenir l'égalité entre tous les créanciers, et de garantir pour cela les facultés actives des débiteurs en état de cessation de payements contre l'exercice des actions résultant de droits antérieurs, que l'art. 448 va jusqu'à annuler dans certains cas les droits de privilége et d'hypothèque valablement conférés et acquis;

Considérant que l'art. 585 Code comm. déclare banqueroutier simple tout commerçant qui aura payé un créancier au préjudice de la masse, après la cessation de payements; que le jugement du 6 décembre 1855, rendu avant la déclaration de la faillite, et par conséquent avant que l'époque de la cessation de payements pût être déterminée, ne saurait, en substituant l'action du tribunal à la volonté du failli, faire un transport inattaquable, alors que la volonté de Sautereau, qu'il n'a fait que remplacer, en eût fait un acte qui eût rendu le failli passible de peines correctionnelles;

Considérant qu'il n'est pas dénié par les frères Grenier que le 28 novembre 1855 ils ont assisté, en l'étude d'un notaire de Dijon, à une réunion de créanciers de Sautereau; qu'à cette réunion, la mère de leur débiteur leur offrait de leur cautionner le montant de leurs créances jusqu'à concurrence de 70 p. 0[0];

que s'ils n'ont pas adhéré à cette proposition, c'est par le motif unique qu'ils croyaient avoir ladite dame Sautereau mère pour débitrice solidaire;

Considérant, dès lors, que les demandeurs ne pouvaient, non plus que tous les autres créanciers, ignorer l'état de cessation de payements de Sautereau, qui, à cette époque, avait, depuis plusieurs semaines, abandonné ses affaires et son domicile; que le refus qu'ils avaient fait depuis plus de sept mois de lui continuer des livraisons, et les poursuites mêmes qu'ils exerçaient contre lui, indiquent suffisamment que cet état leur était parfaitement connu.....

Par ces motifs, etc.

Les frères Grenier formèrent appel, et firent plaider devant la cour les moyens suivants :

La déclaration de faillite intervenue dans les six mois de l'obtention du jugement par défaut est un obstacle légal à l'exécution du jugement, et en a empêché la péremption. En effet, à dater de la déclaration de la faillite, le failli est dessaisi de ses droits, aucune poursuite ne peut être exercée contre lui; toute poursuite est également interdite contre le syndic, puisque le Code de commerce ne permet même pas aux créanciers hypothécaires de poursuivre la vente des immeubles.

On ne peut exiger qu'un créancier porteur d'un jugement par défaut, pour en empêcher la péremption, se livre à une procédure frustratoire, dont les frais resteraient à sa charge.

Ainsi la faillite constitue bien un obstacle légal qui empêche la péremption, ou en suspend au moins le cours.

Du reste, le syndic, en admettant les frères Grenier au passif de la faillite pour les frais de l'instance et du jugement, avait acquiescé à ce jugement. Ainsi ce jugement existait encore et devait produire ses effets.

Le jugement de validité de saisie-arrêt avait été rendu à une époque où Sautereau était *in bonis*. Son effet avait été de transférer aux saisissants la propriété des sommes arrêtées, et ne pouvait tomber que par l'une des voies admises par la loi.

Un jugement de condamnation résultat de contraintes autorisées par la loi ne peut être anéanti dans ses effets par la déclaration de faillite.

On ne peut assimiler un transfert fait par la volonté de la justice à une cession émanant de la libre volonté du débiteur. L'intervention de la justice, alors qu'aucun concert entre le créancier et le débiteur n'est allégué, est exempte de tout soupçon de fraude.

En l'absence d'une disposition expresse de la loi, on ne peut paralyser entre les mains du créancier les voies de contrainte que la loi a mises à sa disposition.

ARRÊT.

Sur la première question :

Considérant que, lors même qu'on n'admettrait pas la péremption opposée par le syndic de la faillite Sautereau, le procès peut être jugé en statuant sur la question de savoir si la saisie-arrêt pratiquée par les frères Grenier, validée par le jugement rendu par défaut le 6 décembre 1855, postérieurement à la cessation de payements, n'opère pas un payement prohibé par les dispositions de l'art. 446 du Code de commerce, ou n'est pas tout au moins un acte qui peut être annulé s'il est établi que les créanciers poursuivants ont eu connaissance de la cessation de payements avant leurs poursuites;

Considérant que la dette de Sautereau était échue, que le jugement par défaut dont les appelants excipent a été rendu à une époque postérieure au jour où l'ouverture de la faillite a été fixée, et que Sautereau n'y a pas formé opposition; — qu'on doit, dès lors, attribuer à ce jugement l'effet d'un transport d'une créance auquel le failli aurait consenti, transport qui, du reste, et en l'état, n'a pas un caractère définitif; — que c'est un véritable payement d'une dette échue, fait autrement qu'en espèces ou en effets de commerce à un époque postérieure à la cessation de payements, et dont la nullité est prononcée par les dispositions de l'art. 446 du Code de commerce;

Considérant qu'en mettant même cette solution à l'écart, on devrait assimiler ce transport opéré par un jugement par défaut à un de ces actes qui peuvent être annulés en vertu des dispositions de l'art. 447 du même Code; — que le procès se réduirait alors à la question de savoir si les frères Grenier, avant ce jugement, ont eu connaissance de la cessation de payements; — que, sur ce fait, il est difficile qu'il reste quelques doutes; qu'en effet, les frères Grenier fournissaient depuis longtemps à Sautereau les farines dont il avait besoin pour sa boulangerie; que vers la fin de 1854 ils étaient déjà en avance, et se virent obligés de cesser leurs livraisons en avril 1855; qu'à cette époque, se trouvant créanciers de plus de 5,000 fr., ils cherchèrent à obtenir le cautionnement de la mère de Sautereau; que Sautereau, pressé par eux et par ses autres créanciers, les convoqua chez un notaire, en novembre 1855; que les frères Grenier assistèrent à la réunion qui eut lieu, et dans laquelle un projet de concordat fut proposé et rejeté; — qu'alors, l'insolvabilité du débiteur fut pleinement constatée: il abandonna l'administration de ses affaires, disparut de Dijon, et on ne sait ce qu'il est devenu depuis; — que les frères Grenier n'ont pas ignoré toutes ces circonstances; — que néanmoins ils ont fait procéder à une saisie-arrêt sur Tainturier, et, le 6 décembre 1855, ont pris jugement contre lui pour en faire prononcer la validité;

Qu'il est donc établi de la manière la plus évidente que les appelants ont eu connaissance de la cessation de payements, et ont agi, pour se faire payer leur créance, en fraude des droits des autres créanciers;

Qu'il y a donc lieu, même à ce second point de vue, de faire application à la cause de l'art. 447 du Code de commerce; — qu'en conséquence, le jugement dont est appel doit être confirmé :

Par ces motifs,

La cour, etc.

Du 24 janvier 1859. — Cour imp. de Dijon. — 3e Ch. — Prés., M. Vullierod.

OBSERVATIONS.

Il résulte des premiers considérants de cette décision que l'on devrait comprendre la saisie-arrêt suivie d'un jugement de validité, rendu postérieurement au jour de la cessation de payements, dans la catégorie des actes dont l'art. 446 du Code de commerce prononce la nullité, parce que, porte l'arrêt, on doit attribuer à ce jugement l'effet d'un transport de créance, qui, la cour le dit, n'a cependant pas, en l'état, un caractère définitif; parce que c'est un véritable payement d'une dette échue, fait autrement qu'en espèces ou en effets de commerce.

Ainsi, selon la cour, le jugement de validité aurait, dans l'hypothèse, l'effet d'une cession de créance, mais d'une cession qui ne *serait pas définitive*. D'un autre côté, ce serait un *payement*. Le jugement de validité aurait *transporté des droits*, ou plutôt ne les aurait pas encore transférés *définitivement*. Il y aurait quelque chose de plus dans cet acte qui n'a encore rien transporté définitivement : il y aurait un *vrai payement*. Et que l'on ne pense pas que ce soit là une simple observation portant sur des mots. Les considérants dont nous parlons sont des *considérants principes*, qui conduisent à cette conséquence, que le jugement de validité est nul, bien que la solution de l'arrêt repose encore sur une seconde base dont nous n'avons point à nous occuper.

Ce qui nous semble plus précis et plus exact, c'est que, lors même qu'on considèrerait la saisie-arrêt suivie d'un jugement de validité comme opérant un transport définitif, ce ne serait pas le cas d'en prononcer la nullité ; car l'art. 446 n'annule que les actes translatifs *à titre gratuit*. En outre, ce n'est qu'au mépris de toute terminologie juridique que l'on peut dire que la saisie-arrêt, même suivie de jugement de validité, est *un payement*.

Disons-le franchement, cet art. 446 invoqué par l'arrêt ne peut, comme nous l'avons déjà fait observer ailleurs (t. ii, p. 37, art. 169 de ce Recueil), recevoir aucune application dans l'espèce. Le texte et l'esprit de cette disposition s'y refusent entièrement. On peut recourir sur ce point aux quelques observations que nous avions déjà présentées sur la question ; ou plutôt, nous prions de lire les excellentes considérations qui ont été insérées sous le même article 169 de ce Recueil. Ces consi-

dérations se trouvent dans l'arrêt du 8 février 1858,
émané de la même chambre de la cour qui a rendu la
décision que nous rapportons aujourd'hui.   H. F. R.

Art. 279.

Faillite.—Jugement déclaratif.—Rapport.—Dépens.

*Le jugement qui déclare la faillite d'un commerçant, et qui
n'a pas encore acquis l'autorité de la chose jugée, peut être
rapporté, lorsque tous les créanciers se réunissent à leur
débiteur pour en demander le rapport. — Les syndics n'ont
plus qualité pour insister sur sa confirmation. — Les dépens de première instance et d'appel restent à la charge du
débiteur; mais les créanciers intervenants supportent les
frais de leur intervention.*

(Faillite Auloy-Millerand.)

Considérant que le jugement ayant prononcé qu'Auloy était
en état de faillite peut être réformé, lors même qu'au moment
où il a été rendu, les faits alors constants étaient tels que les
juges ont dû statuer ainsi qu'ils l'ont fait sur la poursuite
des consorts Feray; — que tant que ce jugement n'a pas acquis
l'autorité de la chose jugée, tous les créanciers ont le droit de
se réunir à leur débiteur pour en demander le rapport; — que
dans ces circonstances les syndics, mandataires des créanciers,
ne pouvant invoquer le concours d'aucun d'eux, n'ont plus
qualité pour insister sur sa confirmation :

Qu'en fait, il apparaît que les créanciers d'Auloy, dont une partie avaient fait déclarer la faillite, consentent tous en appel à un atermoiement ; qu'il y a donc lieu de rapporter le jugement déclaratif de cette faillite ;

Considérant, sur les dépens, qu'il y avait nécessité d'obtenir arrêt pour faire prononcer la réformation du jugement ; — que les syndics ne pouvaient pas y consentir sans examen, et qu'ils ont agi régulièrement en première instance et en appel ; — que les consorts Feray se trouvent dans la même position ; qu'intimés sur l'appel et ayant fait connaître qu'ils ont été désintéressés par un tiers, ils doivent obtenir leurs dépens ; — que les créanciers intervenants doivent, conformément au Code de procédure civile, supporter les frais occasionnés par leur intervention :

Par ces motifs,

La cour, en recevant comme valable l'intervention des créanciers Auloy-Millerand,

Et faisant droit sur l'appellation interjetée par Auloy des jugements rendus par le tribunal de commerce de Charolles les 1er juin et 27 juillet 1858, met icelle et ce dont est appel à néant ;

Réformant, et par nouveau jugement,

Annule la déclaration de faillite prononcée contre Auloy ; dit qu'il reprendra l'administration de ses biens et affaires ;

Laisse néanmoins à sa charge les dépens de première instance et d'appel, y compris ceux faits par les consorts Feray, lesdits dépens liquidés à.....

Condamne les intervenants aux frais de leur intervention.

Du 4 janvier 1859. — Cour imp. de Dijon. — 3e Ch. — Prés., M. Vullierod.

Art. 280.

Bail. — Réparations. — Réserve. — Preuve. — Présomptions.

Lorsque les parties sont d'accord sur la chose, le prix et la durée d'un bail, et que le locataire a néanmoins réservé que le bailleur ferait les réparations convenables, selon les indications ultérieurement convenues, et que le bail ne serait signé que quand elles seraient terminées, un tribunal ne peut pas, en cas de désaccord du locataire au sujet du règlement de cette réserve, induire des présomptions que les parties s'étaient entendues sur ce point.

(Grillot frère Piénon C. Janissot.)

Considérant, sur la première question, qu'il est de principe consacré par l'art. 1715 du Code Napoléon, que le bail fait sans écrit, et qui n'a pas encore reçu d'exécution, ne peut être prouvé par témoins, ni de toute autre manière, quelle que soit la valeur de l'objet loué;

Considérant que si, par l'écriture exigée comme preuve de cette sorte de convention, la loi n'a pas entendu exclure la forme d'une correspondance entre les contractants, pour lui faire produire le même effet qu'un acte ordinaire, c'est à la condition que cette correspondance contiendrait toutes les clauses qui constituent l'ensemble de cette convention, de manière à ne pas avoir besoin de recourir, pour la compléter, à d'autres éléments qu'à ceux résultant de l'écriture, et que par là le contrat de bail ne serait établi, dans tous les cas, que de la seule manière que la loi a entendu qu'il le fût;

Considérant, en fait, qu'il résulte des lettres écrites par les parties, touchant l'amodiation projetée de la maison appartenant à Janissot, rue de Gloriette, à Chalon-sur-Saône, à Grillot, lettres dûment enregistrées, que si l'une et l'autre semblaient d'accord sur la chose, sur le prix et sur la durée du bail, il avait été réservé par l'appelant, dans une lettre du 25 avril 1858, et comme *dernière proposition*, que Janisssot ferait les réparations convenables et selon l'indication de lui Grillot ; qu'il serait convenu entre eux de ces réparations, et que le bail ne serait signé que quand elles auraient été terminées ; qu'une stipulation aussi expresse, en considération de laquelle les offres du prix avaient dû être faites par l'appelant, constituait une condition *sine qua non* du contrat, ainsi soumis dans son existence fondamentale au règlement préalable du choix, du nombre et de la nature de ces réparations, ainsi qu'à leur parachèvement ;

Qu'en cet état, et à défaut de l'aveu de Grillot, en désaccord complet avec Janissot sur le règlement de cette réserve, il n'était pas permis d'induire de présomptions de fait plus ou moins vagues, que les parties s'étaient entendues sur ce point, non réglé dans leur correspondance, lorsqu'aucune exécution n'avait eu lieu :

D'où il suit qu'en accueillant la demande de Janissot contre Grillot, le jugement dont est appel a expressément contrevenu aux dispositions prohibitives du Code Napoléon sur la forme du contrat de louage.....

. Par ces motifs,

La cour, faisant droit sur l'appellation interjetée par François-Xavier Grillot, en religion frère Piénon, du jugement rendu dans la cause par le tribunal civil de Chalon-sur-Saône le 24 août 1858, met ladite appellation et ce dont est appel à néant, — et, par nouveau jugement, — dit que la demande de

Janissot contre Grillot n'était pas fondée, et en renvoie définitivement Grillot....

Du 7 janvier 1859. — Cour imp. de Dijon. — 1re Ch. — Prés., M. de Lacuisine.

Art. 281.

Dernier ressort. — Exploit introductif. — Conclusions définitives.

Lorsque les conclusions prises dans l'exploit introductif d'instance ne sont pas assez précises pour pouvoir décider si la demande est en premier ou en dernier ressort, on doit recourir pour la solution de cette question aux conclusions prises en définitive devant le tribunal.

(Barbetat et compagnie C. le Préfet de la Haute-Marne.)

Considérant que lorsque les cours ont à statuer sur une fin de non-recevoir de la nature de celle proposée par l'Etat contre l'appel interjeté par Barbetat et Cie, c'est dans l'exploit introductif d'instance et dans les conclusions prises par-devant les premiers juges qu'elles doivent rechercher la solution de la question; — que si l'assignation primitive n'est pas suffisamment explicite et laisse quelques doutes, on doit déterminer la demande par les conclusions prises en définitive devant le tribunal;

Considérant que si on peut induire de quelques expressions que la demande de fixation d'indemnité pouvait s'étendre à tout le minerai extrait pendant toute la durée de la concession, les conclusions prises lors du jugement interlocutoire, le rapport d'expert et les dernières conclusions auxquelles Barbetat et Cie se sont restreints, établissent clairement que la demande n'était relative qu'à une indemnité concernant le minerai extrait jusqu'au 10 juillet 1858; qu'en effet, le rapport n'est relatif qu'à cette sorte de minerai, et les experts n'ont pas entendu déterminer l'indemnité pour l'exploitation à venir; — que, sur l'observation de l'ingénieur des mines, la contestation s'était restreinte au seul objet sur lequel ils ont prononcé; — que Barbetat et Cie ont eux-mêmes levé tous les doutes en poursuivant l'audience et en concluant purement et simplement à l'homologation du rapport, et en demandant seulement l'indemnité due pour le minerai extrait; — qu'en réduisant leur demande à ce point unique, il n'est pas douteux qu'elle est restée dans les limites du dernier ressort et que l'appel interjeté n'est pas recevable.....

Du 17 janvier 1859. — Cour imp. de Dijon. — 3e Ch. — Prés., M. Vullierod.

Art. 282.

Dernier ressort. — Objets mobiliers. — Valeur réglée par les usages.

Toutes les fois que des objets mobiliers ont une valeur réglée par les usages du commerce, on ne peut pas les assimiler à des meubles qui peuvent avoir une valeur d'affection, et par conséquent indéterminée.

C'est la valeur réglée par les usages du commerce qui doit être

*prise en considération pour déterminer le taux du dernier
ressort.*

(Gabillot C. Regnault.)

En ce qui concerne la demande principale :

Considérant que si la demande, dans l'origine du procès,
portait sur un compte à régler entre associés en participation,
les conclusions prises lors du jugement du 8 août 1858 ont
restreint l'objet de la demande et l'ont réduit à l'obtention
d'une somme inférieure à 1,500 francs ;

Relativement à la demande reconventionnelle :

Considérant que les parties, avant de suivre le procès devant le tribunal de commerce, ayant eu recours à des arbi-
tres, sont tombées d'accord sur la plupart des chefs en contestation ; — que Gabillot n'a plus demandé que deux sommes
montant à 1,312 fr. 57 cent., et 92 sacs ayant servi à renfer-
mer des céréales ;

Que Gabillot prétend en vain que la réclamation de ces
92 sacs donne à la demande reconventionnelle un caractère
indéterminé qui rend son appel recevable ;

Considérant qu'il est admis en principe que toutes les fois
que les objets mobiliers ont une valeur vénale réglée par les
mercuriales et par les usages du commerce, on ne peut pas les
assimiler à des meubles qui peuvent avoir une valeur d'affection, et par conséquent indéterminée ;

Que dans le commerce des grains, comme dans celui de
banque, le prix des sacs est invariablement fixé, et qu'il est de
notoriété publique que les sacs neufs ont une valeur de 1 fr.
50 cent., tandis que ceux qui ont servi ne valent plus que
1 franc ;

Qu'en admettant, pour les 92 sacs réclamés, un prix de chacun 1 fr. 50 cent., on aurait une somme de 138 fr. à ajouter
à celle de 1,312 fr. 57 cent. que représente la demande recon-

ventionnelle , lesquelles sommes , dans tous les cas , n'atteindraient pas le taux du dernier ressort ;

Qu'il suit de là qu'en faisant application , dans cette cause, des dispositions de l'art. 639 du Code de commerce , la demande principale ni la demande reconventionnelle ne sont de nature à rendre le jugement susceptible d'appel.....

Par ces motifs ,

La cour, sans s'arrêter à l'appel interjeté par Gabillot du jogement rendu dans cette cause par le tribunal de commerce de Dijon le 8 août 1858, le déclare non recevable, et ordonne, en conséquence, que ce dont est appel sortira effet.

Du 24 janvier 1859. — Cour imp. de Dijon. — 3e Ch. — Prés., M. Vullierod.

Art. 283.

Fonctionnaire public. — Autorisation de poursuites. — Agent des douanes. — Blessures.

L'agent des douanes qui, revêtu de son uniforme et porteur des armes de son administration , s'est mis en marche accompagné des hommes qu'il commandait, pour se rendre au poste d'observation, et, en voulant franchir un fossé, a fait imprudemment partir la détente de son fusil, et causé ainsi une blessure à un autre préposé, doit être considéré comme étant en ce moment dans l'exercice de ses fonctions ; par conséquent les poursuites en dommages-in-

térêts dirigées contre lui ne peuvent avoir lieu qu'avec l'autorisation prescrite par l'art. 75 de la constitution de l'an VIII.

(Guillaume C. Berthet.)

Un arrêt de la cour de cassation du 16 décembre 1856 avait cassé, sur le pourvoi du sieur Berthet, l'arrêt de la cour de Metz du 21 août 1855, qui s'était prononcé pour la nécessité de l'autorisation.

Ce dernier arrêt fut cassé comme ayant à tort refusé d'admettre le demandeur à prouver que l'acte reproché à Guillaume avait, en tout cas, le caractère d'un fait de chasse. La cour de Nancy, saisie de la cause sur renvoi, décida, par arrêt du 27 mars 1857, que Guillaume n'était point, au moment de la blessure faite au sieur Berthet; dans l'exercice de ses fonctions, et que dès lors l'art. 75 de la constitution de l'an VIII ne devait pas lui être appliqué.

Le sieur Guillaume se pourvut à son tour, et la cour de cassation déclara, le 16 juin 1858, que la cour de Nancy avait méconnu le principe de la séparation des pouvoirs (Dalloz, 1858, 1, 240).

C'est dans ces circonstances que l'affaire a été soumise à la cour de Dijon, réunie en audience solennelle.

Après les plaidoiries et les conclusions de M. le procureur général, la cour a rendu l'arrêt suivant :

ARRÊT.

Considérant que l'examen de l'exception opposée par Guillaume à la demande en dommages-intérêts formée contre lui par Berthet appartient légalement au juge qui doit connaître de l'action principale;

Considérant qu'en réclamant le bénéfice de l'article 75 de la constitution de l'an vɪɪɪ, Guillaume prétend que c'est dans l'exercice de ses fonctions, et par un fait relatif à icelles, que l'accident dont on se prévaut contre lui est arrivé;

Que, suivant sa déclaration, le 18 mars 1853, revêtu de son uniforme et porteur des armes de son administration, il se serait mis en marche, accompagné des hommes qu'il commandait, pour se rendre au poste d'observation destiné à chacun d'eux;

Que chemin faisant, et voulant franchir un fossé, la batterie de sa carabine se serait embarrassée dans sa blouse, que la détente serait partie, et que le coup aurait atteint Berthet, qui marchait devant lui, et aurait ainsi occasionné la blessure qui donne lieu au procès;

Considérant que, si les choses se sont ainsi passées, il faut reconnaître que Guillaume était alors non-seulement dans l'exercice de ses fonctions, mais que ce n'est même qu'en raison et par le fait de cet exercice que l'événement a eu lieu;

Que, bien que Guillaume ne se livrât en ce moment ni à l'arrestation ni à la visite de contrebandiers ou de fraudeurs; que bien que l'accident ne fût pas le résultat de l'abus du pouvoir qui lui était confié, ce n'en est pas moins exclusivement au brigadier des douanes, agissant officiellement dans l'intérêt de son service, que cet accident est arrivé; et si la cour n'avait à prononcer aujourd'hui qu'en présence des faits allégués par Guillaume, la sentence des premiers juges devrait être réformée, et Guillaume admis au bénéfice de l'article 75 de la constitution de l'an vɪɪɪ;

Mais considérant qu'à côté des faits fournis par Guillaume se produisent d'autres faits invoqués par son adversaire, et qui, s'ils étaient prouvés, ne tendraient à rien moins qu'à détruire le système de l'appelant;

Que la pertinence et l'admissibilité de ces faits ne permettent pas de les écarter de la cause, et que ce n'est qu'après les avoir vérifiés qu'il sera régulièrement possible de dire en quelle qualité Guillaume agissait lorsque Berthet a été blessé ;

Considérant qu'il y a lieu, en conséquence, de faire droit aux conclusions subsidiaires de l'intimé, et que c'est le cas de réserver les dépens :

Par ces motifs,

La cour, statuant sur l'appel interjeté par Guillaume du jugement rendu par le tribunal civil de Thionville le 30 mai 1855, et conformément aux conclusions subsidiaires de l'intimé,

Ordonne, avant faire droit, que par-devant un juge commis par le tribunal civil de Thionville, et dans le délai d'un mois à dater de la signification du présent arrêt, Berthet prouvera par témoins :

Que c'est en tirant une perdrix dans la direction où il se trouvait, et avec un fusil chargé de petit plomb, que Guillaume l'a atteint et grièvement blessé le 18 mars 1853, sauf preuve contraire et tous dépens réservés.

Du 26 janvier 1859. — Cour imp. de Dijon. — 1re Ch. — Prés., M. Muteau. — Proc. gén., M. Mongis.

Art. 284.

Ordonnance de non-lieu. — Opposition. — Délai. — Jour férié. — Partie civile.

On doit comprendre dans le délai de 24 heures pour former opposition à une ordonnance de non-lieu le dimanche ou

la fête légale qui suit le jour où a été rendue ou signifiée
ladite ordonnance, et ce délai ne doit pas être prorogé de
24 heures lorsque le lendemain du jour de l'ordonnance
de non-lieu ou de sa signification est un jour férié. (Art.
135 Code d'instr. crim.)

(La Compagnie du Sous-Comptoir des Métaux C. X.)

Par suite de la cassation d'un arrêt de la cour de Lyon,
la cour impériale de Dijon (chambre des mises en accusation) était saisie de l'opposition formée par la compagnie
anonyme du Sous-Comptoir des métaux, partie civile,
contre une ordonnance de non-lieu rendue le 7 août 1858
par M. le juge d'instruction au tribunal de Lyon, en faveur de X., prévenu d'abus de confiance et autres délits.

Cette ordonnance avait été signifiée au Sous-Comptoir
des Métaux par exploit d'huissier en date du 14 août 1858.

Le lendemain 15 août 1858 était un dimanche ; c'était,
en outre, le jour de la fête religieuse de l'Assomption,
reconnue fête légale; et enfin, c'était le jour de la fête de
l'Empereur, célébrée comme fête nationale.

Ce n'est que le surlendemain lundi 16 août que le
représentant de la compagnie fit, dès le matin, par acte
reçu au greffe, opposition à l'ordonnance de M. le juge
d'instruction.

L'ordonnance fut, par cette opposition, déférée à la
chambre des mises en accusation de la cour impériale
de Lyon. Devant cette juridiction, M. le procureur général requit le renvoi des prévenus devant le tribunal de
police correctionnelle, comme coupables d'abus de confiance; le Sous-Comptoir des métaux, partie civile, pro-
duisit un mémoire à l'appui de la poursuite, et le sieur
X., prévenu, présenta de son côté un mémoire dans le-

quel, en outre des moyens du fond, il faisait valoir diverses exceptions, se fondant notamment sur ce que la partie civile n'avait pas formé opposition dans un délai de 24 heures à compter du jour de la signification de l'ordonnance de non-lieu.

La cour impériale de Lyon, repoussant cette fin de non-recevoir aussi bien que les autres exceptions, déclara l'opposition recevable, et, statuant sur le fond, annula l'ordonnance du juge d'instruction, et renvoya les prévenus devant le tribunal correctionnel par un arrêt en date du 10 septembre 1858.

Cette décision fut déférée à la censure de la cour de cassation, devant laquelle on soutint de nouveau que l'opposition avait été formée en dehors des délais légaux. La cour de cassation, prononçant sur cette question, a, par arrêt du 31 décembre 1858, cassé l'arrêt de la cour de Lyon, et renvoyé, pour faire droit, devant la cour de Dijon.

Voici les moyens invoqués devant la cour pour le Sous Comptoir des Métaux :

Le raisonnement des prévenus, accepté par la cour de cassation, est celui-ci : L'art. 135 du Code d'instruction criminelle dispose expressément que l'opposition de la partie civile à l'ordonnance de non-lieu du juge d'instruction devra être formée dans un délai de 24 heures, qui courra à compter du jour de la signification de ladite ordonnance ; or la signification a été faite le 14 août, l'opposition a été formée le 16 : donc il y a déchéance.

Mais il s'agit précisément de savoir : 1º si les 24 heures dont parle la loi doivent être entendues de 24 heures utiles pour l'exercice du droit qu'elle confère ; 2º si les jours fériés doivent être comptés comme jours utiles dans la computation d'un délai de 24 heures, alors surtout que la signification a été faite la veille au soir, et que, par suite, il n'a été réellement possible à aucune heure de former l'opposition.

En matière criminelle, dit-on d'abord, les délais sont de rigueur : peu importe, surtout quand il s'agit de la poursuite, que les circonstances d'heure ou de jour rendent impossible l'exercice d'un droit de la partie civile ou du ministère public ; les tribunaux ne peuvent par aucune interprétation extensive s'opposer à une déchéance qui profite au prévenu. — Rien ne serait plus facile que de combattre les idées sur lesquelles s'appuie une pareille thèse. Sans doute, les délais sont de rigueur en matière criminelle, mais ils ne le sont pas plus qu'en toute autre matière ; sans doute, l'intérêt du prévenu est sacré, mais les intérêts de la société, qui exige l'expiation d'un délit, ou la partie civile qui réclame la réparation d'un préjudice, ne sont pas moins placés sous la sauvegarde et sous l'autorité protectrice de la loi et des tribunaux.

Les magistrats ne peuvent rien ajouter aux sévérités de la loi, ni rien retrancher des garanties accordées aux individus; mais ils peuvent, dans l'application du Code pénal, aussi bien que dans l'application du Code civil, rechercher ce que le législateur a voulu et ordonné, et déterminer le sens et la portée des dispositions qu'il a édictées.

Quand le législateur, par un sentiment de miséricorde et d'humanité, a fait pencher en certains cas la balance de la justice du côté de l'accusé, personne ne conteste qu'il faille respecter sa clémence, interpréter même le doute en faveur de l'individu, qui est faible et désarmé en face de la société, et appliquer la maxime : *Favores ampliandi, odia restringenda.* Mais, pour qu'il y ait lieu d'étendre une faveur, il faut avant tout que cette faveur soit fondée sur la volonté, soit expresse, soit au moins présumable de la loi.

Nos codes offrent plus d'un exemple de cette légitime partialité pour l'accusé.

Mais, ce qu'on ne saurait jamais comprendre ni admettre, ce serait que la loi, tout en instituant un moyen de recours contre une ordonnance de non-lieu du juge d'instruction, remît au hasard le soin de décider si ce moyen de recours pourra, ou non, être employé ; déclarât qu'elle accorde au prévenu la faveur d'un acquittement irrévocable, et qu'elle refuse au ministère public et à la partie civile toute faculté d'opposition si l'ordonnance est signifiée un samedi soir ou la veille d'une fête, tandis que le prévenu n'obtiendra pas le même bénéfice, que le ministère public et la partie civile ne seront pas soumis à la même rigueur, si l'ordonnance est signifiée tout autre jour de la semaine. Ce serait faire injure à la raison et à la sagesse du législateur que de lui attribuer une pareille intention.

On doit donc renoncer à soutenir que l'art. 135 du Code d'instruction criminelle, en limitant à 24 heures le délai de l'opposition, ait prononcé la déchéance de ce droit *pour le cas où, par suite d'autres prescriptions de la loi, il ne pourrait pas être exercé dans le délai fixé,* et il faut de toute nécessité entendre le mot **24** *heures* dans le sens de 24 heures utiles pour exercer le droit d'opposition conféré par la loi. Autrement la loi aurait éventuellement accordé, ce qu'on ne saurait supposer, un délai dérisoire, et un droit qui serait le plus souvent sans application. Il serait trop facile, en effet, de choisir les dernières minutes d'un samedi ou d'une veille de fête quelconque pour faire la signification d'une ordonnance de non-lieu, et de paralyser ainsi la volonté du législateur, et on ne peut hésiter à dire qu'il vaudrait mieux voir supprimer le droit d'opposition reconnu par l'art. 135, que d'en voir l'application mise ainsi à la discrétion soit du hasard, soit des intérêts favorisés par l'ordonnance contre laquelle ce droit est institué.

Ce point écarté, il reste à examiner si le jour férié est aussi utile qu'un autre jour, spécialement pour former opposition à une ordonnance du juge d'instruction.

L'arrêt de cassation semble trancher cette question, en avançant qu'en matière criminelle tous les jours sont utiles. Pour soutenir cette opinion, on s'appuie sans doute sur l'art. 2 de la loi du 17 thermidor an VI, ainsi conçu : « Les autorités constituées, leurs employés et ceux des bureaux au service public, vaquent les jours énoncés, sauf les cas de nécessité, et l'*expédition des affaires criminelles.* »

On conclut de ces derniers mots qu'il n'y a pas de jours fériés en matière criminelle, que tous actes peuvent être faits et signifiés à pareils jours, comme aux jours ordinaires, et qu'à défaut d'agir, il y a déchéance.

Un tel raisonnement serait loin d'être juste. Tout ce que dit la loi, dans cette disposition, c'est que les autorités et les employés peuvent s'affranchir de l'obligation du repos, quand il s'agit d'expédier des affaires criminelles ; et tout ce qu'on en peut conclure, c'est que la cour d'assises ou les autres tribunaux répressifs peuvent, à la rigueur, prolonger leurs audiences au diman-

che; et que les officiers publics peuvent (sans qu'il s'en-
suive nullité comme en matière civile) faire certaines
significations urgentes, notamment une signification de
liste de jurés à l'accusé pendant les jours fériés. C'est
en ce sens qu'il a été plusieurs fois jugé qu'un exploit,
daté d'un dimanche, en matière criminelle, n'était pas
nul d'une nullité absolue, et ne viciait pas toute la procédure.

Pareillement, la cour de cassation a jugé, par un arrêt
du 26 avril 1839, qu'une notification de procès-verbal
de saisie, en matière de contributions indirectes, pouvait et devait même être faite dans un délai rigoureux
de vingt-quatre heures, alors même que le délai s'écou-
lait pendant un jour férié. Mais pour ce cas spécial, elle
s'appuyait sur la disposition de l'art. 1er du décret du
1er germinal an XIII, disant : « Ces procès-verbaux pourront être faits tous les jours indistinctement. » Il est de
toute évidence qu'on ne peut pas transporter dans le
Code d'instruction criminelle, disposant pour tous les
citoyens, pour tous les cas, et pour les actes spéciaux
qu'il prescrit, un texte relatif à une matière spéciale à
des cas, à des actes et à des agents déterminés, et motivé d'ailleurs par des raisons d'une clarté et d'une justesse saisissantes.

Il importe de limiter la discussion aux faits mêmes du
procès, et d'examiner si une opposition à une ordonnance du juge d'instruction peut et doit être faite un jour
férié. Ces sortes d'oppositions se forment au greffe; or
l'art. 57 de la loi du 18 germinal an X exige que le repos
des citoyens soit fixé au dimanche, par conséquent que
les tribunaux, greffes et autres lieux publics soient fer-

més les dimanches; et l'art. 90 du décret du 30 mars 1808 dit en propres termes : « Les greffes de nos cours d'appel et ceux de nos tribunaux de première instance seront ouverts tous les jours, *excepté les dimanches et fêtes*, aux heures réglées par la cour ou par le tribunal. » Voilà donc des dispositions précises de la loi qui interdisent l'ouverture des greffes pendant les jours fériés. Que si on induit de la loi du 17 thermidor an vi que les greffes pourraient néanmoins être ouverts si quelque audience criminelle se tenait exceptionnellement le dimanche, ou si quelque nécessité urgente de service en faisait donner l'ordre par le magistrat compétent, il n'en est pas moins certain qu'un particulier ne saurait se les faire ouvrir à pareil jour pour former une opposition, et que les greffiers pourraient, et devraient même, pour se conformer à la loi, se refuser à toute réquisition d'une partie civile qui réclamerait un acte de leur ministère pendant un jour férié. Ainsi, il y a impossibilité légale pour la partie civile de profiter en pareil cas du droit d'opposition qui lui est reconnu par l'art. 135 du Code d'instruction criminelle.

Dira-t on que la partie civile devait au moins suppléer à une déclaration au greffe par un exploit d'huissier ? Il n'est pas possible de le soutenir, d'abord et avant tout, parce qu'un exploit d'huissier ne remplacerait pas la déclaration au greffe, et serait absolument nul comme opposition. Il ne faut pas confondre, en effet, l'opposition de l'art. 135 du Code d'instruction criminelle avec l'opposition à un jugement par défaut, qui, par une disposition spéciale de l'art. 151, pourrait être faite par déclaration en réponse au bas de l'acte de signification.

L'opposition résultant de l'art. 135 ne peut, au contraire, être formée que par une déclaration passée au greffe et reçue par le greffier : toute opposition faite en une autre forme serait nulle et sans effet. C'est ainsi que la cour de cassation l'a décidé par un arrêt du 18 juillet 1833 (Sirey, 33, 1,595), qui n'est contredit par aucun autre document de jurisprudence ; et c'est la disposition ordinaire qu'elle applique aussi à l'appel même interjeté par le prévenu, ainsi que le constate un autre arrêt du 22 mai 1835 (Sirey, 35,1,763).

Ainsi, c'est bien au greffe que l'opposition doit être formée, et la loi interdit l'ouverture du greffe le dimanche. La partie civile n'avait donc aucun moyen de former, le dimanche, une opposition régulière et légale ; car, en supposant même que le ministère public aurait la puissance en pareil cas de se faire ouvrir le greffe, qu'un détenu aurait à sa disposition le greffe de la prison ouvert même les jours fériés, on doit reconnaître que la partie civile n'a, par aucun texte de la loi, en son pouvoir aucune de ces ressources, et que pour elle le jour férié est comme s'il n'existait pas.

Si on refuse d'admettre à son profit la prolongation du délai jusqu'au lendemain, il faut donc aller jusqu'à dire, ainsi qu'on l'établissait plus haut, que le droit d'opposition n'existe pas au profit de la partie civile dans un pareil cas, ce qui n'est pas admissible.

Il ne serait pas plus juste de soutenir, au nom des prévenus, que les dernières heures du samedi eussent dû suffire au Sous-Comptoir des Métaux pour exercer la faculté qui résulte de l'art. 135 : d'abord, en droit, parce que la loi ne permet pas de restreindre ainsi la faculté qu'elle accorde à la partie civile : en donnant, en effet, à celle-ci un délai de vingt-quatre heures pour former son opposition, le législateur a voulu qu'elle eût un temps raisonnable pour apprécier l'opportunité de cet acte, qui est irrévocable, ainsi que la cour de Lyon l'a remarqué; il a voulu aussi, ce qu'on ne saurait contester, que la personne à qui l'ordonnance de non-lieu est dénoncée, eût au moins un temps suffisant pour rentrer à son domicile, si elle est sortie, et pour se rendre au greffe.

D'ailleurs, ce qui, dans la cause, est plus décisif encore sur ce point, c'est que la signification a très-certainement, et de l'aveu même de l'huissier, été faite le samedi soir après l'heure habituelle et réglementaire de la clôture du greffe, et que la soirée du samedi a été tout aussi inutile que la journée du dimanche à la partie civile pour exercer son droit.

Il résulte donc des textes de loi et des documents de jurisprudence, aussi bien que des faits du procès, que le Sous-Comptoir n'a pas pu former son opposition plus tôt qu'il ne l'a formée ; et qu'il n'a pas, comme on le prétend, laissé écouler un délai de vingt-quatre heures, puisque en réalité il n'a laissé écouler aucune heure utile pour faire recevoir cet acte au greffe. Mais, tout en reconnaissant ces faits et ces principes, peut-on du moins imputer à son représentant quelque négligence? Peut-on lui reprocher de n'avoir pas fait constater par un procès-verbal d'huissier sa tentative d'entrer au greffe dans les vingt-quatre heures? Cette constatation eût été parfaitement inutile.

A quoi servirait, en effet, le procès-verbal d'huissier? A prouver que le greffe était fermé.....?

Mais la loi ne le constate-t-elle pas d'une manière bien plus authentique encore, en ordonnant expressément qu'il le sera? et est-il jamais besoin de faire prouver que la loi est observée?

Peut-on aussi reprocher à la partie civile de n'avoir pas fait constater, par procès-verbal d'huissier, qu'elle a eu, avant l'expiration des vingt-quatre heures, l'intention et la volonté de former opposition? Ici on tomberait dans le plus étrange arbitraire : où est la disposition de la loi qui prescrive une constatation de ce genre? Et à défaut d'indication de la loi, qui pourrait blâmer un citoyen de n'avoir pas suppléé aux voies légales par quelque moyen que son imagination aurait pu lui fournir? Le simple bon sens ferait justice d'un tel argument, s'il était produit.

En tout cas, et dût-on même admettre, ce qui est impossible, qu'un procès-verbal quelconque d'huissier fût utile à la cause, on ne saurait oublier qu'en fait il n'aurait pas été plus facile de trouver un huissier à son étude le 15 août, dimanche, fête de l'Assomption et fête de l'Empereur, en ville et en plein été, que de se faire ouvrir un greffe et d'y faire recevoir une déclaration. Aussi la loi et la jurisprudence, qui ont bien pu permettre certaines significations de procédures criminelles les jours fériés, et refuser de les frapper de nullité, n'ont-elles jamais imposé à un simple particulier l'obligation, sous peine de déchéance de son droit, de faire instrumenter un huissier pendant une journée où il serait également impossible de rencontrer un officier ministériel à son étude, et peut-être un magistrat à son hôtel pour autoriser l'huissier à dresser un acte, s'il élevait quelque scrupule.

5

Les circonstances de fait, pas plus que les principes de droit, ne peuvent donc donner tort à la compagnie du Sous-Comptoir; et dès qu'elle ne pouvait former légalement son opposition le dimanche 15 août, on doit décider qu'elle a été bien fondée à la former le 16.

L'arrêt de la chambre criminelle qui vient de trancher cette question en sens contraire ne saurait, il est presque superflu de le faire remarquer, lier en aucune manière la cour de renvoi; et on doit croire que les chambres réunies de la cour de cassation, si la question devait leur être déférée, adopteraient sans hésiter un avis opposé (ainsi qu'elles l'ont fait tout récemment encore dans une affaire également relative aux greffes, par leur arrêt solennel du 13 janvier 1859). La doctrine de la chambre criminelle ne s'appuie sur aucune décision antérieure de jurisprudence, et avant l'arrêt qui a saisi la cour de Dijon, il ne paraît pas que jamais la question ait été résolue dans le même sens.

On ne peut argumenter, en effet, des décisions judiciaires qui refusent de prolonger le délai d'appel d'un jugement de police correctionnelle au delà du dixième jour (Angers, 26 février 1849), ou le délai d'opposition à un jugement par défaut au delà du huitième jour (cassation, 6 juillet 1812). Ces décisions ne présentent pas de véritable ressemblance avec la question actuelle, puisque dans l'un et l'autre cas la faculté conférée par la loi a pu être exercée pendant un délai utile, tandis que dans l'affaire soumise à la cour de Dijon, aucun délai n'a pu valoir pour former l'opposition.

Cette question spéciale d'un délai éphémère s'écoulant tout entier pendant un jour férié n'a été résolue jusqu'ici (au moins au rapport des Recueils de jurisprudence) que par un arrêt de la cour de Poitiers du 29 décembre 1851, qui n'a pas été frappé de pourvoi, et qui développe et confirme par d'excellents motifs la doctrine soutenue par le Sous-Comptoir des Métaux. (Dalloz, 1853, 2, 257.)

Si ces principes étaient justes sous l'empire des dispositions du Code d'instruction criminelle qui confiaient à une chambre du conseil composée de trois juges au moins le droit de statuer sur les renvois en police correctionnelle après instruction, combien n'est-il pas plus nécessaire de les appliquer avec une stricte exactitude depuis que la loi du 17 juillet 1856 a confié cette attribution importante au seul juge d'instruction assisté de son greffier? N'est-on pas effrayé à la pensée qu'il peut dépendre d'un officier subalterne (le greffier du juge d'instruction) d'enlever à la partie intéressée, par un retard volontaire ou involontaire dans la remise de la pièce judiciaire signifiée, la possibilité de s'opposer utilement à l'ordonnance du juge, et d'arriver à ce résultat de confisquer le droit de la partie et de paralyser l'autorité de la cour en rendant ainsi un magistrat unique juge d'intérêts si graves en premier et dernier ressort?

Malgré ces moyens présentés par le directeur du Sous-Comptoir des Métaux, et auxquels MM. Hébert et Lefèvre-Pontalis avaient donné une entière adhésion, la cour de Dijon a rendu l'arrêt dont la teneur suit :

ARRÊT.

Considérant que, les nommés X., poursuivis pour abus de confiance, devant le tribunal de Lyon, sur la plainte de Gauchier, partie civile, ayant été relaxés des poursuites par ordonnance de non-lieu de M. le juge d'instruction près ce tribunal, rendue le 7 août 1858, et régulièrement signifiée à ladite partie civile le samedi 14 du même mois, — opposition à ladite ordonnance a été formée, le surlendemain 16, à requête de Gauchier, ès noms, par acte d'huissier signifié ledit jour au parquet de M. le procureur impérial ;

Considérant, sur la recevabilité de ladite opposition, qu'elle a été formée après le délai de vingt-quatre heures imparti à cet effet, par l'art. 135 du Code d'instruction criminelle, à la partie civile ; — que, en matière criminelle, aux termes de l'art. 2 de la loi du 17 thermidor an VI, tous les jours, fériés ou non, sont utiles, pouvant et devant dès lors être utilement employés, lorsqu'il y a prescription d'un délai fixe ; — que la loi a voulu qu'il en fût ainsi dans l'intérêt de la société qui poursuit, comme dans l'intérêt des individus poursuivis ;

Que, en présence des termes impératifs de l'art. 135, de la brièveté du délai imparti, et de la disposition spéciale dudit article, qui ordonne que le prévenu gardera prison jusqu'à l'expiration du susdit délai, la partie civile a donc dû, nonobstant le jour férié, exercer son droit d'opposition dans les vingt-quatre heures de la signification de l'ordonnance de non-lieu ;

Que, ne l'ayant pas fait, et ne justifiant d'ailleurs d'aucune impossibilité de fait qu'elle aurait rencontrée dans l'exercice de son droit, son opposition du 16 août doit être déclarée tardive et non recevable :

Par ces motifs,

La cour, faisant droit aux réquisitions du procureur général, déclare Gauchier, ès noms, non recevable dans son opposition à l'ordonnance de non-lieu rendue en faveur de X., le 7 août dernier, par M. le juge d'instruction près le tribunal de Lyon.....

Du 17 février 1859. — Cour imp. de Dijon. — Ch. d'acc. — Prés., M. Legoux.

Art. 285.

Faillite. — Domicile. — Jugement déclaratif. — Tiers. — Opposition.

La faillite doit être poursuivie devant le tribunal de commerce du domicile que le commerçant avait au moment où il a cessé ses payements. — Le droit de former opposition au jugement déclaratif de faillite, que l'art. 580 Code Comm. accorde aux tiers, est un droit propre à ceux-ci, et en vertu duquel ils peuvent agir directement et de leur chef, sans qu'on puisse leur opposer l'acquiescement du failli au jugement rendu incompétemment.

(Fénéon et Déresse C. Radouan et autres.)

A la date du 4 octobre 1858, sur la requête présentée par le sieur Radouan, le sieur Brenot, négociant, a été déclaré en état de faillite par le tribunal de commerce de Dijon le 8 dudit mois d'octobre. L'ouverture de cette faillite a été fixée provisoirement au 30 juillet précédent.

Le sieur Fénéon, créancier présumé de Brenot, prétendant que le tribunal de commerce de Dijon n'était point compétent pour prononcer sur la demande du sieur Radouan, mais le tribunal de commerce de Semur, a formé opposition au jugement déclaratif, et a soutenu que depuis plusieurs années Brenot avait complétement abandonné Dijon pour aller se fixer aux Laumes, dans la maison paternelle, et qu'il y avait transporté son domicile et le siége d'une industrie nouvelle.

Devant le tribunal de commerce de Dijon, on discuta sur le point de savoir si l'on devait recevoir le sieur Fénéon opposant au jugement déclaratif de la faillite, si ce jugement avait été compétemment rendu par le tribunal de commerce de Dijon, et s'il avait acquis l'autorité de la chose jugée.

Ce tribunal rendit, à la date du 11 janvier 1859, le jugement suivant :

Considérant que Fénéon figure au bilan de Brenot en qualité de créancier présumé, et que son opposition a été formée dans les délais impartis par l'art. 580 du Code de commerce; qu'elle est donc régulière à la forme;

Considérant que Radouan, non plus que le syndic, ne s'oppose pas à ce que Déresse soit déclaré intervenant dans l'instance en opposition intentée par Fénéon;

Considérant que, dans un acte de société sous seings privés fait à Dijon le 18 avril 1858, enregistré audit lieu le 29 du même mois, pour l'exploitation d'une fabrique de ciment située aux Laumes, Brenot se qualifiait de domicilié à Dijon; que, dans différents actes intervenus depuis cette époque, il a pris tantôt la qualité de négociant aux Laumes, tantôt celle de domicilié aux Laumes, tantôt enfin de domicilié à Dijon;

Considérant que soit la société du 18 avril 1856, soit une autre formée le 28 septembre de la même année, aux termes d'un acte sous seings privés enregistré à Semur le 5 novembre suivant, n'a été faite sans esprit de retour, puisque l'une et l'autre ne comportaient qu'une durée limitée ;

Considérant que ces deux actes ont été annulés ; que , le 15 avril 1857, Brenot formait avec les demandeurs, suivant acte enregistré à Semur le 21 du même mois, une nouvelle société dont la durée était également limitée ; que l'art. 5 de cet acte prévoyait le cas où la dissolution de cette nouvelle société pourrait être, dans le courant de 1858 , demandée par l'un des associés, et spécialement par Brenot;

Considérant que, de l'aveu même de Fénéon et de Déresse, cette dernière société a été régulièrement annulée, au regard de Brenot seulement, plusieurs mois avant la déclaration de sa faillite ; qu'en cet état, l'on ne saurait induire qu'à l'époque du 4 octobre la translation que Brenot avait faite de son habitation aux Laumes fût faite sans esprit de retour, puisqu'il n'était plus lié par aucune association, et qu'il est reconnu que la société du 15 avril 1857 a continué d'exister entre Fénéon et Déresse, conformément aux dispositions finales de l'art. 5 précité du traité passé à cette date , et qu'en conséquence Brenot avait cessé toute exploitation ;

Considérant que Brenot n'a fait ni à la mairie de Dijon, ni à celle de Venarey, les déclarations prescrites par l'art. 104 C. N., que cette abstention et l'acquiescement dont il sera ci-après parlé indiquent suffisamment de sa part l'intention de maintenir son domicile à Dijon, et d'y fixer de nouveau sa résidence ; que l'administration a toujours considéré que son domicile légal n'avait pas cessé d'être à Dijon, puisque, dans les avertissements émanés de la direction des contributions directes, il a toujours , en 1857 et 1858 , été qualifié de négociant demeurant à Dijon ;

Considérant qu'en matière personnelle, le défendeur doit toujours être assigné devant le tribunal de son domicile , et à défaut de domicile, devant celui de sa résidence ;

Considérant que, dans la requête en déclaration de faillite présentée le 4 octobre dernier, Radouan s'est conformé aux prescriptions de l'art. 59 du Code de procédure civile, le tribunal du lieu du domicile devant être saisi de préférence à celui de la résidence;

Considérant que, le 5 octobre, Brenot faisait au greffe du tribunal de commerce de Dijon le dépôt de son bilan, conformément au jugement qui le déclarait en faillite; qu'ainsi ce jugement est acquiescé et passé, entre Radouan et lui, en force de chose jugée;

Considérant que toute opposition formée à un jugement rendu par défaut doit nécessairement avoir pour but, de la part de la partie opposante, de faire statuer le tribunal saisi autrement qu'il ne l'a fait par ce jugement;

Considérant que Fénéon, dans son exploit introductif d'instance, avait demandé que la cause et les parties fussent renvoyées devant le tribunal de Semur, tous actes conservatoires demeurant en état; que si ces conclusions ont été modifiées à la barre, celles qu'il a prises à nouveau tendent au renvoi de la cause et des parties devant le tribunal qui doit en connaître; qu'ainsi il admet que Brenot est en état de cessation de payements, et que c'est à bon droit qu'il a été mis en faillite; que cet état, au surplus, ne saurait être dénié en présence du dépôt de son bilan fait par Brenot lui-même;

Considérant que le droit réservé aux parties intéressées par l'art. 580 ne saurait détruire celui qui a été également réservé au failli par les dispositions du même article, ni être exercé au préjudice de ce dernier droit;

Considérant que le droit de former opposition à un jugement rendu par défaut entraîne nécessairement celui d'y acquiescer; que, le jugement du 8 octobre 1858 étant actuellement passé en force de chose jugée, les tiers intéressés ne sont fondés à l'attaquer qu'autant que, par ses dispositions au fond, il ferait grief à leurs intérêts, qu'il eût dû ne pas être rendu ; que, reconnaissant l'état de cessation de payements de Brenot, et par conséquent sa faillite légale, ils sont mal fondés à attaquer ses dispositions ;

Considérant que toute opposition formée, même par une tierce personne, à un jugement rendu par défaut, et ensuite acquiescé, ne saurait porter sur la compétence, puisque cette question ne peut plus être soulevée par les parties principales ;

Considérant que l'incompétence dont excipe la partie demanderesse est toute personnelle à Brenot ; qu'on ne saurait concevoir que des créanciers puissent exercer d'autres droits que ceux dont la loi n'a pas dépouillé leur débiteur failli, alors surtout que, comme dans le cas présent, il en a usé conformément aux textes des art. 104 et 580 Code Comm. ;

Considérant que, le jugement déclaratif du 8 octobre 1858 étant passé en force de chose jugée entre Brenot et Radouan, seuls alors en cause, il ne saurait ne pas l'être entre le failli et ses autres créanciers :

Par ces motifs,

Le tribunal, statuant en premier ressort, reçoit Fénéon opposant au jugement déclaratif de la faillite de Brenot du 8 octobre 1858 ; reçoit Déresse intervenant dans l'instance ;

Dit que ce jugement a été compétemment rendu, et qu'il a acquis, au regard de toutes les parties de la cause, l'autorité de la chose jugée.

Appel de la part de Fénéon ; — Dans l'intérêt de l'appelant, on disait :

Il est certain en fait que Brenot avait son domicile aux Laumes. La preuve de ce domicile résulte d'une série de

conventions, d'actes et de faits qui ne laissent aucun
doute.

En droit, d'après l'art. 59 Code Proc. civ., en matière de faillite, le défendeur doit être assigné devant le
tribunal de son domicile.

D'après l'art. 438 Code Comm., le failli doit, dans les
trois jours de la cessation de ses payements, en faire la
déclaration au greffe du tribunal de son domicile. Dans
le sens de cet article, le domicile qui attribue compétence
est celui du failli au moment de l'ouverture de la faillite :
cela résulte du texte de l'art. 438.

La volonté de la loi et l'intérêt des créanciers, comme
l'intérêt public, sont que la faillite se liquide dans le lieu
où elle a commencé, où le commerce s'est fait.

Le failli ne peut ni seul, ni par un concert avec un créancier, enlever la liquidation de la faillite au tribunal
compétent, et entraîner les créanciers devant le tribunal
d'un domicile nouveau. Pour sauvegarder les droits des
tiers, l'art. 580 Code Comm. les autorise à former opposition au jugement déclaratif de la faillite. C'est là un
droit propre aux intéressés, qui ne peut dépendre du
failli, de son acquiescement à un jugement incompétemment rendu.

C'est donc par erreur que le tribunal a considéré les
opposants comme exerçant un droit exclusivement personnel du failli, droit perdu par le dépôt que celui-ci a
fait de son bilan, et les a déclarés non recevables. Il n'y
a pas d'exception de chose jugée, dans le cas d'opposition spécialement permise par l'art. 580. Les intéressés

ont même un délai plus long que le failli, et peuvent agir après que ce dernier est déchu.

Pour le sieur Radouan, intimé, on soutenait que le droit accordé par l'art. 580 Code Comm. aux parties intéressées de former opposition au jugement déclaratif de la faillite ne leur permettait pas de décliner la compétence du tribunal qui avait déclaré la faillite, quand ce droit avait été épuisé par le failli.

Il résulte, disait-on, de la discussion sur la loi des faillites que le droit d'opposition accordé *aux parties intéressées,* par dérogation au droit commun de *tierce opposition,* n'a eu pour but que de hâter la décision des affaires de la faillite. Ce droit n'est autre que le droit de tierce opposition sous une autre forme avec des délais déterminés.

Le tiers opposant, ajoutait-on, n'a que le droit d'attaquer la décision qui lui préjudicie, sans qu'il lui soit possible de décliner la compétence du tribunal saisi.

ARRÊT.

Considérant que la faillite d'un commerçant doit être poursuivie devant le tribunal de commerce du domicile qu'il avait au moment où il a cessé ses payements ; — qu'aux termes des dispositions des articles 103, 104 et 105 du Code Napoléon, lorsque le commerçant n'a pas fait de déclaration devant l'autorité municipale, les tribunaux, pour déterminer le domicile, peuvent faire dépendre des circonstances la preuve de l'intention ; — que le tribunal de commerce de Dijon, ayant déclaré la faillite de Brenot, et en ayant fixé l'ouverture au 30 juillet 1858, a rejeté l'opposition régulière formée par Fénéon, en se fondant sur des motifs de deux espèces, à savoir, en fait, que

Brenot était domicilié à Dijon, et, en droit, qu'il avait acquiescé au jugement de déclaration de la faillite ;

Considérant, en fait, que Brenot, après s'être livré succes-
sivement à un commerce sur les fers et sur les vins dans la
ville de Dijon, a abandonné, en 1857, ces deux industries, a
créé à Venarey une usine pour la fabrication du ciment, est
allé résider dans cette commune, et n'a conservé aucun établissement à Dijon ; — qu'il a contracté à Venarey deux sociétés, dont la durée présumée était de 18 et 15 ans ; — qu'à
la vérité elles ont été dissoutes ; mais ces deux actes n'en manifestent pas moins l'intention arrêtée par Brenot de s'établir
complétement à Venarey ; — que, dans ces actes et dans d'autres, il a énoncé qu'il demeurait aux Laumes (commune de
Venarey) ; — qu'il a été assigné devant le tribunal de Semur,
sans en décliner la compétence ; que tous ces faits et circonstances démontrent suffisamment que Brenot, au moment de
la cessation de ses payements, était domicilié à Venarey ;

Considérant, en droit, que l'opposition ne devait pas être
rejetée parce que Brenot aurait acquiescé au jugement de
déclaration de la faillite rendu par le tribunal de commerce de
Dijon, et qu'à son égard ce jugement aurait acquis l'autorité
de la chose jugée ; — que la disposition de l'art. 580 du Code
de commerce attribue aux créanciers du failli des droits personnels, en vertu desquels ils peuvent former directement et
de leur chef opposition au jugement déclaratif de la faillite,
surtout en ce qui concerne la compétence ; — que cette doctrine ressort évidemment de la faculté laissée aux créanciers
de former opposition au jugement pendant un mois, tandis
que ce délai est restreint à huit jours pour le failli ; — qu'il
est évident que, pour activer la marche des faillites, le législateur a, par une disposition nouvelle, remplacé la voie de
la tierce opposition par celle de l'opposition directe ; — qu'il

n'y a pas lieu, ainsi que l'ont fait les premiers juges, de tirer argument des dispositions de l'art. 1166 du Code Napoléon; — que sous tous les rapports le jugement doit donc être réformé ;

Considérant, sur les dépens, que Radouan, ayant poursuivi la déclaration de faillite, a lutté seul contre l'opposition formée par Fénéon et Déresse ; que le failli, sous le coup d'une décision judiciaire, n'a fait que subir la position qui lui a été faite ; — que Radouan doit donc être condamné aux dépens envers toutes les parties, sauf les frais d'intervention de Déresse en première instance, qui doivent rester à la charge de celui-ci :

Par ces motifs,

La cour, faisant droit sur l'appellation interjetée par Fénéon et Déresse du jugement rendu entre les parties par le tribunal de commerce de Dijon le 11 janvier 1859, met icelle et ce dont est appel à néant ;

Réformant, et par nouveau jugement,

Dit que le tribunal de commerce de Dijon était incompétent pour déclarer la faillite du sieur Brenot; en conséquence, annule le jugement déclaratif de faillite du 8 octobre 1858, et renvoie la cause et la faillite devant les juges qui doivent en connaître.

Du 28 février 1859. — Cour imp. de Dijon. — 3e Ch.— Prés., M. Vallierod.

il y a pas lieu, ainsi que l'ont fait les premiers juges, de tirer . . . .

Art. 286.

Enregistrement. — Légataire universel. — Mère naturelle. — Transaction. — Droit de 1 pour 100. — Restitution de droits. — Incompétence.

1° *Quand la mère naturelle d'un testateur a formé contre le légataire universel envoyé en possession de son legs une demande en nullité du testament pour cause de captation, et qu'il intervient entre les parties une transaction par laquelle la succession du testateur est partagée par moitié entre les parties, et exécutée ensuite par la délivrance que fait la mère naturelle au légataire, la régie de l'enregistrement n'est pas fondée à percevoir un droit de 9 p. 100 sur la part de celle-ci dans la succession, mais seulement le droit dû en ligne directe, c'est-à-dire celui de 1 p. 100.*

2° *Une demande en restitution de droits d'enregistrement doit être portée devant le tribunal dans l'arrondissement duquel se trouve le bureau où la perception a été faite.*

(D^{mes} Muteau et Bohet C. administration de l'enregistrement)

Lucien Duthey, célibataire majeur et propriétaire domicilié à Dijon, est décédé le 21 janvier 1858, après avoir, par testament olographe du 11 décembre 1857, institué pour sa légataire universelle Anne Ligonet, femme Bohet, qui fut chargée d'acquitter divers legs particuliers.

Lucien Duthey ne laissait aucun héritier légitime. Lui-même était fils naturel régulièrement reconnu de la dame Muteau.

Le 4 mars 1858, la dame Bohet obtint du président du tribunal civil de Dijon une ordonnance qui l'envoya en possession du legs universel à elle conféré. Dès le 30 janvier de la même année, la dame Muteau, mère naturelle de Lucien Duthey, prétendant avoir des droits à la succession de ce dernier, avait fait apposer les scellés sur les meubles, valeurs et effets de l'hérédité.

La mainlevée en ayant été demandée par la légataire universelle, la dame Muteau, dont la prétention à une réserve était niée par la dame Bohet, fit signifier des conclusions reconventionnelles tendant à la nullité du testament de Lucien Duthey pour cause de suggestion et de captation.

Le débat entre les dames Bohet et Muteau était sérieusement engagé, et la cause avait été fixée pour être plaidée au fond, lorsque les prénommées se rapprochèrent, et une transaction intervint, par laquelle la succession de Lucien Duthey fut partagée par moitié entre les parties, prélèvement fait des dettes, legs particuliers, droits de mutation et frais de toute nature.

Par cette transaction, réglée par acte reçu Mes Vaissier et Virely, notaires à Dijon, le 13 mai 1858, la dame Muteau, conformément aux dispositions de l'art. 1004 du Code Napoléon, fait délivrance à la dame Bohet, pour la remplir de son legs, de la moitié de la succession de Lucien Duthey, l'autre moitié lui étant réservée en sa qualité d'héritière de son fils, qui avait été par elle légalement reconnu.

Cette même transaction soumise à la formalité de l'enregistrement, le receveur des actes civils vit dans la convention intervenue une transmission de la dame Bohet à la dame Muteau de moitié de la succession Duthey, et perçut un droit de 9 p. 100 sur moitié des valeurs de cette succession, soit 15,855 fr. 84 cent.

Plus tard, les préposés de l'enregistrement se crurent fondés à exiger de la dame Bohet, pour droits de mutation par décès entre étrangers, la somme de 31,711 fr. 68 c., à raison de 9 p. 100 sur la totalité de l'hérédité.

Ces perceptions parurent aux dames Muteau et Bohet susceptibles d'être critiquées. En conséquence, elles se pourvurent en justice, à l'effet de faire décider d'abord qu'un droit fixe de 3 fr. 30 cent. aurait dû être perçu sur la transaction du 13 mai 1858, et non pas un droit proportionnel.

L'administration de l'enregistrement résista à la demande de restitution qui lui était adressée; mais, par un jugement du 21 décembre 1858, la légitimité du droit revendiqué par les dames Muteau et Bohet a été consacrée, et il a été ordonné le remboursement à leur profit d'une somme de 15,852 fr. 54 cent. (voy. art. 260, t. ii de ce Recueil). Le même jour 21 décembre, les dames Bohet et Muteau, se fondant sur la qualité en laquelle la dame Muteau avait recueilli moitié de la succession de Lucien Duthey, son fils naturel, ont fait de nouveau assigner l'administration de l'enregistrement afin d'obtenir la restitution d'une somme de 12,331 fr. 44 cent. qui, suivant elles, aurait été perçue en trop à titre de droits de mutation sur la succession de Duthey fils.

JUGEMENT.

Sur la première question :

Considérant qu'après le décès de Lucien Duthey, et sur les

déclarations fournies par la dame Bohet, avec réserve des droits résultant, au profit de la Dame Muteau, du contrat de transaction du 13 mai 1858, il a été perçu, à raison de 9 p. 0|0, dans les divers bureaux de la situation des biens, savoir :

1º A Dijon, dix-neuf mille huit cent cinquante-un francs quarante-huit centimes, ci. .   19,851   48

2º A Genlis, six mille six cent vingt-sept francs six centimes, ci.   6,627   06

3º A St-Jean-de-Losne, douze cent soixante-sept francs vingt centimes, ci.   1,267   20

4º Et à Sombernon, neuf francs quatre-vingt-dix centimes, ci.   9   90

En tout, vingt-sept mille sept cent cinquante-cinq francs soixante-quatre centimes, ci. . . .   27,755   64

Considérant que le droit acquitté au bureau de Sombernon n'est, au moins quant à présent, l'objet d'aucune réclamation; qu'ainsi il n'échet de s'en occuper;

Considérant, en ce qui concerne les perceptions faites au regard de la dame Bohet, étrangère à Lucien Duthey, qu'elles sont reconnues avoir été régulièrement faites;

Considérant que c'est seulement en ce qui touche la Dame Muteau, mère naturelle de Duthey, que la demande en restitution est produite;

Considérant qu'à son égard, soit qu'on envisage la question au point de vue du droit résultant de la transaction du 13 mai 1858, soit qu'on la considère sous le rapport de la réserve à laquelle elle prétend, on doit reconnaître que sa réclamation est fondée, et que c'est à tort que, sur sa part dans la succession de Lucien Duthey, les préposés de l'enregistrement ont perçu un droit de 9 p. 0|0;

Considérant qu'en transigeant sur une instance qui avait pour objet une contestation sérieuse et caractérisée, qui metmis en question la validité du testament de Lucien Duthey, et la qualité de réservataire de la Dame Muteau, celle-ci et la Dame Bohet n'ont opéré aucune transmission de droits de l'uneà l'autre;

Que des faits constants et de toutes les circonstances de la cause il ressort d'une manière évidente que les demanderesses n'ont pas emprunté la forme du contrat de transaction dans le but de dissimuler une convention qui aurait dessaisi l'une au profit de l'autre de droits acquis;

Que les dames Muteau et Bohet, alors que par l'instance engagée tout était mis en question, ne pouvaient prétendre dans la chose litigieuse des droits certains et déterminés;

Qu'en terminant la contestation qui les divisait, en ayant recours à une forme que la loi autorise et doit favoriser, les Dames Muteau et Bohet n'ont fait que convertir en droits les prétentions qu'elles avaient élevées, et qui s'excluaient respectivement;

Considérant que la situation créée aux parties par le contrat du 13 mai n'est pas différente de celle qui leur aurait été faite si un jugement avait mis fin aux difficultés qui avaient surgi entre elles;

Que la transaction, comme le jugement, est déclarative, et non translative; — que chacun des transigeants exerce sur la portion de la chose litigieuse qui lui est attribuée un droit qui est censé lui avoir appartenu *ab initio,* et dès avant la transaction;

Que, dans l'espèce, il n'y a pas eu sacrifice de valeurs personnelles à l'une ou à l'autre des parties, mais accommodement amiable sur les seules valeurs composant la succession de Lucien Duthey;

Que, par suite, la dame Muteau, qui, aux termes de l'art. 765 du Code Napoléon, aurait été appelée à recueillir toute l'hérédité de son fils naturel reconnu, si celui-ci était mort *ab intes-*

tat, aurait dû n'être tenue de payer, sur la part lui afférant dans cette hérédité, que le droit dû en ligne directe, celui de 1 p. 0|0 ;

Considérant que l'administration de l'enregistrement ne peut avec avantage invoquer l'envoi en possession obtenu par la dame Bohet de la succession de Lucien Duthey, pour en induire que cette dernière a été saisie de toute l'hérédité, et que par suite le droit à raison de 9 p. 0|0 sur toutes les valeurs laissées par le défunt a été acquis et régulièrement perçu ;

Qu'en effet, cet envoi en possession a été pour la dame Muteau *res inter alios acta ;* qu'il n'a pu produire son effet que le testament de Duthey recevant sa pleine et entière exécution ; que si un jugement était intervenu qui eût annulé ce testament, il faudrait bien reconnaître que l'envoi en possession serait non avenu et subirait le sort de l'acte qui y a donné lieu ; que la transaction, qui a entre les parties l'autorité de la chose jugée en dernier ressort, et qui ne peut être attaquée ni pour cause d'erreur de droit, ni pour cause de lésion, produit le même résultat que le jugement ;

Considérant que si l'on examine la question au point de vue de la réserve à laquelle prétend la dame Muteau, on doit encore décider que la demande de restitution formée par cette dernière est fondée ;

Considérant que l'administration, qui soutient que la réserve n'est pas due, se borne à invoquer l'opinion de certains auteurs et quelques décisions de cours impériales ; mais qu'on lui oppose avec avantage le sentiment d'auteurs plus nombreux, des décisions judiciaires plus répétées, et un arrêt de la cour de cassation, chambre des requêtes, du 3 mars 1846 ;

Considérant, en effet, que la loi appelle les père et mère à recueillir la succession de leur enfant naturel reconnu, décédé sans postérité ;

Qu'ainsi, au cas prévu, ils sont héritiers ;

Considérant qu'il n'est plus mis en doute aujourd'hui que l'enfant naturel a dans les successions de ses père et mère un droit de réserve, auquel il ne peut être porté atteinte ;

Que la nature et l'étendue de ce droit dérivent de l'ensemble des dispositions de la loi ;

Que, par un juste esprit de réciprocité, les père et mère de l'enfant naturel décédé sans postérité ont également droit, pour ce cas, à une réserve dans les biens qui composent sa succession ;

Que l'art. 915 Code Nap. s'applique à tous les ascendants qui succèdent ;

Qu'à la différence de l'enfant naturel, qui peut venir en concours avec des héritiers légitimes pour la part lui afférant, les père et mère de cet enfant ne peuvent hériter de lui ou avoir droit à une réserve dans sa succession que s'il est décédé sans postérité : d'où il suit que, pour les ascendants, la périlleuse concurrence d'une parenté légitime n'est jamais à redouter ;

Qu'en tenant donc pour vrai que la dame Muteau avait droit à une réserve dans la succession de son fils, on constate de plus fort que c'est le droit de 1 p. cent qui aurait dû être perçu sur les valeurs qui lui ont été attribuées, et que l'excédant, qui a été mal à propos exigé, doit être restitué ;

Considérant que l'administration de l'enregistrement paraît douter elle-même du mérite des moyens qu'elle met en avant, puisque, dans le mémoire qu'elle a signifié, elle indique le calcul qui serait à faire dans le cas où la demande des dames Muteau et Bohet serait reconnue fondée ;

Considérant que, d'après les résolutions qui précèdent, il y a lieu d'ordonner que l'administration défenderesse sera tenue de restituer aux parties demanderesses, non pas la somme de 12,331 fr. 44 c., mais celle de 11,767 fr. 16 c., la demande ne s'étendant qu'aux perceptions faites par les bureaux de

Dijon et de Genlis, et ne devant pas être admise en ce qui concerne celle opérée au bureau de Saint-Jean-de-Losne, ainsi qu'il va être expliqué, et la perception suivant les valeurs de 20 fr. en 20 fr. inclusivement et sans fraction ;

Sur la 2ᵉ question,

Considérant que l'exception d'incompétence soulevée par l'administration de l'enregistrement est bien fondée ;

Que la ville deSaint-Jean-de-Losne fait partie de l'arrondissement de Beaune, et qu'il est de principe admis en jurisprudence qu'une demande en restitution doit être portée devant le tribunal dans l'arrondissement duquel se trouve le bureau où la perception a été faite (arr. de cassation du 1ᵉʳ juillet 1840 :

Par ces motifs,

Le tribunal, etc.

Du 14 février 1859. — Trib. civ. de Dijon. — 1ʳᵉ Ch.— Prés., M. Méaux. — Proc. imp., M. Saverot, concl. conf.

Art. 287.

Surenchère. — Caution. — Insuffisance. — Justification supplémentaire.

La solvabilité de la caution fournie par le surenchérisseur en exécution de l'article 2185 du Code Napoléon ne doit être appréciée que d'après les immeubles dont les titres ont été déposés au greffe, conformément à l'article 832 du Code de procédure civile.

En conséquence, la surenchère est nulle si ces immeubles sont

...grevés d'hypothèques légales pour des causes excédant leur ...valeur. Cette nullité ne peut être réparée par la consignation d'une somme effectuée après l'expiration des quarante jours.

Le 19 janvier 1859, X... fait notifier, à fin de purge, son contrat d'acquisition d'immeubles hypothéqués à divers créanciers, moyennant le prix de mille cinquante francs.

Le 19 février, L..., créancier inscrit, fait au greffe du tribunal de Louhans une réquisition de surenchère, et offre, pour sa caution, le sieur C....; celui-ci fait sa soumission, et, pour justifier de sa solvabilité, dépose au greffe un titre d'acquisition d'un immeuble moyennant le prix de deux mille francs payé comptant.

Sur l'assignation qui lui est donnée pour voir déclarer la surenchère bonne et valable, l'acquéreur X.... fait signifier, à la date du 2 mars, après l'expiration du délai de quarante jours, des conclusions par lesquelles il demande la nullité de la surenchère, en se fondant sur ce que l'immeuble offert par la caution C... est grevé de trois hypothèques légales dont les causes dépassent évidemment de beaucoup la valeur dudit immeuble.

L'affaire est appelée à l'audience du 4 mars 1859; le surenchérisseur, en annonçant que la caution est prête à consigner une somme de dix-sept cents francs pour compléter la justification de sa solvabilité, demande un renvoi à huitaine, qui est ordonné.

Le 9 mars, la caution verse en effet à la caisse des dépôts et consignations la somme de dix-sept cents francs;

copie du récépissé qui lui est donné est signifiée le 11 mars, avant l'audience, à l'avoué de l'acquéreur. C'est en présence de ces faits que le tribunal de Loubans a rendu la décision suivante :

JUGEMENT.

Attendu, en droit, qu'il résulte de l'article 2185 du Code Napoléon que l'acte de surenchère, portant offre de donner caution, doit être signifié par le surenchérisseur dans les 40 jours de la notification à lui faite par l'adjudicataire ;

Qu'aux termes de l'article 832 du Code de procédure civile, cet acte de réquisition contenant assignation doit être notifié avec copie de l'acte de dépôt au greffe des pièces constatant la solvabilité de la caution ;

Qu'enfin, d'après le même article 832, dans le cas où le surenchérisseur donne un nantissement en argent, il doit être notifié avec son assignation copie de l'acte constatant la réalisation de ce nantissement ;

Que, d'après les dispositions de l'article 838 du Code de procédure, ces formalités doivent être observées à peine de nullité ;

Attendu, en fait, que, dans le délai de 40 jours, L... a notifié le dépôt au greffe, comme pièce justificative de la solvabilité de sa caution, le sieur C..., l'expédition d'un contrat d'acquisition reçu Me Mugnier-Motta le 18 janvier 1854, par lequel le sieur C... a acheté moyennant le prix de deux mille francs des immeubles situés à Branges.

Attendu que cet immeuble (1) est grevé de trois hypothèques

---

(1) Le texte du jugement porte : Cet immeuble. . . . Il serait plus correct de dire : Attendu que ces immeubles sont grevés, etc.

légales dont les causes dépassent évidemment de beaucoup sa valeur; que, la solvabilité de la caution ne s'estimant, d'après les dispositions de l'art. 2019 du Code Napoléon, qu'eu égard aux propriétés foncières de celui qui donne son cautionnement, le premier dépôt doit être déclaré insuffisant;

Que la caution, il est vrai, a déposé postérieurement à la caisse des consignations, à la date du 7 mars courant, une somme de dix-sept cents francs, avec déclaration que ce dépôt avait pour but de compléter surabondamment les preuves de sa solvabilité;

Mais attendu que le dépôt a eu lieu après l'expiration du délai de 40 jours fixé par l'art. 2185 du Code Napoléon précité;

Qu'en second lieu, au mépris des prescriptions de l'article 832 Code Proc., la notification de ce dépôt n'a pas eu lieu avec l'assignation pour la réception de la caution :

Par ces motifs,

Le tribunal, ouï M. le substitut du procureur impérial en ses conclusions, en rejetant comme insuffisante la caution présentée par L..., déclare nulle la surenchère du 19 février 1859, et condamne L... aux dépens.

Du 11 mars 1859. — Tribunal civil de Louhans. — Président, M. Garnier. — Substitut, M. Déshayres.

OBSERVATIONS.

Les deux premières questions tranchées par le tribunal de Louhans ne pouvaient faire sérieuse difficulté. Dès qu'en fait il était certain que le chiffre des créances garanties par les hypothèques légales dépassait la valeur de l'immeuble offert, l'insuffisance de la caution était démontrée.

La jurisprudence, en se fondant sur le principe de l'article 2019 du Code Napoléon, a depuis longtemps fait justice des arguments tirés des garanties morales ou de la solvabilité notoire de la caution. (Voir notamment Bourges, 27 novembre 1830, rapporté dans Sirey, v. 31, 2, 218). — Cet arrêt est d'autant plus remarquable, qu'il a été rendu sous l'empire de l'ancien article 832, beaucoup moins concluant sur la question que l'article actuel. — Quant à l'insuffisance provenant des hypothèques qui grèvent l'immeuble présenté, la cour de Paris, par un arrêt du 11 décembre 1834 (Sir., 35, 2, 14), est allée plus loin que ne le fait dans ses motifs le tribunal de Louhans, en annulant une surenchère par cela seul que l'immeuble offert était grevé d'une hypothèque légale pour *des droits indéterminés.* — La question de cautionnement supplémentaire fourni après l'expiration du délai de quarante jours est tranchée dans le sens du jugement ci-dessus par un arrêt de rejet du 29 août 1855 (rapporté dans Devilleneuve et Carette, v. 56, 1, 33).

Cet arrêt, très-nettement motivé, fixera sans doute la jurisprudence, dont l'indécision s'expliquait difficilement en présence des textes si impératifs des articles 832 et 838 du Code de procédure civile.

En effet, les formalités indiquées par le premier de ces articles étant toutes prescrites à peine de nullité, elles sont autant d'éléments substantiels dont se compose la surenchère.

Si l'un de ces éléments fait défaut ou est vicié, il ne peut plus y avoir de surenchère valable. — Par une conséquence rigoureuse, la surenchère doit être déclarée nùlle toutes les fois que, pour la valider, on est obligé de s'appuyer sur une formalité qui n'a été accomplie qu'après les quarante jours, puisqu'il en résultera la preuve que cette surenchère n'a pas été achevée dans le délai légal.

M. Chauveau, quest. 2484; Zachariæ, t. 2, p. 242, note 30, et M. Troplong, Traité des priviléges et hypothèques, nº 942, proscrivent sans hésiter tout cautionnement supplémentaire dans de pareilles conditions.

M. Paul Pont, continuateur de Marcadé, dans son Commentaire des priviléges et hypothèques, nº 1376, se range également à la doctrine de l'arrêt de la cour suprême du 29 août 1855.

Art. 288.

Partage. — Rapport d'experts. — Erreur de chiffre. — Préjudice. — Réparation.

Quand, dans un rapport d'experts, il a été commis une erreur de chiffre qui, lors d'une liquidation de succession non terminée, a occasionné à l'une des parties un préjudice, il n'y a pas lieu, pour cette partie, de se pourvoir par action principale pour en obtenir la réparation.

(Marcand C. Saunois.)

En ce qui concerne le 5e contredit :

Considérant qu'il est constant au procès que, dans un rapport d'experts relatif à l'estimation du domaine de Collonges, appartenant à Saunois et à la dame Marcand, il a été commis une erreur de chiffre qui, lors du partage, a occasionné à la dame Marcand un préjudice de 1,596 fr. 2 c., et que c'est à tort que le tribunal a déclaré les mariés Marcand non recevables dans leur demande en réparation de cette erreur, et les a renvoyés à se pourvoir par action principale pour obtenir cette réparation ;

Qu'il ne s'agit pas, en effet, dans la cause d'une action en lésion en matière de partage, mais de la réparation d'une erreur matérielle dans une liquidation de succession non encore terminée, et que cette erreur peut être réparée en tout état de cause ;

Qu'il convient, dès lors, d'ordonner que Saunois fera état aux mariés Marcand de la somme de 1,596 fr. 2 c., avec intérêts à partir du jour du tirage des lots du domaine de Collonges :

Par ces motifs,

La cour, statuant sur l'appel principal ,

Ayant aucunement égard à l'appellation interjetée par Marcand du jugement rendu par le tribunal civil de Dijon le 15 mars 1858, met ladite appellation et ce dont est appel à néant, en ce que les premiers juges ont ordonné :

1º Que les mariés Marcand étaient renvoyés à se pourvoir par action principale pour obtenir la rectification de l'erreur de 1,596 fr. 2 c. commise à leur préjudice dans le procès-verbal d'experts relatif à l'estimation du domaine de Collonges;

Réformant quant à ce, et par nouveau jugement, dit :

1º Que Saunois tiendra compte aux mariés Marcand d'une somme de 1,596 fr. 2 c. pour erreur matérielle de chiffre commise par les experts dans le procès-verbal d'estimation du domaine de Collonges, et ce avec intérêts à partir du jour du tirage au sort des lots de ce domaine.

Du 9 février 1859. — Cour imp. de Dijon. — 1re Ch. — Prés., M. Muteau.

Art. 289.

Dénonciation calomnieuse. — Preuve. — Non-recevabilité.

Quand l'autorité à laquelle la loi attribuait la connaissance des faits et le soin d'en poursuivre la répression, a décidé qu'ils n'avaient point le caractère exprimé par la plainte ou qu'ils n'étaient point suffisamment établis, le tribunal correctionnel est lié par cette décision, et ne doit point recourir à des preuves qui pourraient avoir pour résultat de l'infirmer.

(Pierre Aubry et Ciriac Belgrand C. Lahalle.)

Le tribunal,

Considérant qu'il est reconnu par le défendeur qu'il a adressé à M. le Procureur impérial une plainte tendant à appeler son attention sur des abus et des actes de malversation qui se seraient accomplis au préjudice de la masse des habitants d'Osneval, dans la coupe affouagère de cette commune pour l'exercice 1857, et dont les demandeurs étaient entrepreneurs responsables, concurremment avec le sieur Regnault, aujourd'hui décédé, faits qui, s'ils étaient constants, seraient réprimés par les dispositions du Code pénal;

Que les plaignants voient dans ce fait le délit de dénonciation calomnieuse, et qu'ils l'ont déféré à la juridiction correctionnelle pour obtenir des dommages-intérêts en réparation du préjudice moral que cette plainte leur a occasionné;

Considérant que, pour s'exonérer des conséquences de cette action, Lahalle offre de prouver la réalité des faits signalés par lui;

Considérant, en ce qui touche le point de savoir si cette preuve est admissible, que le délit de dénonciation calomnieuse, tel qu'il est prévu par l'art. 373 du Code pénal, se compose de deux éléments distincts, à savoir la fausseté des faits imputés et la mauvaise foi de celui qui les a dénoncés;

Considérant que l'appréciation du caractère et de l'exactitude des faits appartient exclusivement à l'autorité qui était compétente pour en poursuivre la répression; que, s'il s'agissait de faits rentrant dans le domaine purement administratif, ce serait l'administration seule qui aurait à rechercher et à constater leur existence; que, s'il s'agissait de faits impliquant le caractère d'un crime, ce serait au parquet d'abord, et ensuite au juge d'instruction et à la chambre des mises en accusation à fixer leur caractère et à décider souverainement s'ils sont susceptibles de motiver des poursuites; qu'il suit de là que le tribunal correctionnel ne saurait autoriser la preuve de ces faits sans empiéter soit sur les droits de l'administration, soit sur ceux du parquet ou d'une autre juridiction; que la conséquence de ces principes, c'est que quand l'autorité à laquelle la loi attribuait la connaissance des faits et le soin d'en poursuivre la répression a décidé ou qu'ils n'avaient pas le caractère qui leur était attribué par la plainte, ou qu'ils n'étaient pas suffisamment établis, la juridiction correctionnelle est liée par cette décision, et ne saurait recourir à des preuves qui pourraient avoir pour résultat de l'infirmer;

Considérant que, dans l'espèce, M. le procureur impérial a déclaré, à l'audience, qu'après avoir procédé aux vérifications que comportait la plainte de Lahalle, il ne l'avait pas jugée fondée, et qu'il avait décidé qu'il n'y serait pas donné suite ; que dans cette position, et M. le Procureur impérial ayant statué dans le cercle de ses attributions, le tribunal n'a plus qu'a rechercher dans quelles intentions Lahalle a agi, en déclarant non pertinents les faits articulés par le défendeur ;

Considérant, à cet égard, que déjà Lahalle avait signalé les prétendus abus et malversations dont il s'agit à M. le Préfet de la Haute-Marne ; que ce magistrat, après avoir fait procéder à une enquête administrative, a décidé qu'il ne serait pas donné suite à la plainte ; qu'après cette première phase de l'affaire, Aubry et Belgrand ont assigné Lahalle en réparations civiles devant le tribunal de paix du canton de Chevillon, qui a prononcé des dommages-intérêts contre lui ; que, nonobstant ce précédent qui eut dû impliquer un avertissement salutaire, Lahalle, s'obstinant dans sa poursuite, s'est adressé à M. le procureur impérial, qui, comme on l'a vu ci-dessus, s'est rangé, de son côté, à l'opinion déjà émise par M. le Préfet dans les limites de sa compétence ; que cette persévérance du défendeur dénote suffisamment les intentions dont il était animé, soit qu'il agît sous l'impulsion de ses propres sentiments, soit qu'il se fît l'instrument de quelques influences de localité ; que sa mauvaise foi ne saurait donc être mise en doute, et qu'il s'est rendu dès lors coupable du délit de dénonciation calomnieuse, tel qu'il est prévu et puni par les dispositions de l'art. 373 du Code précité, dont il y a lieu de lui faire l'application ;

Considérant cependant qu'il existe des circonstances atténuantes qui permettent de lui appliquer les dispositions de l'art. 463 du même Code pénal;

Considérant, en ce qui touche les conclusions des demandeurs, que c'est à bon droit qu'ils réclament la réparation du préjudice que Lahalle leur a causé ; que le tribunal possède d'ailleurs les éléments nécessaires pour fixer le chiffre des dommages-intérêts qui leur sont dus à ce titre :

Par ces motifs,

Vu les articles précités, dont lecture a été donnée par M. le président, et ainsi conçus :

Art. 373.....

Art. 463.....

Le tribunal, sans s'arrêter ni avoir égard à l'articulation des faits proposés par le défendeur, condamne ledit Lahalle en vingt-cinq francs d'amende, et en outre, en vingt-cinq francs de dommages-intérêts envers chacun des demandeurs, ainsi qu'aux dépens.

Du 12 janvier 1859. — Trib. corr. de Wassy.

Art. 290.

Serment décisoire. — Désistement. — Interrogatoire sur faits et articles. — Droit épuisé.

La partie qui, après avoir déféré à son adversaire le serment décisoire devant le tribunal de première instance, s'est désisté de ce mode de preuve pour y substituer, devant la Cour, l'interrogatoire sur faits et articles qui a eu lieu, ne peut plus revenir sur ce désistement et demander de nouveau que le serment soit prêté.

(Catherinet C. demoiselle Catherinet.)

Considérant que, s'il est vrai qu'un projet de rétrocession ait existé entre l'appelant et l'intimée pour le cas où il aurait convenu à Catherinet de racheter, à une époque voisine de la vente, la propriété de Percey que la demoiselle Catherinet venait d'acquérir, il n'est pas moins constant que ce projet n'a donné lieu entre les parties à aucun lien de droit qui pût autoriser Catherinet à en réclamer arbitrairement l'exécution, alors qu'après de longs délais l'intimée avait pris possession définitive, et jouissait paisiblement de son acquisition ;

Considérant qu'après avoir déféré, devant le tribunal de Langres, le serment décisoire à la demoiselle Catherinet, l'appelant s'est volontairement désisté de ce moyen de procéder pour y substituer un interrogatoire sur faits et articles que ladite demoiselle Catherinet a subi devant l'un des magistrats de la cour ;

Que c'est à tort qu'il prétend aujourd'hui revenir sur ce désistement, et demander à nouveau que l'intimée soit tenue de prêter serment sur les faits qu'il indique ;

Que, d'une part, son droit est épuisé sur ce mode de procédure, qu'il pouvait bien produire en tout état de cause, mais qu'il ne lui est pas permis de reproduire après y avoir juridiquement renoncé ; qu'en second lieu, le serment pût-il être déféré, il resterait à apprécier la pertinence des faits sur lesquels la demande repose ; et qu'à cet égard il ressort de tous les documents de la cause que ces faits ne sont ni pertinents ni admissibles.

Par ces motifs,

La cour, etc.

Du 16 février 1859. — Cour imp. de Dijon. — 1ʳᵉ Ch. — Prés., M. Muteau.

Art. 291.

Dernier ressort. — Offres. — Legs fait aux pauvres d'une commune. — Autorisation. — Intérêts.

1° *On doit, pour déterminer le taux du dernier ressort, s'attacher principalement aux conclusions prises par le demandeur plutôt qu'à des adhésions partielles accordées après coup par le défendeur à ces mêmes conclusions.*

2° *La loi du 18 juillet 1837 sur l'administration communale ne déroge pas à l'art. 1014 Code Napoléon, et soumet seulement l'exercice de cette dernière disposition à l'obtention préalable des autorisations imposées aux établissements publics pour accepter les donations ou legs à eux faits. — Jusqu'à l'autorisation, ces établissements sont sans qualité pour consentir à la délivrance des choses données ou léguées, se les faire remettre, en donner décharge ou faire des poursuites pour les obtenir : d'où il suit que les actes de ce genre qu'ils auraient accomplis ne peuvent les engager ni faire courir contre eux des déchéances ou des intérêts.*

(Mazoyer C. le Maire de Bourgvilain.)

Par un testament olographe du 20 novembre 1854, M. Antoine Mazoyer a légué aux pauvres de la commune de Bourgvilain une somme de 14,000 fr.; par le même testament, il a nommé pour son exécuteur testamentaire M. Guyot, alors juge de paix à Chalon, auquel il a donné la saisine de tous ses biens.

M. Antoine Mazoyer est décédé le 13 novembre 1856,

Les héritiers, voulant faire cesser la saisine de l'exécuteur testamentaire, lui firent signifier, le 1er décembre 1856, des offres réelles de la somme de 31,600 fr., suffisante pour acquitter les legs faits par leur auteur.

En même temps, pour faciliter l'autorisation d'accepter dont la commune de Bourgvilain avait à se pourvoir, ils lui remirent leur consentement à l'exécution de tous ces legs.

La commune de Bourgvilain n'ayant pas accepté et ne pouvant le faire, l'exécuteur testamentaire déposa la somme de 14,000 fr. au comptoir d'escompte de Chalon, en son nom personnel.

Le 21 décembre 1856, le conseil municipal de la commune déclara qu'il acceptait le legs ; mais l'autorisation d'accepter n'est intervenue que le 27 février 1858.

Dans l'intervalle, M. Guyot était lui-même décédé.

Les héritiers, tout en reconnaissant que les fonctions de l'exécuteur testamentaire ne leur incombaient pas, et tout en consentant à restituer aux consorts Mazoyer les différentes sommes offertes à M. Guyot et acceptées par lui pour exécuter les legs faits par M. Mazoyer père, élevèrent la prétention que, rien ne prouvant l'origine des fonds versés au comptoir d'escompte, les intérêts produits par la somme de 14,000 fr. leur appartenaient, et qu'ils n'étaient tenus de restituer que le capital.

Les héritiers Mazoyer, pour éviter un procès, transigèrent avec les héritiers Guyot, et il fut convenu que les intérêts qui faisaient l'objet de la contestation seraient partagés entre eux par moitié.

Le 3 juillet 1858, la commune de Bourgvilain fit assigner les héritiers Mazoyer en délivrance de 14,000 fr. avec intérêts du jour du décès du testateur, et subsidiairement depuis le 21 décembre 1856, jour de l'acceptation de ce legs par le conseil municipal.

Lors de la fixation des plaidoiries, et à la barre, les héritiers Mazoyer firent offre à la commune de Bourgvilain de la somme de 14,000 fr. avec intérêts depuis la demande en justice.

Ces offres ne furent pas acceptées.

Au jour des plaidoiries, la commune modifia ses prétentions, et elle ne demanda les intérêts des 14,000 fr. que depuis le 21 décembre 1856, jour de la délibération du Conseil municipal.

Elle conclut à ce qu'il plût au Tribunal, en homologuant la délivrance volontairement consentie par les héritiers Mazoyer du legs fait par leur auteur aux pauvres de Bourgvilain, dire et ordonner que la somme de 14,000 f. leur serait comptée avec intérêts à 5 p. 100 à partir du 21 décembre 1856; condamner en outre les héritiers Mazoyer aux frais de la demande en délivrance et à ceux du litige.

De leur côté, les consorts Mazoyer renouvelèrent les offres faites par eux du capital de 14,000 fr. et des intérêts, seulement depuis le jour de la demande en justice, et, sous le bénéfice de ces offres, ils conclurent à leur renvoi de toutes plus amples demandes.

Le 10 août 1858, le Tribunal civil de Chalon rendit un jugement par lequel il condamna les consorts Mazoyer à payer à la commune de Bourgvilain le principal de

14,000 fr., les intérêts depuis le 21 décembre 1856, et les dépens de l'instance, par les motifs : 1° que, par le dépôt fait à l'exécuteur testamentaire, les héritiers étaient libérés ; qu'ils avaient perdu tout droit à la somme déposée, et que cette somme était devenue la propriété des pauvres de Bourgvilain avec tous les intérêts qu'elle avait produits ; 2° que, d'après les dispositions de l'art. 48 de la loi du 18 janvier 1837, l'autorisation d'accepter accordée à la commune est remontée à la délibération du 21 décembre 1856.

Les héritiers Mazoyer formèrent appel de ce jugement.

À l'appui de cet appel, ils plaidèrent les moyens suivants :

Le légataire particulier n'a droit aux intérêts que du jour de la délivrance consentie ou demandée. Le legs fait à une commune n'ayant d'effet qu'après l'autorisation du gouvernement, il ne peut y avoir de délivrance auparavant.

La délivrance n'a pas été faite le 1er décembre 1856, avant même la délibération de la commune, ni depuis.

Il n'y a eu que dépôt en garantie de payement, le cas échéant, dépôt légalement rendu.

Ce dépôt n'a pas libéré les héritiers, n'a pas saisi la commune. Aussi l'exécuteur testamentaire a placé la somme en son nom personnel, et, en 1858, la commune demandait encore la délivrance aux héritiers.

D'autre part, la loi de 1837, en autorisant le *maire* à accepter à titre conservatoire, et en disant que l'autorisation a effet du jour de l'acceptation par le Maire, n'a

pas changé le Code Napoléon au fond du droit, quant à
la délivrance et à ses effets, mais a eu seulement pour
but de permettre tous actes conservatoires du droit lui-
même.

De leur côté, les pauvres de Bourgvilain, intimés, sou-
tenaient que, sur la demande en payement du legs de
14,000 fr. avec intérêts, les héritiers Mazoyer avaient
offert réellement avant l'audience le principal de 14,000 f.
lesquelles offres étaient acceptées d'avance par la demande même ; que le litige n'avait donc porté que sur
les intérêts, d'où la conséquence qu'il avait été jugé en
dernier ressort.

Au fond, l'exécuteur testamentaire de M. Mazoyer avait
qualité, disaient-ils, pour recevoir des héritiers le montant des legs particuliers faits par le défunt. Les héritiers
ont versé entre ses mains le montant du legs fait aux
pauvres de Bourgvilain le 6 décembre 1856. L'exécuteur
testamentaire a déposé ces fonds au comptoir, pour qu'ils
produisent intérêts, et a notifié ce dépôt au maire de la
commune. Il n'a pu dépendre des héritiers Mazoyer de
revenir sur un payement régulièrement fait, et même
avec le consentement des héritiers de l'exécuteur testamentaire décédé, de retirer la somme déposée pour s'en
approprier les intérêts. Ces intérêts ont été produits pour
le compte des pauvres de Bourgvilain.

Le fait de ce dépôt et sa notification au maire par l'exécuteur testamentaire est la seule raison qui ait empéché
une acceptation conservatoire du legs, dont l'effet aurait
été de faire courir les intérêts. Du reste, les consente-
ments donnés par les héritiers équivalent à une délivrance
volontaire.

ARRÊT.

Considérant, sur la première question, que la demande formée par le maire de Bourgvilain, agissant au nom des pauvres de ladite commune, avait, par son exploit introductif d'instance, conclu à ce que le testament d'Antoine Mazoyer, auteur commun des appelants, fût exécuté suivant sa forme et teneur, et qu'en conséquence les 14,000 fr. légués aux pauvres de ce lieu fussent versés entre les mains de qui de droit, avec intérêts à partir du 21 décembre 1856; et que devant les premiers juges le même avait demandé qu'en homologuant la délivrance volontaire consentie par les héritiers Mazoyer de ce legs, il fût dit et ordonné que la somme qui en formait le montant serait comptée avec intérêts à dater du même jour;

Considérant que, dans cet état de la cause, et bien que les défendeurs eussent offert la somme principale et une certaine quantité des intérêts réclamés, le litige n'en comprenait pas moins le payement du montant du legs, l'homologation de la délivrance volontaire qui en aurait été faite, et l'acquittement des intérêts à partir du jour où cette délivrance aurait été consentie;

Qu'il suit de là que, bien que les intérêts réclamés n'excédassent pas le taux du dernier ressort, ils ne s'en trouvaient pas moins confondus avec la demande principale, ainsi qu'avec celle en déclaration de validité d'une délivrance accomplie avant l'obtention de l'autorisation nécessaire aux pauvres de Bourgvilain pour accepter le legs de Mazoyer;

Considérant, au surplus, que l'on doit tenir comme règle en pareille matière qu'il faut, pour déterminer sûrement le taux du dernier ressort, s'attacher principalement aux conclusions prises par le demandeur, plutôt qu'à des adhésions partielles accordées après coup par le défendeur à ces mêmes conclusions, en présence du tribunal appelé par la force de sa juridiction à apprécier la demande dans toute son étendue, ainsi que les divers incidents qui peuvent la modifier, et dont il se trouve saisi dans ce but absolu ; que cette règle générale ne saurait souffrir d'exception que dans le cas où des offres, faites dans les conclusions prises en réponse aux conclusions du demandeur, auraient été acceptées par celui-ci avant le jugement ;

Qu'ainsi, et par ces divers motifs, la fin de non-recevoir opposée à l'appel des héritiers Mazoyer doit être repoussée ;

Considérant, sur la deuxième question, qu'il est de principe consacré par l'art. 1014 Code Nap., que les fruits ou intérêts de la chose léguée ne commencent à courir qu'à partir du jour où la demande en délivrance en a été formée, ou de celui où cette délivrance a été volontairement consentie ;

Que, loin que la loi du 18 juillet 1837 sur l'administration communale ait dérogé à cette règle, elle ne fait qu'en soumettre l'exercice à l'obtention préalable des autorisations imposées aux établissements publics pour accepter les donations ou legs qui peuvent leur être faits ;

Qu'il suit de la combinaison de cette loi avec l'article susrelaté du Code, que, jusqu'à ce que cette autorisation ait été accordée, ces établissements sont sans qualité pour consentir la délivrance des choses à eux données ou léguées, se les faire remettre, en donner décharge ou faire des poursuites pour les obtenir, et que, partant de là, les actes de ce genre qu'ils auraient accomplis ne peuvent les engager, ni faire courir contre eux des déchéances ou des intérêts ;

Considérant que la remise faite par les héritiers Mazoyer à Guyot, exécuteur testamentaire, de la somme de 14,000 fr., montant du legs fait par Antoine Mazoyer aux pauvres de Bourgvilain, et le dépôt fait par Guyot au comptoir d'escompte de Chalon de cette somme avant qu'aucune autorisation d'accepter eût été accordée aux légataires par le gouvernement, ne sauraient être opposés aux pauvres de cette commune; que ces actes ont été accomplis par des personnes sans pouvoirs, et ne peuvent dès lors produire l'effet d'une délivrance régulière vis-à-vis des légataires eux-mêmes, autorisés depuis à exercer leurs droits par leur mandataire légal; que le système contraire, tendant à valider le consentement anticipé donné par les héritiers aux actes de ces mêmes personnes, aboutirait à faire que la somme léguée, venant, par l'insolvabilité du dépositaire des deniers, à être perdue, le serait pour les pauvres de Bourgvilain, légataires, ce qui est inadmissible;

Que c'est donc sans fondement, et en violation des principes de la matière, que le jugement dont est appel a adjugé la demande du maire de Bourgvilain contre les héritiers Mazoyer, et que cette décision doit être réformée:

Par ces motifs,

La Cour, sans s'arrêter à la fin de non-recevoir opposée à l'appel interjeté par les héritiers Mazoyer du jugement rendu par le Tribunal civil de Chalon-sur-Saône le 10 août 1858;

Statuant sur ladite appellation, et y faisant droit, met icelle et ce dont est appel à néant; réformant, et par nouveau jugement,

Sous le bénéfice des offres faites lors du jugement de première instance, et renouvelées par exploit du 12 août 1858, 1o du principal de 14,000 fr.; 2o de 77 fr. 78 c. pour intérêts du 5 juillet au 12 août, ainsi que des frais jusqu'au dit jour 12 août, renvoie les héritiers Mazoyer de toutes plus amples demandes.

Du 16 mars 1859. — Cour imp. de Dijon. — 1re Ch. — Prés., M. de Lacuisine.

Art. 292.

Séparation de corps. — Propos outrageants. — Tolérance du mari.

Le mari qui souffre qu'au domicile commun un de ses employés adresse à son épouse des propos outrageants, commet envers elle une injure grave devant donner lieu à la séparation de corps.

(Dme Dugrivel C. Dugrivel.)

Considérant, sur la première question, que la fin de non-recevoir proposée par Dugrivel n'est autre qu'une défense au fond touchant les torts qu'il impute à sa femme envers lui, et qui tendent à faire écarter la demande en séparation de corps formée de la part de cette dernière ; qu'il y a donc lieu de statuer ensemble sur l'appréciation des enquête et contre-enquête en ce qui touche les conclusions respectives des deux parties de la cause ;

Au fond : considérant qu'il résulte des dépositions des témoins entendus par le commissaire délégué par le Tribunal civil de Mâcon, la preuve manifeste que Dugrivel, après avoir souffert, sans en faire justice ni y mettre ordre, que son commis principal ait, au domicile commun, adressé à la dame Dugrivel les propos les plus outrageants, a donné, au contraire, à cet homme les témoignages d'une confiance absolue, et au détriment des droits que celle-ci avait dans l'administration domestique de sa maison et de son ménage ;

Considérant que Dugrivel, en agissant de la sorte, a commis envers sa femme une injure des plus graves par l'approbation ainsi affectée de la conduite de son subordonné, et sans, d'ailleurs, qu'aucuns torts sérieux de la part de la dame Dugrivel puissent faire excuser une telle conduite de son mari envers elle, conduite qui rendrait désormais la vie commune insupportable ; d'où il suit que c'est à tort que la demande en séparation de corps formée par la dame Dugrivel contre son mari n'a pas été admise par le jugement dont est appel (1).

Du 23 mars 1859. — Cour imp. de Dijon. — 1re Ch. — Prés., M. de Lacuisine.

Art. 293.

Testament olographe. — Renvoi. — Date.

Il n'est pas indispensable, dans un testament olographe, d'ajouter la date, qui se trouve à la fin de l'acte, à côté de la signature qui approuve un renvoi en marge.

(Rondot C. Chauchot et autres.)

Considérant qu'aucune prohibition de loi n'interdit au testateur d'expliquer ou de rectifier ses dispositions olographes par un renvoi en marge de son testament, alors que ce renvoi est signé de lui et ne porte d'ailleurs aucun caractère dolosif ou frauduleux ;

Que le renvoi ainsi fait est un moyen légitime d'exprimer la libre et entière volonté de celui qui se dépouille de ses biens ;

Que, nouvel élément de l'acte principal, il se confond avec lui en s'y réunissant, et puise son authenticité dans les formes légales dont cet acte est revêtu ;

---

(1) Jugement du Tribunal de Mâcon du 22 décembre 1858.

Que c'est bien ainsi que la dame Petret l'a entendu, si l'on en juge par les précautions qu'elle a prises pour rattacher au corps de son testament la disposition accessoire qu'elle écrivait en marge, et sur la sincérité de laquelle il n'est possible d'élever aucun doute ;

Que si, à côté de la signature qui approuve le renvoi, il était indispensable d'ajouter la date qui se trouve à la fin de l'acte, il faudrait en conclure qu'un testament olographe ne peut être rectifié que par des codicilles, dans le cas même où il s'agirait de simples ratures approuvées ;

Considérant, relativement aux conclusions subsidiaires des intimés, qu'il est de la dernière évidence que le renvoi qui donne lieu au procès n'a pu être fait par la dame Petret que postérieurement au corps de l'acte en marge duquel il a été placé ;

Que toute preuve testimoniale est donc complétement inutile :

Par ces motifs,

La Cour, faisant droit à l'appellation interjetée par les mariés Rondot du jugement rendu par le tribunal civil de Beaune le 29 juillet 1858, met ce dont est appel à néant, et, par nouveau jugement, etc.

Du 24 mars 1859. — Cour imp. de Dijon. — 1re Ch. — Prés., M. Muteau.

N. B. *Observations de Marcadé sur les renvois dans un testament olographe :* « Les renvois, comme le corps même du testament, ne sont valables que sous la condition d'être écrits, datés et signés par le testateur. Mais une date et une signature spéciales ne sont pas toujours nécessaires : quand le renvoi est fait au même moment que le principal et se lie avec lui-même pour le temps, il n'y a qu'un seul tout indivisible pour lequel il suffit

d'une seule date, comme d'une seule signature ; mais si
ce renvoi a été ajouté au testament a une autre époque
que celle de la confection, c'est vraiment une disposition
nouvelle, qui a besoin dès lors d'une nouvelle signature,
et surtout d'une nouvelle date. Il est vrai que tout renvoi
ne portant pas une date nouvelle doit par cela seul être
présumé se reporter au temps même de la confection de
l'acte ; mais comme le contraire pourrait se trouver
prouvé (soit parce que le légataire ou l'objet légué
n'existaient pas à la date indiquée, soit par la différence
d'encre, soit autrement), la date et la signature nouvelles ne seraient pas omises sans danger ; et comme
pour les renvois même faits en même temps que le testament, on pourrait quelquefois élever des difficultés,
(ne fût-ce que pour une différence d'encre ou de plume),
il sera toujours prudent à un testateur, ou de signer et
dater tous ses renvois, ou d'approuver ces renvois, en
indiquant leur nombre au dessus de la date et de la
signature.»

Art. 294.

Séparation de corps. — Enfants mineurs. — Éduca-tion.

*Le jugement qui prononce la séparation de corps doit, en
règle générale, confier l'éducation des enfants mineurs
issus du mariage à l'époux qui a obtenu la séparation.
(Arg art. 302 C. N.)*

(De Druard C. Druard.)

Considérant, sur la première question, qu'il résulte de la
combinaison des articles qui régissent la séparation de corps

entre époux avec ceux qui avaient été introduits dans le Code Napoléon en matière de divorce, que ces articles s'appliquent par l'analogie des situations au cas où, par l'effet de cette séparation, il y a lieu de pourvoir à l'éducation des enfants mineurs nés du mariage;

Que le principe consacré par l'art. 302 dudit Code établit comme règle générale fondée sur la plus saine morale que cette éducation doit être confiée à celui des époux qui a obtenu la séparation de corps au détriment de celui qui a succombé sur cette demande; qu'il serait, en effet, d'une profonde injustice, comme d'un exemple dangereux, que l'époux qui a eu des torts de conduite obtînt, de préférence à celui qui a été irréprochable, une confiance dont il s'est montré d'avance indigne, et que, si la loi a autorisé les tribunaux à en disposer autrement, c'est dans les cas seulement où des circonstances nées de l'intérêt des enfants et de la nature des griefs qui ont motivé la demande, viendraient autoriser l'application de cette mesure tout exceptionnelle, et à laquelle on ne doit recourir que dans des cas bien justifiés;

Considérant qu'il résulte des circonstances de la cause et de l'avantage bien compris de l'éducation des enfants Druard, que c'est avec juste raison que les premiers juges ont décidé que Druard conserverait la garde et l'administration desdits enfants nés de son mariage avec la dame son épouse;

Par ces motifs,

La Cour, etc.

Du 30 mars 1859. — Cour imp. de Dijon. — 1ʳᵉ Ch. — Prés., M. de Lacuisine.

ART. 295.

Escroquerie. — Hôtel. — Dépense non payée.

L'individu qui se présente dans un hôtel et y fait une cer-
taine dépense, sans employer aucune manœuvre fraudu-
leuse, n'est pas, par le seul fait qu'il ne peut payer le
montant de cette dépense, coupable du délit d'escroquerie.

(Ministère public C. Chenard.)

Jugement du Tribunal correctionnel de Dijon du 8 janvier 1859, dans lequel il est dit :

Sur le chef d'escroquerie, attendu que, si le prévenu s'est
présenté à l'hôtel du Parc, et y est resté quatre ou cinq jours
en faisant une vingtaine de francs de dépense, il est évident
qu'il n'a employé aucune des manœuvres frauduleuses constitutives du délit d'escroquerie ; que, bien au contraire, il a
aussitôt avoué son état de pénurie, et ses démarches infruc-
tueuses auprès de quelques amis, a constaté lui-même la dé-
tresse dans laquelle il se trouvait, en promettant toutefois de
payer aussitôt qu'il le pourrait ;

Attendu dès lors que, quelque coupable que soit, au point
de vue de la probité et de l'honnêteté, la conduite du prévenu,
le seul fait retenu à sa charge par l'ordonnance de renvoi ne
peut constituer le délit d'escroquerie prévu et puni par l'art.
405 du Code pénal.

ARRÊT.

La Cour, adoptant les motifs des premiers juges, etc.

Du 2 février 1859. — Cour imp. de Dijon. — Ch. corr.
— Prés., M. Vullierod.

Art. 296.

Faillite.— Expropriation.— Poursuites continuées. — Créancier chirographaire. — Privilége.

L'article 571 du Code de commerce a seulement pour objet d'empêcher que des poursuites de saisie réelle soient entreprises par des créanciers chirographaires après la déclaration de faillite, et ne s'applique pas aux poursuites commencées antérieurement. — Le créancier poursuivant qui s'en remet à la prudence de la justice sur la demande en cessation de poursuites doit, dans tous les cas, être colloqué par privilége pour ses frais de poursuites.

(Deleuze C. Venot.)

Considérant que Venot est créancier des mariés Monniot-Bressault en vertu du jugement rendu par défaut par le tribunal de commerce d'Auxonne le 24 mai 1858 ;

Considérant que l'hypothèque résultant de ce jugement a été inscrite le 14 juin suivant ;

Considérant que, le 10 septembre de la même année, Venot a fait saisir les immeubles appartenant à Monniot et à sa femme ;

Et que la saisie a été transcrite le 14 du même mois ;

Considérant qu'alors que la procédure de saisie réelle se suivait, et le 17 décembre, Monniot a été déclaré en faillite par jugement du tribunal de commerce d'Auxonne, lequel n'a pas reporté à une date antérieure l'époque de l'ouverture de ladite faillite ;

Considérant que le cahier des charges a été déposé au greffe du tribunal le 31 décembre, et que les 6, 7, 8 et 9 janvier 1859, sommation a été faite au syndic Deleuze, qui jusque-là n'avait formulé aucune opposition à la poursuite, aux créanciers inscrits et autres d'avoir à prendre communication du cahier des charges dont la publication a eu lieu le 16 février;

Que le jugement qui a donné acte de la lecture et publication a ordonné que les poursuites seraient continuées contre le syndic Deleuze;

Considérant que l'adjudication avait été fixée au 21 mars 1859, lorsqu'un second jugement rendu par le tribunal de commerce d'Auxonne le 21 février de la même année a fait rétroagir l'ouverture de la faillite au 26 octobre 1857;

Considérant que, par acte du Palais signé par Me Enfert, avoué, et signifié seulement le 17 mars, Deleuze, syndic de la faillite Monniot, a introduit contre Venot une demande tendant :

1° A faire déclarer nulle et de nul effet la saisie réelle pratiquée à requête dudit Venot sur le sieur Monniot;

2° A la radiation de ladite saisie sur les registres du conservateur;

3° A la condamnation de Venot à tous les dépens de l'instance;

Considérant que c'est en présence des faits et des dates qui précèdent que doit être examinée la demande en nullité des poursuites de saisie immobilière exercées par Venot;

Considérant qu'il n'est pas mis en doute que Venot est créancier sérieux des mariés Monniot-Bressant;

Que son hypothèque n'a été et n'a pu être annulée que par le jugement du 21 février 1859; et que son droit de créance constaté par le jugement du 24 mai 1859 n'a pas cessé de subsister;

Considérant que si, par exception à la règle générale, que tout créancier qui a un titre exécutoire peut poursuivre l'expropriation des immeubles de son débiteur, l'art. 571 du Code de commerce dispose qu'à partir du jugement qui déclare la faillite, les créanciers ne pourront poursuivre l'expropriation des immeubles sur lesquels ils n'ont pas d'hypothèque, cette disposition n'a pour objet que d'empêcher que des poursuites de saisie réelle soient entreprises par des créanciers non hypothécaires, après la déclaration de faillite, et n'a nulle application au cas où il s'agit de poursuites commencées antérieurement, et qui sont plus ou moins complètes ;

Que c'est le sens qui a été donné à l'article précité par le rapporteur de la commission devant la chambre des pairs ;

Que ce sens, du reste, s'induit de l'art. 572 du même Code, d'après lequel les syndics seuls, après le contrat d'union, ont le droit de poursuivre la vente des immeubles du failli, mais seulement dans le cas où il n'y a pas de poursuite en expropriation commencée ;

Considérant qu'après la faillite déclarée, tous les créanciers non hypothécaires ont entre eux des droits égaux, et se trouvent également représentés et protégés par les syndics ;

Mais que différente est la condition de celui qui, antérieurement à cette déclaration, a commencé des poursuites de saisie réelle ;

Que si, comme dans l'espèce, le droit hypothécaire du créancier a cessé d'exister, il a un privilége pour le recouvrement des frais exposés, lequel ne peut s'exercer qu'en menant sa poursuite à fin ;

Que ce créancier ne saurait être renvoyé à se faire rembourser sur la masse. En effet, il n'a aucun privilége sur la masse : on ne peut donc, sans lui enlever un droit légalement acquis, l'empêcher de continuer les poursuites ;

Considérant, dans tous les cas, qu'il faudrait, pour arrêter ces poursuites, que le syndic offrit préalablement de rembourser à Venot tous les frais par lui régulièrement faits et taxés, ce qui n'a pas lieu dans l'espèce ;

Que même les auteurs qui sont d'avis qu'après la faillite déclarée ; les poursuites d'expropriation co mmencées à requête d'un créancier doivent être discontinuées, estiment que les frais avancés par ce créancier, dans l'intérêt de la masse, doivent lui être remboursés ;

Considérant qu'on doit d'autant mieux appliquer à la cause les principes ci-devant développés, que la demande en nullité n'a été formée que quelques jours avant celui fixé pour l'adjudication, alors que tous les frais étaient faits, et que la procédure, sous peine d'être entachée de nullité, a dû être continuée en présence du silence gardé par le syndic de la faillite jusqu'au dix-sept mars ;

Que la contestation engagée n'a et ne peut avoir d'autre but que d'essayer de faire supporter par Venot les frais qu'il a avancés dans l'intérêt de la masse, et qui ne doivent pas rester à sa charge, puisqu'il a agi régulièrement, et dans la limite de son droit ;

Considérant que le syndic Deleuze n'offrant pas de rembourser les frais avancés par Venot, et succombant, il est juste de le condamner aux dépens de l'incident, lesquels seront prélevés par privilége sur le prix des immeubles dont la vente est poursuivie :

Par ces motifs,

Le Tribunal, jugeant en premier ressort, sans s'arrêter ni avoir égard aux conclusions du syndic Deleuze,

Donne acte à Venot de sa déclaration qu'il s'en remet à prudence de justice sur la demande en cessation de poursuites et en radiation de la saisie ;

Dit que, sous le bénéfice de cette déclaration, le syndic devra payer sur les fonds de la faillite les frais de poursuite régulièrement faits jusqu'à ce jour, et taxés, y compris ceux de l'incident, et que Venot aura pour le payement desdits frais un privilége sur les immeubles saisis, comme si la vente avait eu lieu ;

Et, à défaut par le syndic d'opérer ce remboursement, autorise Venot à mener à fin sa poursuite d'expropriation par lui commencée dès avant la déclaration de faillite de Monniot;

Ordonne, enfin, que les frais d'incident seront à la charge du sieur Deleuze, qualité qu'il agit et privilégiés comme il est ci-devant dit, lesdits dépens liquidés sommairement à la somme de....

Du 14 mars 1859. — Trib. civ. de Dijon. — 1re Ch. — Prés., M. Méaux.

OBSERVATIONS.

Cette décision parfaitement motivée du Tribunal civil de Dijon est en opposition avec un arrêt rendu par la Cour le 18 janvier 1858 et que nous avons recueilli p. 12, t. II, art. 162 de ce *Recueil*. Cet arrêt, qui, du reste, se borne à adopter les motifs des premiers juges, ne nous paraît pas de nature à fixer définitivement la jurisprudence de la cour. Les motifs sur lesquels repose le jugement du Tribunal de Dijon nous paraissent au contraire très-puissants, et nous confirment de plus en plus dans l'opinion que nous avions émise dès la première édition de nos *Répétitions sur le Code de commerce*, p. 560. Dans les observations que nous avons faites sur l'arrêt de la Cour *(loc. cit.)*, nous disions : « Ceux qui refusent au créancier chirographaire la continuation de la poursuite doivent nécessairement éprouver un certain embarras lorsqu'ils lisent l'art. 572, portant: «S'il n'y a pas de poursuites en expropriation des immeubles, commencée avant l'époque de l'union, les syndics seuls seront admis à poursuivre la vente....» En lisant cette première partie de l'art. 572 après l'art. 571, il semble qu'il y a une contradiction: car l'art. 572 parle de poursuite en expropriation commencée, sans dire si c'est par un créancier hypothécaire ou chirographaire, et on ne peut faire disparaître cette contradiction qu'en limitant la disposition de l'art. 572 aux poursuites en expropriation commencées par un créancier hypothécaire. — Ainsi, dans l'opinion consacrée par la Cour de Dijon, il faut ajouter au texte de l'art. 571 et restreindre l'art. 572; tandis qu'en suivant celle que nous adoptons, il suffit de prendre les expressions de l'art. 571 avec le sens qu'elles offrent tout d'abord, et de lire l'art. 572 tel qu'il est écrit, c'est-à-dire comme ayant trait à une poursuite en expropriation commencée soit par un créancier hypothécaire avant ou après le jugement déclaratif, soit même par un créancier chirographaire avant ce jugement. » Le tribunal de Dijon nous semble bien interpréter les dispositions des art. 571 et 572, comme nous les interprétions (voy. les observations précitées). C'est là, en effet, le sens le plus naturel ; c'est celui qui résulte des textes; c'est celui que l'on retrouve dans les sources mêmes de la loi.

Le jugement du tribunal de Dijon est donc, selon nous, très-juridique. Voyez, dans le même sens, les autorités citées tome II, p. 15 de ce *Recueil*.   H. F. R.

Art. 297.

Vente entre époux. — Remploi du prix d'immeubles propres à la femme. — Défaut de cause légitime. — Nullité.

Est nulle la vente des meubles consentie en remploi de propres par le mari à la femme, avant toute séparation de biens,

et lorsqu'il n'y a pas de la part du mari envers la femme
une dette certaine, liquide et actuellement exigible.

Le 18 novembre 1858, la dame André Collin a formé
contre son mari une demande en séparation de biens. Un
jugement par défaut, du 28 décembre suivant, a accueilli
cette demande, et un autre jugement du 18 janvier 1859
a homologué la liquidation qui avait été faite des reprises
de la femme.

Cependant, dès le 17 novembre, une veuve Richoux
avait assigné le sieur André en payement de deux billets
par lui souscrits. Le 30 du même mois il vendit à sa femme
différents objets mobiliers pour une somme de 817 fr.
50 c., destinée, aux termes du contrat, à la remplir, jusqu'à due concurrence, du prix de différents immeubles
propres aliénés durant la communauté.

L'assignation du 17 novembre ayant été suivie d'un
jugement de condamnation, la veuve Richoux fit pratiquer le 27 décembre une saisie-exécution au domicile
du sieur André. Aussitôt la dame André introduisit une
demande en distraction des meubles qui lui avaient été
vendus le 30 novembre. Elle soutenait que cette vente
avait une cause légitime, suivant la disposition de
l'art. 1595, § 2, puisqu'il s'agissait bien « du remploi
» de ses immeubles aliénés, ou de deniers à elle appar-
» tenant ; » — qu'on pouvait même appliquer à la cause
le § 1er du même article, qui permet sans distinction,
après la séparation de biens, toute vente faite par un des
époux à l'autre, en payement de ses droits ; qu'en effet,
le jugement de séparation de biens devant, d'après

l'art. 1445, rétroagir au jour de la demande, se trouvait, par cette fiction légale, antérieur à l'acte de vente du 30 novembre. La demanderesse ajoutait que si les droits de la femme étaient dignes de protection, c'était surtout alors que, comme dans l'espèce, les poursuites des créanciers contre le mari avaient pour cause des dettes de café et des habitudes de dissipation et d'inconduite.

On répondait, pour la veuve Richoux, que l'art. 1595, § 2, n'était pas applicable lorsque l'époux vendeur n'avait pas eu à acquitter une dette *actuellement exigible;* que d'ailleurs la date et les circonstances de l'acte de vente du 30 novembre indiquaient suffisamment qu'il avait été concerté en fraude des créanciers et devait par conséquent être annulé.

M. Condaminas, substitut, a présenté, dans le sens de la nullité, les considérations suivantes :

Dans l'ancien droit, la vente, comme tout autre contrat, était généralement prohibée entre époux (v. Pothier, *Donat. entre mari et femme*, nº 78). Pour prévenir les libéralités déguisées et les modifications indirectes aux conventions matrimoniales, le législateur de 1804 a dû reproduire cette règle ; mais il a admis trois exceptions. Quel en est le caractère? Il est clairement marqué dans les discours qui ont précédé l'adoption du titre de la Vente. Dans l'exposé des motifs au corps législatif, Portalis s'exprime ainsi : « Le projet de loi reconnaît pour- » tant qu'il est des circonstances dans lesquelles il est » permis entre époux de vendre et d'acheter. Ces cir- » constances sont celles où le contrat est fondé sur une » juste cause, et où il a moins le caractère d'une vente

»-proprement dite que celui d'un *payement forcé* ou d'un
» acte d'administration.» (*Locré*, xiv, p. 148). — Dans
le discours de M. Grenier, orateur du tribunat, les dispositions de l'art. 1595 sont rapportées à peu près textuellement; puis l'orateur ajoute : « Pourquoi, dans ces
» trois cas, aurait-on interdit une vente entre des époux ?
» Comme ces créances sont légitimes et *exigibles,* il serait
» injuste d'empêcher une libération par la voie de la
» vente. Il serait dur pour des époux d'être *forcés* de
» vendre leurs biens à des étrangers pour se faire respec-
» tivement raison de leurs droits, et de se priver de la
» douceur de les conserver pour eux et pour leurs en-
» fants, quel que soit celui d'entre eux sur lequel la pro-
» priété réside. » (*Locré*, ibid., p. 240.)

Ainsi, dans la pensée des législateurs, la vente n'est
permise entre époux que pour acquitter une dette exigible, dont le payement est *forcé,* tellement forcé que, d'a-
près le tribun Grenier, l'époux débiteur, s'il ne cédait
pas des biens à son conjoint, serait peut-être obligé de
vendre à des étrangers pour se procurer un moyen de
libération. Il s'agit ici, à n'en pas douter, d'une obligation actuelle, pouvant donner lieu immédiatement à une
demande en justice.

Examinons, en effet, les différentes dispositions de
l'art. 1595. Le 1er et le 3e paragraphe se rapportent bien
évidemment à une obligation présente et exigible. Dans
le premier, il s'agit de droits liquides à faire valoir après
une séparation de biens judiciairement prononcée; dans
le troisième, du payement d'une somme promise en dot
par la femme, sous un régime exclusif de la communauté.
Cette restriction est à remarquer. Sous le régime de la
communauté, le mari pourrait être sans intérêt pour

agir immédiatement : il a la jouissance de tous les biens
de la femme ; à la liquidation qui suivra la dissolution de
la société conjugale, il sera tenu de rendre seulement les
valeurs que la femme justifiera avoir apportées et s'être
réservées comme propres. Mais, sous d'autres régimes,
tous les revenus de la femme n'appartiennent pas au mari.
De plus, la négligence de celui-ci à réclamer le payement de la dot peut le faire considérer comme l'ayant
reçue et en étant devenu débiteur (art. 1569). Il a donc
intérêt à agir sans délai, et la dation en payement permise à la femme est un moyen de libération nécessaire.

Si telle est la portée de ces deux dispositions, le § 2,
issu de la même pensée, aurait-il une signification toute
différente, et aurait-il en vue une dette simplement éventuelle ? On reconnaît généralement qu'il est *démonstratif*
et non pas *limitatif* dans son énoncé ; on peut admettre
aussi qu'il s'applique sans distinction sous les différents
régimes matrimoniaux (Bordeaux, 1er décembre 1829).
Mais ce qui est certain, c'est qu'il autorise la vente comme
un payement forcé, comme un acte d'administration,
suivant les paroles de Portalis, et non comme un
arrangement facultatif entre les époux anticipant sur
une liquidation qui doit un jour déterminer d'une manière définitive quel est celui des époux qui sera débiteur de l'autre. Il deviendrait applicable, par exemple,
sous le régime de communauté, si une obligation de remploi était imposée au mari par le contrat de mariage ou
par l'acte de vente d'un bien propre de la femme ; —
sous d'autres régimes, si le mari devait immédiatement
rendre compte de deniers ou de revenus de la femme par
lui consommés, ce qui peut se présenter dans le cas de

séparation de biens et de régime dotal (art. 1539, 1578, 1579).

Plusieurs auteurs sont favorables à cette interprétation. Marcadé (sur l'art 1595, n° 2) dit formellement que l'article n'est pas applicable s'il n'existe pas une dette actuelle et personnelle de l'époux envers son conjoint. Duvergier, sur Toullier (Vente, n° 179), pense qu'il faut « une dette antérieure dont le mari peut actuellement se » libérer.» M. Troplong (*Tr. de la vente*, n° 180), tout en attribuant aux juges un pouvoir discrétionnaire pour déterminer les cas rentrant dans l'application de l'art. 1595, reconnaît que la Cour de Grenoble, par son arrêt du 8 mars 1831, a très-justement annulé des ventes consenties pour acquitter la dot, alors qu'il n'y avait pas de séparation de biens prononcée.

De nombreux monuments de jurisprudence peuvent être cités à côté de cet arrêt. Nous y voyons consacrés dans différentes espèces le même principe: c'est que la vente est nulle quand elle a pour but de remplir la femme, avant la séparation de biens, de créances ou de reprises dotales qui ne peuvent alors être liquidées (Grenoble, 24 janvier 1826, 10 juillet 1841; Montpellier, 7 juillet 1837; Bastia, 2 mai 1842; Riom, 24 mars 1852); —c'est que l'obligation de l'époux vendeur doit être certaine et actuelle, et que notamment l'intention de payer les reprises de la femme ne suffit pas à valider la vente lorsqu'aucune condition de remploi n'a été imposée au mari (Grenoble, 26 mars 1832 ; Bordeaux, 15 janvier 1839; Bourges, 14 mars 1853). — La jurisprudence de la Cour de cassation a varié sur la question (v. arrêts des 23 août 1825, 9 mars 1837, 24 juin 1839). Mais un arrêt

récent, du 28 novembre 1855, reconnaît qu'une vente
faite pendant le mariage, avant toute séparation de biens,
à une époque où la dot n'était pas exigible et où le mari
en conservait l'administration, a pu légalement être considérée comme une vente sans cause légitime.

Ces principes établis, il est facile d'en faire l'application au procès. On ne peut invoquer en faveur de la
vente faite à la dame André, quel que soit l'intérêt qui
s'attache à sa situation, la disposition du § 2 de l'art. 1595.
En effet, si cette vente a pu avoir pour objet de remplir
la femme du prix de ses immeubles aliénés, il est constant que le mari n'était pas assujetti au remploi; qu'il
n'avait donc pas à l'égard de la femme d'obligation actuelle ; que le *quantum* et l'existence même de cette obligation ne devaient être déterminés qu'à la liquidation de
la communauté ayant existé entre les deux époux. —
On ne peut pas invoquer davantage le § 1er, au moyen
de l'effet rétroactif du jugement de séparation. Cet effet
rétroactif ne s'étend pas évidemment à ce qui ne doit
être, dans l'esprit de la loi, que l'exécution même du jugement de séparation (v., en ce sens, Caen, 4 janvier
1851).

Le Tribunal a statué en ces termes :

Considérant, en droit, qu'aux termes de l'art. 1595 du Code
Napoléon, une vente faite pendant le mariage, avant toute séparation de biens, par le mari à sa femme, n'est valable que si
elle a une cause légitime, telle que le remploi de ses immeubles aliénés ou de deniers à elle appartenant, quand ces immeubles ou deniers ne tombent pas en communauté ;

Considérant que ces expressions de la loi « une cause légitime, » si on les rapproche des deux cas qu'elle spécifie sous
forme démonstrative, indiquent bien évidemment que, dans

la pensée du législateur, le contrat de vente n'est autorisé, au cas particulier dont il s'agit, que comme dation en payement à la femme, ou comme moyen de libération pour le mari, ce qui implique nécessairement l'existence de la part du mari envers la femme d'une dette certaine, liquide et actuellement exigible ;

Qu'on ne saurait admettre, en effet, que le législateur ait entendu permettre au mari, «constante matrimonio,» de céder des biens à sa femme en payement d'une créance purement éventuelle, subordonnée dans son existence même à toutes les éventualités de l'association conjugale, et dont le sort ne peut être fixé en définitive qu'à la dissolution de la communauté ; qu'un tel système, qui aurait pour effet de restreindre l'administration du mari, et de faciliter entre les époux des collusions préjudiciables aux droits des tiers, pourrait en outre amener ce singulier résultat d'un payement fait par anticipation à une femme qui, en fin de compte, ne serait pas créancière ;

Que le Tribunal est donc amené à reconnaître que, dans les ventes dont il s'agit l'exigibilité de la dette est une condition essentielle, sous-entendue par le législateur, de la légitimité de la cause ; qu'on ne saurait en douter, quand on voit sa pensée à cet égard se révéler dans l'exposé des motifs de la loi, ainsi que dans le rapport fait au corps législatif au nom du tribunat; et qu'au surplus cette interprétation a été consacrée par divers monuments de jurisprudence, et notamment par la Cour de cassation (arrêt de rejet du 28 novembre 1833);

Considérant que l'application de ces principes à l'espèce ne peut souffrir de difficulté, puisqu'il est constant, d'une part, qu'à l'époque où Henri André cédait à Marie-Reine Collin, sa femme, des objets mobiliers jusqu'à concurrence d'une somme de huit cent dix-sept francs soixante-quinze centimes, pour lui tenir lieu de remploi d'une partie du prix de ses immeubles

propres aliénés, les époux André n'étaient point encore séparés de biens ; et, d'autre part, que, les époux André s'étant
mariés sans avoir réglé les conditions civiles de leur union,
et par suite, l'obligation du remploi n'ayant pu être stipulée en
faveur de la femme, cette dernière ne pouvait avoir, pour raison de ses propres aliénés, que des reprises à exercer contre
la communauté, après sa dissolution, conformément aux art.
1433, 1470 et 1493 du Code Nap., et, par conséquent, elle ne
pouvait se faire céder des biens par son mari en payement de
ses reprises, qu'après une séparation judiciaire, suivant le
n° 1er de l'art. 1595 ; qu'ainsi, et sous ce premier rapport,
c'est le cas pour le Tribunal de déclarer la dame André mal
fondée en sa demande en revendication, et de la débouter, ainsi
que son mari, des différents chefs de leurs conclusions tendant soit à la nullité de la saisie-exécution pratiquée à la requête de la veuve Richoux, soit à des dommages-intérêts ; mais
qu'au surplus ces demandes et conclusions doivent encore
être rejetées par un autre motif;

Considérant, en effet, que le 17 novembre 1858, la veuve
Richoux a assigné les époux André-Collin en payement d'un
billet de cinq cents francs souscrit par le sieur André, protesté le 14 octobre de la même année, et pour lequel un jugement de condamnation a été obtenu le 4 décembre suivant;
que c'est le 30 dudit mois de novembre que le sieur André
a consenti la vente mobilière dont il s'agit, au profit de sa
femme, qui, dès le 18 du même mois, avait formé sa demande
en séparation de biens ;

Que ces circonstances ne permettent pas au Tribunal de
douter que l'acte de cession intervenu le 30 novembre ne soit
le résultat d'un concert entre les époux André-Collin, ayant
pour but de soustraire leur mobilier à l'action légitime de la
veuve Richoux; que c'est donc le cas de le déclarer nul et de nul
effet, conformément à l'art. 1167 du Cod. Nap., comme ayant
été fait en fraude des droits de ce créancier ;

Considérant que, les époux André succombant dans leurs prétentions, les dépens doivent rester à leur charge :

Déterminé par ces motifs, le Tribunal jugeant en premier ressort, reçoit en tant que de besoin la veuve Richoux tierce opposante au jugement d'homologation de l'acte liquidatif dressé par Mᶜ Pissier, notaire à Chaumont, le 5 janvier 1859;

Au fond : déclare nul et de nul effet l'acte de vente reçu par ledit Mᵉ Pissier le 30 novembre 1858 ; — En conséquence, déboute la dame André-Collin de sa demande en revendication, maintient la saisie pratiquée à la requête de la veuve Richoux, et ordonne que les poursuites d'exécution seront continuées et mises à fin ; — Condamne les époux André aux dépens, et ce pour tous dommages-intérêts.

Du 19 février 1859. — Tribunal civil de Chaumont, 2ᵉ Ch. — M. Thyébaut f. f. Prés. — M. Condaminas, substitut, concl. conf.

Art. 298.

Chasse. — Gibier lancé. — Terrain voisin. — Droit du propriétaire.

Il est permis au propriétaire d'un terrain sur lequel se rend une pièce de gibier lancée sur une propriété voisine et suivie par les chiens de celui qui l'a lancée, de la chasser à son tour, de la tirer, et de se l'approprier.

(Philipon C. Suchetet.)

En ce qui touche le premier chef des conclusions du sieur Philipon, tendant à ce qu'il soit fait défense au sieur Suchetet de tirer à l'avenir sur toute pièce de gibier lancée par les chiens du demandeur sur le terrain de ce dernier , et poursuivie par ses chiens, sous peine de tous dépens et dommages-intérêts;

Considérant, en droit, qu'aux termes de l'art. 1er de la loi du 3 mai 1844, nul n'a la faculté de chasser sur la propriété d'autrui, sans le consentement du propriétaire ou de ses ayants-droit ; que l'infraction à cette disposition est punie de peines correctionnelles d'après le § 2 de l'art. 11 de la même loi ; qu'à la vérité cet article porte que le fait du passage des chiens courants sur l'héritage d'autrui , lorsque ces chiens seront à la suite d'un gibier lancé sur la propriété de leurs maîtres, pourra ne pas être considéré comme un délit de chasse, sauf l'action civile, s'il y a lieu, en cas de dommage ; mais qu'il est évident que cette disposition, loin de conférer au chasseur le droit de suite sur le gibier lancé sur sa propriété, lorsqu'il en est sorti, le lui interdit au contraire formellement ; qu'il est certain que si le chasseur , au lieu de rappeler ses chiens poursuivant le gibier sur le terrain d'autrui, continue ou cherche à les exciter, il ne se trouve plus dans le cas d'excuse prévu par la loi ; qu'il commet alors le délit puni par le § 2 de l'art. 11 précité, et se rend passible des peines prononcées par cet article; qu'à plus forte raison, il n'a pas le droit de suivre ses chiens, et d'aller faire acte de chasse sur le terrain d'autrui; que c'est ce qui résulte clairement de la discussion de la loi ci-dessus rappelée, et que c'est ce qui a été constamment décidé par la jurisprudence ;

Considérant, d'un autre côté , qu'aucun texte de loi n'interdit au propriétaire du terrain sur lequel se rend une pièce de gibier lancée sur une propriété voisine, de la chasser à son tour, et de s'en emparer s'il peut l'atteindre;

Que s'il en était autrement, ce serait reconnaître un droit de priorité et de préférence, et créer au profit des chasseurs un véritable privilége que repoussent les principes de notre législation civile sur le droit de propriété, ainsi que le texte et l'esprit de la loi du 3 mai 1844 ;

Considérant, dans l'espèce, qu'il résulte de tous les documents de la cause, notamment des faits articulés par le demandeur lui-même, que le chevreuil dont s'est emparé le sieur Suchetet le 7 décembre avait été tué par lui, sur un terrain où il avait seul le droit de chasser ;

Que, d'après les principes qui viennent d'être exposés, le gibier n'était point la propriété du sieur Philipon, quoique celui-ci l'eût lancé sur son terrain ; qu'ainsi le sieur Suchetet pouvait le chasser à son tour, quand il est arrivé sur l'héritage où il a le droit de chasse, et par suite le tirer et se l'approprier ;

En ce qui touche le deuxième chef des conclusions, par lequel il réclame 500 f. de dommages-intérêts pour lui tenir lieu de la valeur de cette pièce de gibier,

Considérant que, le sieur Suchetet n'ayant fait qu'user du droit de tout chasseur muni d'un permis de chasse de poursuivre le gibier qui parcourt le terrain sur lequel il a le droit de chasser, il n'a causé aucun préjudice au demandeur, qui ne pouvait pas, sans commettre un délit, continuer à chasser sur la propriété d'autrui.

Du 10 février 1859. — Trib. de Châtillon. — Prés., M. Lemaistre.

N. B. Les principes du jugement ci-dessus sont exacts. Toutefois, dit notre correspondant, les chasseurs ont admis entre eux un système plus conforme aux convenances. H. F. R.

ART. 299.

Servitude. — Passage. — Enclave. — Changement d'exploitation.

*La servitude de passage due au cas d'enclave peut être mo-
difiée et étendue dans son exercice, sauf indemnité, si, par
suite d'une nouvelle destination donnée au fonds enclavé
et d'un changement d'exploitation, le passage existant se
trouve insuffisant pour les besoins de l'exploitation nouvelle.*

(Mme de Montailleur C. M. Chapuys.)

Le Tribunal,

Considérant que, le bois du sieur Chapuys étant enclavé, la
servitude légale de passage qui existe à son profit sur le bois
de la dame de Montailleur, s'étend, *sauf indemnité* en cas d'aggravation, à toute desserte nécessaire du fonds dominant,
quelque changement qui puisse s'opérer dans sa nature et
ses produits ; ce qui n'aurait pas lieu pour une servitude simplement conventionnelle, loi des parties, dont elles ne pourraient, s'écarter sans un commun consentement ;

Considérant, dans l'espèce, que la seule question à examiner est celle de savoir s'il y a eu aggravation dans le passage
des voitures chargées de pavés, et par conséquent dommage
causé au bois de la dame de Montailleur, etc., etc. :

Par ces motifs,

Dit qu'il sera payé pour tous dommages-intérêts à la dame
de Montailleur une somme de 20 fr. par le sieur Chapuys, etc.

**Du 29 décembre 1858. — Trib. civ. de Mâcon. — Prés.,
M. Lacroix. — Subst., M. Guicherd.**

Art. 300.

Action résolutoire. — Défaut d'inscription. — Fin de non-recevoir.

Le vendeur dont le privilége est éteint, et qui, dans le délai de six mois accordé par l'art. 11 de la loi du 23 mars 1855, a intenté l'action résolutoire, ne peut pas être déclaré non recevable faute d'avoir fait inscrire cette action.

(Avronin-Foulon C. Delagrange et Rochet.)

Le sieur Charleux a, suivant acte reçu par Me Cou-chot, notaire, le 1er décembre 1837, transcrit au bu-reau des hypothèques d'Autun le 15 mars 1838, vendu aux sieurs Soultzener et Cie la concession des mines de houille du Petit-Château, commune de St-Eugène, moyennant le prix principal de 15,000 fr., et une rede-vance annuelle de 200 hectolitres de charbon pris sur le carreau de la mine et le centième dans le bénéfice de l'exploitation. Cette société, après avoir exploité pendant quelque temps la mine, s'est mise en liquidation. Le liquidateur a mis en vente la concession de mine dont il s'agit. Elle fut adjugée au sieur Avronin-Foulon moyen-nant le prix principal de 11,500 fr. en sus des charges, aux termes d'un procès-verbal reçu par Me Esnée, notaire à Paris, le 8 juin 1847, transcrit le 30 septembre suivant. Dans le cahier des charges dressé pour arriver à cette vente, il est dit que l'adjudicataire doit être subrogé ac-tivement et passivement dans l'effet des engagements

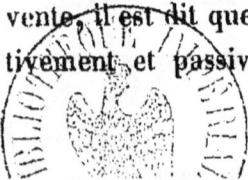

7

envers le sieur Charleux, et que par le fait seul de l'adjudication, il devra exécuter à ses risques et périls tous les engagements résultant de la vente faite par ce dernier.

Une société au capital de 2 millions 50,000 fr., ayant le sieur Delagrange pour gérant, a été constituée pour l'exploitation de cette mine, aux termes d'un acte reçu par Me Esnée le 2 février 1856, transcrit le 19 avril suivant. L'apport social du sieur Avronin-Foulon dans la société consistait dans la concession de la mine adjugée le 8 juin 1847.

La redevance annuelle de 200 hectolitres de charbon n'a jamais été acquittée, soit par le sieur Avronin-Foulon, soit par la société Delagrange et Cie. D'un autre côté, l'ordonnance de concession de la mine obligeait le concessionnaire à payer au propriétaire du sol une indemnité.

Le sieur Rochet, se prévalant du défaut de payement de cette indemnité, ainsi que du défaut de livraison de charbon, intenta, tant contre Avronin-Foulon que contre la société Delagrange et Cie, une demande en résolution de la vente consentie par le sieur Charleux, son auteur, le 1er décembre 1837.

Les défendeurs opposèrent à cette action une fin de non-recevoir résultant de ce qu'elle serait éteinte à défaut par le demandeur de l'avoir fait inscrire au bureau des hypothèques d'Autun, conformément à l'art. 7 de la loi du 23 mars 1855.

Rochet a en outre appelé en cause le sieur Charleux fils, afin de faire déclarer commun avec lui le jugement à intervenir.

Le tribunal d'Autun, par jugement du 23 décembre 1856, a ainsi statué sur le moyen opposé contre l'action résolutoire :

« Attendu qu'aux termes de l'art. 7 de la loi du 23 mars 1855, l'action résolutoire ne peut être exercée après l'extinction du privilége du vendeur au préjudice des tiers qui ont acquis des droits sur l'immeuble du chef de l'acquéreur, et qui se sont conformés aux lois pour les conserver ; qu'une seule exception à cette disposition absolue est faite par l'art. 11, § 4, en faveur du vendeur qui aura fait inscrire son action au bureau des hypothèques dans le délai de six mois à partir du 1er janvier dernier, jour où la loi est devenue exécutoire ; — qu'il est constant, d'un côté, que le privilége inscrit au profit de Charleux père au bureau des hypothèques d'Autun le 15 mars 1838, s'est éteint faute de renouvellement, et que les mariés Rochet n'ont point fait inscrire leur action audit bureau dans le délai imparti par la loi précitée ; d'un autre côté, que l'acte du 12 février dernier, reçu Esnée, notaire à Paris, qui sert de fondement au droit du tiers détenteur, a été transcrit audit bureau le 19 avril suivant ; qu'à la vérité les mariés Rochet, qui ont actionné Delagrange par exploit du 12 mai dernier (1856), prétendent que la mise en mouvement de leur action résolutoire dans le délai de la loi précitée, en faisant produire à cette action tout son effet vis-à-vis du tiers détenteur, les a naturellement dispensés de la faire inscrire au bureau des hypothèques ; mais qu'il est évident que leur prétention n'est pas fondée, puisque dès le 1er janvier le droit d'exercer leur action s'éteignait dans leurs mains, et ne pouvait plus revivre que par l'accomplissement de la formalité qui seule, par privilége de la loi, devait rendre la vie au droit éteint et légitimer sa mise en mouvement : d'où la conséquence que la fin de non-recevoir proposée doit être accueillie. »

Devant la Cour, on a soutenu que, l'action en résolu-

tion ayant été formée avant le 1er juillet 1856, l'inscription de cette action eût été sans utilité et frustratoire. Le
droit d'exercer l'action, disait-on, ayant été maintenu
par la loi jusqu'à cette époque, l'exercice même de ce
droit dispensait de toute mesure conservatoire. Enfin les
défendeurs, ajoutait-on, ont été avertis, par la transcription de l'adjudication du 8 janvier 1847, des droits
privilégiés appartenant aux demandeurs en qualité de
précédents propriétaires (art. 2108 C. N.).

ARRÊT.

Considérant, sur la deuxième question, que si la loi du 23
mars 1855, concernant la transcription en matière hypothécaire, a, par une condescendance équitable fondée sur la brus-
que transition d'une législation à une autre, autorisé le vendeur dont le privilége serait éteint au moment où cette loi
allait devenir exécutoire, à conserver, vis-à-vis des tiers, l'action résolutoire qui lui appartient, en faisant inscrire son action au bureau des hypothèques dans le délai de six mois à
partir de la même époque, elle a entendu, en prorogeant ainsi
le délai de la déchéance ordinaire, lui assurer le moyen de
conserver son droit de résolution, qui pouvait, par cette pro-
rogation de faveur, garantir l'exécution future des obligations
contractées à son égard par l'acquéreur; mais qu'il n'a pu
venir dans l'esprit du législateur d'imposer cette obligation au
vendeur qui, dans le délai ci-dessus fixé, aurait exercé de
fait son action en résolution par la voie d'une demande en
justice; — qu'il répugnerait, en effet, à la nature d'un acte
purement conservatoire d'un droit d'opérer plus d'effet, vis-à-
vis les tiers, que l'exercice immédiat du droit lui-même, qui
n'a besoin d'être conservé par l'inscription que pour attendre
utilement l'époque où celui auquel il appartient voudra
l'exercer, mais qui cesse d'avoir besoin d'être protégé par

l'inscription du moment où il a été mis en œuvre par la volonté de celui qui est le premier juge de cette opportunité ; qu'autrement il faudrait aller jusqu'à prétendre que les demandes en résolution formées, et qui n'auraient pas encore été jugées avant la promulgation de cette loi, seraient soumises elles-mêmes à la nécessité de l'inscription, ce qui serait inadmissible ; qu'au surplus, l'action en résolution pour une vente d'immeuble étant forcément exercée contre celui qui possède cet immeuble, la publicité de cette action pourvoit suffisamment à l'intérêt des tiers et aux inconvénients que la loi a voulu prévenir ;

Qu'ainsi c'est mal à propos que les premiers juges ont déclaré la demande en résolution de vente formée par les mariés Rochet contre Avronin-Foulon non recevable (1).

Par ces motifs,

La Cour, etc.

Du 14 avril 1859. — Cour imp. de Dijon. — 1re Ch. — Prés., M. de Lacuisine.

Art. 301.

Servitude. — Passage. — Enclave. — Changement d'exploitation.

La servitude de passage due au cas d'enclave peut être modifiée et étendue dans son exercice, sauf indemnité, si, par suite d'une nouvelle destination donnée au fonds enclavé et d'un changement d'exploitation, le passage existant se trouve insuffisant pour les besoins de l'exploitation nouvelle.

(Chapuis C. De Ve de Montailleur.)

1° Le droit de passage de Chapuis n'étant pas contesté, y

---

(1) Jugement du Trib. civ. d'Autun du 23 décembre 1856.

a-t-il lieu de le condamner à une indemnité proportionnée à l'aggravation de charge qu'il a fait subir à la propriété de la veuve de Montailleur? 2º Que doit-il être statué sur l'appel incident?

Adoptant les motifs des premiers juges ;

Et considérant, sur l'appel incident, qu'il est suffisamment pourvu par le jugement aux intérêts de l'intimée pour le passé, et que dans l'état il n'y a pas lieu de statuer sur les faits qui pourront se produire à l'avenir :

Par ces motifs,

La Cour, sans s'arrêter à l'appel principal émis par Chapuis du jugement rendu par le Tribunal civil de Mâcon le 29 décembre 1858, non plus qu'à l'appel incidemment interjeté par la veuve de Montailleur contre le même jugement, etc.

Du 21 avril 1859. — Cour imp. de Dijon. — 1re Ch. — Prés., M. Muteau, p. p.

N. B. Voyez le jugement du Tribunal civil de Mâcon, art. 299. de ce recueil. — Si la servitude, objet du litige, était conventionnelle, on concevrait que le propriétaire du fonds dominant ne pût exiger aucun changement dans le mode de son exercice. Le titre, comme l'exprime le jugement, serait la loi des parties. Mais il s'agissait d'une servitude légale, d'un droit de passage résultant de la situation des lieux. Or une telle servitude doit s'accroître avec les besoins du fonds dominant, puisque ce sont ces besoins qui lui ont donné naissance, et qu'il est de l'essence de toute servitude légale de s'étendre suivant les nécessités du fonds pour lequel elle est établie. Tout ce que le propriétaire du fonds servant peut exiger, c'est une indemnité.

On peut consulter l'arrêt de la Chambre des requêtes du 8 juin 1836 (Dev., 1836, I, 454).

Art. 302.

Faillite. — Concordat. — Cautionnement. — Intérêt public. — Intérêt des créanciers.

1º *On ne doit pas assimiler les créanciers cautionnés par des tiers aux créanciers hypothécaires ou nantis de gage, dont les voix ne sont pas admises au concordat.*

2º *Les tribunaux de commerce ont un pouvoir souverain pour décider, en cas de concordat, si l'intérêt des créanciers doit l'emporter sur l'intérêt public, et vice versa.*

(Delavergne C. Magnien, etc., syndics de la failli e Magnien.)

Considérant que toutes les formalités prescrites par les dispositions de l'art 507 du Code de commerce ont été observées; que les majorités exigées ont été obtenues; mais qu'en fait il est constant que 70 créanciers, résidant à Marcigny, auxquels la famille Magnien a promis le payement intégral de leurs créances, ont donné leurs voix pour le concordat; — qu'on a présenté cette promesse comme enchaînant leur liberté, et qu'on s'est appuyé sur les dispositions des art. 597 et 508 du Code de commerce pour soutenir que, leurs voix ne pouvant être comptées, l'homologation devait être refusée;

Qu'en ce qui concerne l'art. 597, ses dispositions pénales ne sont pas applicables à la cause; qu'en effet, on ne peut les invoquer que lorsqu'il est établi que les créanciers ont vendu leurs votes, ou ont stipulé des avantages devant tomber à la charge de l'actif du failli; que rien ne prouve que les créanciers de l'étude Magnien ont vendu leurs votes; que le cautionnement fourni par la famille dudit Magnien, loin d'avoir ces caractères, est un sacrifice fait par elle, laissant intact l'actif du failli, et n'enchaînant pas la liberté des créanciers, sacrifice plutôt digne d'éloges que devant amener blâme et répression contre les créanciers cautionnés ;

Qu'en définitive, la question se réduit donc au point de savoir si on doit assimiler les créanciers cautionnés par des tiers aux créanciers hypothécaires ou nantis de gage, dont les voix ne sont pas admises au concordat par les dispositions de l'article 508 du Code de commerce ; que même, dans le cas où elles auraient eu lieu, la loi ne prononce pas la nullité du concordat, mais seulement l'anéantissement des priviléges ; que les créanciers hypothécaires ou nantis de gages ne doivent pas voter, parce qu'on les considère comme payés, et qu'ils ne peuvent avoir aucun intérêt personnel à ce que le concordat soit accordé ou refusé ; — qu'il n'en est pas de même des créanciers qui n'ont reçu de tiers qu'une promesse de payement ; qu'ils ont intérêt à ce que l'administration de la faillite soit confiée ou refusée au failli, parce que les garanties qui leur sont promises peuvent ne pas se réaliser ; que, le cautionnement fourni avant le concordat n'affectant en aucune manière l'actif du failli, les créanciers qui n'ont pas reçu le même avantage ne peuvent se plaindre qu'on leur porte préjudice ;

Que c'est donc avec juste raison que les premiers juges n'ont pas, sous ce premier rapport, accueilli l'opposition formée par Delavergne ;

Considérant, sur les conclusions subsidiaires, qu'elles n'ont pour but que d'établir la promesse de payement faite par la famille Magnien aux créanciers résidant à Marigny ; que les motifs donnés sur la première question rendent ces conclusions sans objet ; qu'il n'y a donc pas lieu de s'y arrêter ;

Considérant, sur la question d'ordre public, que, pour soutenir l'opposition, on s'est principalement appuyé sur les fonc-

tions du notariat dont Magnien a été revêtu ; qu'en sa qualité
de notaire, sa conduite mérite un blâme sévère ; qu'il s'est livré à des opérations défendues par les lois et décrets ; qu'à ce
titre, il n'est pas à l'abri de l'action du ministère public ; qu'é-
tant déclaré en faillite, non-seulement l'intérêt public est mis
en jeu, mais encore celui des créanciers de la faillite ; que les
tribunaux statuant en matière commerciale ont un pouvoir
souverain pour décider lequel de ces deux intérêts doit l'emporter sur l'autre ; que, lorsque celui des créanciers n'est pas
contestable, on peut ne pas se montrer plus sévère que le Code
de commerce, qui ne proscrit le concordat que lorsque le failli
s'est rendu coupable de banqueroute frauduleuse ;

Considérant qu'il est constant que les créanciers de la faillite ont un intérêt à accepter le concordat par lequel 25 p. 100
de leurs créances leur sont assurés par le cautionnement de la
famille Magnien ; qu'ils obtiendraient au plus 15 p. 100 si la
liquidation de la faillite suivait son cours ; qu'en outre, pendant les quatre années qu'il a exercé le notariat, Magnien a
fait preuve plutôt d'imprudence, d'ignorance et de faiblesse
de caractère que de mauvaise foi ; qu'aucun des faits qui lui
sont reprochés ne peut le faire assimiler à un banqueroutier
frauduleux ; — que, quelque déplorables que soient les résul-
tats de ses relations avec Belin, il n'y a pas lieu de refuser
l'homologation du concordat; que ce serait aggraver encore les
désastres qu'elles ont occasionnées :

Par ces motifs,

La Cour, sans s'arrêter à l'appellation interjetée par Paul-
Émile Delavergne du jugement rendu par le tribunal de commerce de Charolles le 21 décembre 1858, non plus qu'à ses
conclusions subsidiaires, met ladite appellation à néant, et
ordonne que ledit jugement sortira effet.

**Du 18 avril 1859. — Cour imp. de Dijon. — 3ᵉ Ch. —
Prés., M. Vullierod,**

Art. 303.

Vol. — Chemin de fer. — Escalade.

1° *Les chemins de fer ne peuvent être considérés comme des chemins publics dans le sens de la disposition de l'art. 383 du Code pénal.*

2° *Il y a escalade, si les clôtures de ces voies ont été franchies sur certains points.*

(Ministère public C. X.)

Quant à la qualification de *chemin public* dans le sens de l'art. 583 du Code pénal donnée par l'ordonnance de renvoi à la ligne de la voie ferrée, considérant que les rigueurs de la loi commandées par l'intérêt et la sécurité des voyageurs sur une voie publique également accessible et praticable pour tous, à toute heure, et sans surveillance continue, ne sauraient être applicables, dans l'esprit du législateur, aux nouvelles voies, dites chemins de fer, qui, bien que publiques en ce sens que chacun a le droit de s'y faire admettre, ne sont point livrées cependant au libre parcours de tout chacun, et sont, au contraire, soumises à des clôtures et à une surveillance régulière, ce qui fait desdites voies ferrées une sorte de propriété close et privée, laquelle n'admet qu'un public payant et dans des conditions déterminées ;

Que, par suite, si les clôtures de ladite voie ont été franchies sur certains points à l'occasion de quelques-uns des vols commis sur son parcours, comme il a été fait en franchissant certaines haies qui lui servent de clôture, cette circonstance, négligée par l'ordonnance, doit être relevée comme constitutive de l'escalade :

Par ces motifs,

La Cour, etc.

Du 28 avril 1859. — Cour imp. de Dijon. — Ch. d'accus. — Prés., M. Legoux.

ART. 304.

Instruction secondaire. — Formalités. — Établissement libre.

L'établissement dans lequel un certain nombre de jeunes gens sont reçus pour y être logés et nourris, pour y faire seuls leurs devoirs, être conduits au collége et en être ramenés, n'offre point les caractères d'un établissement d'instruction secondaire ou autre, soumis à la disposition des articles 64 et 66 de la loi du 15 mars 1850.

(Ministère public C. Finot.)

Considérant que, sur la poursuite dirigée à requête du ministère public contre le sieur Finot (Philippe-Antoine-Amédée), ancien principal du collége de Lons-le-Saunier, sous l'inculpation d'avoir, en ladite ville, le 2 novembre 1858, illégalement ouvert un établissement d'instruction secondaire avant l'expiration des délais fixés par l'art. 64 de la loi du 15 mars 1850, il est intervenu, à la date du 1er décembre suivant, une ordonnance de non-lieu, émanée de M. le juge d'instruction près le tribunal de ladite ville de Lons-le-Saunier, ordonnance motivée, en fait, sur ce que de l'information il paraît résulter que le sieur Finot, dans l'établissement qu'il a ouvert, ne donne ni ne fait donner de leçons ou répétitions aux jeunes gens que la confiance des parents a continué de placer sous sa surveillance, et qu'il se borne à les loger, nourrir et conduire au collége communal, — et en droit, sur ce qu'un tel établissement n'a aucun des caractères essentiels d'un établissement d'instruction primaire ou secondaire, et ne constitue dès lors qu'une industrie particulière qui n'est point assujettie à une autorisation ou surveillance quelconque de la part des fonctionnaires désignés dans la loi précitée du 15 mars 1850 ;

Considérant que cette ordonnance de non-lieu a été frappée le 2 décembre, par le ministère public, d'une opposition aujourd'hui soumise à la chambre d'accusation de la Cour impériale de Dijon, en suite d'arrêt de renvoi de la Cour de cassation du 17 mars 1859 ;

Considérant, en fait, que, par deux déclarations successives du 1er et du 14 octobre 1858, l'une entre les mains de M. le maire de Lons-le-Saunier, pour se conformer, est-il dit, aux art. 27 et 53 de la loi du 15 mars 1850 ; — l'autre entre les mains de M. l'inspecteur d'académie résidant en la même ville, et pour se conformer à l'art. 60 de la même loi, le sieur Finot a effectivement déclaré, par la première, son intention d'ouvrir en ladite ville un pensionnat de jeunes garçons, sans intention cependant de les instruire dans son établissement, ni d'y faire aucun cours particulier, mais de les conduire aux classes du collége communal, et de diriger et surveiller simplement la confection de leurs devoirs ; et par la seconde, son intention d'ouvrir un pensionnat libre d'instruction secondaire dans lequel l'enseignement aura pour objet les langues française, latine et grecque, les sciences mathématiques, physiques et naturelles, etc., etc. ;

Considérant que, s'il était constaté que le sieur Finot, ensuite de ces déclarations, aurait, dès le 2 novembre 1858, donné à ses pensionnaires des leçons ou répétitions ayant pour objet les matières indiquées dans sa déclaration du 14 octobre, soit même simplement surveillé et dirigé, comme il est exprimé dans sa déclaration du 1er du même mois, la confection de leurs devoirs sur les mêmes matières, il aurait ainsi, par l'ouverture et la pratique d'un véritable établissement d'instruction secondaire avant l'expiration du délai légal, commis la violation et encouru la pénalité des art. 60, 64 et 66 de la loi du 15 mars 1850 ;

Mais considérant que de l'information suivie par les soins et sous les yeux des magistrats de la localité, il n'apparaît pas que les choses se soient passées de la sorte ; — qu'il en résulte, au contraire, que le sieur Finot, soit que telle dût être son intention persévérante, soit que, par respect et crainte de la loi, il se fût seulement imposé une réserve purement provisoire, en attendant que le mois depuis sa déclaration du 14 octobre fût accompli, s'est strictement borné à loger, nourrir et conduire ses pensionnaires au collége, n'exerçant à l'égard de la confection des devoirs, même à l'égard de l'écriture, bien que du ressort exclusif de l'enseignement primaire, qu'une surveillance toute matérielle ; — lesdits enfants restant d'ailleurs abandonnés à leurs propres forces, et ne recevant du sieur Finot ni enseignement, ni instruction, ni direction ;

Considérant que, dans cet état des faits, et en l'absence de tout enseignement ou instruction donnés par le chef de la maison, ni même d'aucune direction de sa part, il n'y a ni instituteur ni directeur d'études, et que l'établissement dans lequel un certain nombre de jeunes gens sont ainsi reçus seulement pour y être logés et nourris, pour y faire tous leurs devoirs, pour être conduits au collége et en être ramenés, ne saurait offrir les caractères essentiels d'un établissement d'instruction secondaire ou autre ;

Que, la direction des études demeurant ainsi écartée, puisque, en fait, elle n'existe pas, les considérations, si graves qu'elles soient, qui se rattachent à la direction de la vie intérieure, morale, religieuse, et aux soins de la vie matérielle, ne peuvent à elles seules faire qu'une maison ou pensionnat dans lequel l'instruction n'est pas donnée ni dirigée, soit un pensionnat ou établissement d'instruction ;

Qu'il ne reste donc au fond des faits constatés et reconnus dans l'espèce qu'une industrie particulière et hors des cas de

surveillance prévus par la loi sur l'enseignement, genre d'industrie qui, d'ailleurs, ne saurait sans doute être de longue durée
dans les conditions restreintes et très-exceptionnelles de la
cause, et qui ne pourrait en venir à les dépasser clandestine-
ment, sans être atteinte et réprimée :

Par ces motifs,

La Cour, etc.

**Du 21 avril 1859. — C. imp. de Dijon. — Ch. d'accus.
— Prés., M. Legoux.**

N. B. Voici le texte de l'arrêt rendu par la Cour de
cassation le 17 mars 1859, sur le pourvoi formé par M. le
procureur général près la Cour impériale de Besançon,
contre l'arrêt rendu par cette Cour, chambre des mises
en accusation, le 9 décembre 1858, en faveur du sieur
Finot.

« Vu la loi du 27 novembre 1790, art. 3, et le décret du 20 avril
1810, art. 7, § 1er; vu les art. 17, 23 et suivants, 53, 60, 64 et
66 de la loi du 15 mars 1850;

Attendu que si les tribunaux de répression ont la libre et
souveraine appréciation des faits, il appartient à la Cour de
cassation, en prenant pour base les faits reconnus par le juge
lui-même, d'en déterminer la qualification légale et de restituer
à la loi pénale sa portée et sa force, lorsqu'elle n'a pas été appliquée;

Attendu qu'il est admis, en fait, par l'arrêt attaqué, que, le
1er octobre 1858, Finot, ancien principal du collège de Lons-
le-Saunier, a fait devant le maire de cette ville, et pour se conformer aux art. 27 et 53 de la loi du 15 mars 1850, la déclaration de son intention d'ouvrir à Lons-le-Saunier un pensionnat
de jeunes garçons; qu'il était dit, de plus, dans cette déclaration,
que Finot n'entendait point instruire ces jeunes gens dans son

établissement, ni leur faire aucun cours particulier, mais simplement les conduire aux classes du collége communal, et diriger et surveiller la confection de leurs devoirs;

Attendu que les art. 27 et 53 de la loi du 15 mars 1850, auxquels se réfère expressément cette déclaration, s'occupent uniquement des conditions à remplir par celui qui veut exercer la profession d'instituteur primaire ou ouvrir un pensionnat primaire; que la teneur même de la déclaration annonçait un but tout autre; que c'était incompétemment, dès lors, qu'elle avait été passée devant le maire de Lons-le-Saunier, et qu'immédiatement aussi elle paraît avoir été abandonnée;

Attendu que, le 14 octobre suivant, Finot, pour se conformer cette fois à l'art. 60 de la même loi, ainsi qu'il le dit en termes formels, a déclaré, devant l'inspecteur de l'Académie, être dans l'intention d'ouvrir à Lons-le-Saunier un pensionnat libre d'instruction secondaire; qu'il a ajouté que l'enseignement y aurait pour objet les langues française, latine et grecque, les sciences mathématiques, etc.;

Attendu qu'après cette dernière déclaration, dont l'existence est reconnue par l'arrêt attaqué, ce même arrêt constate, en fait, que dès le 2 novembre, ou en tous cas avant le 12 du même mois, jour du commencement des poursuites, Finot avait reçu dans son établissement un certain nombre de jeunes gens *que la confiance des parents avait continué de placer sous sa surveillance;* qu'il résulte de là qu'entre l'époque de l'ouverture de l'établissement et la déclaration il ne s'était pas écoulé l'intervalle d'un mois, ainsi que le prescrit l'art. 64 de la loi du 15 mars 1850, infraction qui a motivé les poursuites;

Attendu que l'arrêt attaqué, pour prononcer le renvoi, déclare ensuite que Finot paraît s'être borné à loger, nourrir, conduire au collége communal les élèves confiés à ses soins, et s'est renfermé strictement dans les engagements de sa déclaration du 1er octobre; que l'arrêt en a conclu que, Finot ne donnant pas lui-même l'enseignement, l'établissement par lui ouvert ne constituait ni un établissement d'instruction primaire, ni un établissement d'instruction secondaire; qu'il n'était pas assujetti, dès lors, à l'autorisation et à la surveillance des autorités constituées par la loi du 15 mars 1850, et ne formait qu'une simple industrie placée sous un principe de liberté absolue;

Attendu qu'une telle interprétation est contraire à l'esprit et à l'ensemble des dispositions de la loi du 15 mars 1850; que cette loi, en effet, a classé en deux grandes divisions les écoles *primaires* ou secondaires, savoir : 1° les écoles fondées ou entretenues par les communes, les départements ou l'Etat, et qui prennent le nom d'*écoles publiques ;* 2° les écoles fondées et entretenues par des particuliers ou des associations, et qui prennent le nom d'*écoles libres* (art. 17);

Que les art. 23 et suivants, et l'art. 55, définissent et déterminent nettement les caractères des écoles primaires et des pensionnats primaires, l'objet de leur enseignement, et les obligations imposées à ceux qui veulent embrasser cette sorte de professorat;

Attendu que tout établissement d'instruction ou maison d'éducation, en dehors des conditions essentielles et constitutives de l'enseignement primaire, forme nécessairement un établissement d'instruction secondaire; que les institutions, pensions, pensionnats, lors même que le chef qui les dirige se borne, comme dans l'espèce, à loger, nourrir, conduire au collège et surveiller, pendant la confection de leurs devoirs, les élèves qui lui sont confiés, rentrent forcément dans cette classe; qu'un tel maître, en effet, doit accomplir les obligations les plus graves de l'instituteur de la jeunesse; qu'il a la direction de la vie intérieure, morale et religieuse, la surveillance d'études profondément distinctes de l'enseignement primaire, et de plus le soin de la vie matérielle ; que n'apercevoir là qu'une industrie ordinaire, qui peut s'exercer sans contrôle dans une entière liberté, c'est perdre de vue l'objet même de la loi et ses volontés les plus expresses;

Attendu qu'à tous ces titres, et suivant les termes de la déclaration émanée de lui-même, l'établissement fondé par le sieur Finot était un établissement d'instruction secondaire ; que, déclaré le 16 octobre, dès le 2 novembre, ou au plus tard dès le 12 du même mois, il était ouvert et mis en plein exercice par l'admission d'un certain nombre d'élèves pensionnaires, demi-pensionnaires et externes; que le mois prescrit par l'art. 64 de la loi du 15 mars 1850, et laissé à l'action et aux vérifications de l'autorité académique et administrative, n'était pas dès lors écoulé; qu'en refusant de reconnaître dans ces faits l'infraction prévue et punie par l'art. 66 de la même loi, et en décidant qu'il n'y avait lieu à suivre, l'arrêt attaqué a faussement interprété, et par suite violé lesdits articles 64 et 66 : — Par ces motifs, la Cour casse et annule l'arrêt de la Cour impériale de Besançon, chambre des mises en accusation, du 9 décembre 1858.

Le pourvoi en cassation a été formé contre l'arrêt de la Cour de Dijon ci-dessus rapporté.

Art. 305.

Outrage à la pudeur. — Publicité.

Est-ce qu'il y a publicité de l'outrage à la pudeur (condition indispensable pour sa répression) lorsque le fait a été commis dans une maison privée, en l'absence de témoins, si l'on pouvait apercevoir l'intérieur de la maison par la

8

fenêtre fermée en face de laquelle la scène scandaleuse se passait, bien que personne ne l'ait vue, et qu'elle ait cessé par suite de la présence inopinée d'un tiers ? Solution affirmative.

(Brenet C. Ministère public.)

Le Tribunal correctionnel de Langres rendit, le 8 avril 1859, le jugement suivant :

Attendu qu'il résulte de l'instruction que, le 17 mars dernier, Simon Brenet, qui travaillait comme manœuvre pour le compte du sieur X..., entra dans la cuisine, sur les deux heures de l'après-midi, et, ne trouvant que la femme X... seule, l'embrassa, la prit à bras-le-corps, releva ses vêtements, déboutonna son pantalon, et, malgré les prières et les protestations de cette femme, se livra sur elle à des attouchements impudiques ; qu'il eût peut-être triomphé de sa résistance, si le fils X..., entendant des plaintes et des cris étouffés, n'eût, par son intervention inopinée, mis fin à cette scène scandaleuse ;

Attendu que ces faits se passaient en plein jour, vis-à-vis de la fenêtre, d'où l'on pouvait apercevoir de la rue l'intérieur de la cuisine ; que, d'ailleurs, le fils X..., en entrant dans la pièce, a été témoin d'une partie de cette scène ; que la circonstance de publicité caractéristique du délit d'outrage est donc suffisamment établie :

Par ces motifs,

Le Tribunal, vu les art. 330 du Code pénal et 194 du Code d'instruction criminelle, etc., déclare Simon Brenet coupable d'avoir, le 17 mars 1859, à Poinson-lez-Fays, commis un outrage public à la pudeur, et, pour réparation, le condamne à un an de prison, 16 fr. d'amende, et aux dépens.

Appel de la part de Brenet :

ARRÊT.

La Cour, adoptant les motifs qui ont déterminé les premiers juges, etc.

Du 20 avril 1859. — Cour imp. de Dijon. — Ch. corr. — Prés., M. Vullierod.

OBSERVATIONS.

Pour constituer le délit prévu par l'arrêt qui précède, il faut non-seulement qu'il ait été commis un outrage à la pudeur, mais encore que le fait ait eu lieu publiquement. (Art. 330 C. P.)

La deuxième condition prescrite par la loi existait-elle dans l'espèce ? Il est permis d'en douter.

Le fait immoral reproché au prévenu se passait dans l'intérieur d'une maison, et en l'absence de tout témoin.

Sans doute, il n'est point nécessaire, pour que le délit d'outrage public à la pudeur existe, que le lieu où l'acte est commis soit public d'une manière absolue (arr. 22 février 1828 : Dev., coll. nouv., ix, 1, 41). Sans doute encore, on peut admettre que l'outrage est public lorsque, commis dans un lieu qui n'a pas cette nature, il a pu frapper les regards du public : si le fait, par exemple, avait lieu à la fenêtre d'une maison privée ouvrant sur la rue.

Mais s'il se commet dans l'intérieur de l'habitation, la fenêtre fermée, en l'absence de témoins, il nous semble que la solution doit être différente. En vain le Tribunal et la Cour disent-ils que l'on pouvait par la fenêtre apercevoir de la rue l'intérieur de la maison, et que le fils de la femme qui était en butte à l'acte blâmable reproché au prévenu, a pu être témoin de la fin de la scène. En fait, le Tribunal et la Cour reconnaissent que sa présence inopinée a mis fin au scandale. En outre, il n'est point constaté que l'acte ait été aperçu d'aucune autre personne. Or, en droit, et comme le dit très-bien la Cour de cassation, pour que la peine soit encourue, il ne suffit pas qu'un acte, quelque honteux qu'il soit, ait pu être vu par hasard, ou même épié par indiscrétion, dès qu'aucune circonstance extérieure constitutive de la publicité ne révèle chez l'auteur du fait le mépris de la pudeur publique (ch. crim., 10 août 1854 : Dev., 1854, I, 660). L'action reprochée renferme, en effet, à un moins haut degré *l'oubli et le mépris de soi-même*.

On comprend que la conscience et la délicatesse des juges se soient révoltées en entendant le récit de telles brutalités; mais ce n'était point la disposition de l'art. 330 du Code pénal qui pouvait, selon nous, fournir une arme pour châtier le coupable.   H. F. R.

Art. 306.

Compétence commerciale. — Cautionnement.

Les Tribunaux de commerce sont incompétents pour connaître des effets du cautionnement d'une dette commerciale, lorsque ce cautionnement a été consenti par un non-négociant, et dans une forme non commerciale. Il en est ainsi, bien qu'une instance soit déjà pendante devant le même Tribunal contre le débiteur principal, et que l'on puisse joindre les deux poursuites.

(Landré C. Brosselin.)

Attendu que l'acte de cautionnement n'est pas représenté au Tribunal, mais que, de l'aveu de toutes les parties, il n'est pas conçu sous une forme commerciale ;

Attendu, dès lors, que la compétence de ce Tribunal ne saurait résulter ni de la teneur de cet acte, ni de la qualité de la caution, qui ne fait pas le commerce ;

Attendu que si la jurisprudence a varié dans la décision de cas analogues à l'espèce, toute incertitude doit cesser devant l'arrêt récent de la Cour de cassation ; — qu'il y a lieu de remarquer, d'ailleurs, qu'en désignant certains actes, tels que la souscription, l'endossement ou l'aval d'une lettre de change ou d'un effet à ordre et le cautionnement d'un concordat, comme pouvant amener devant la justice consulaire des parties non commerçantes, le législateur semble avoir voulu donner la mesure des exceptions possibles au grand principe qui veut que nul ne soit distrait de ses juges naturels ;

Attendu que rien de semblable ne milite, dans l'espèce, en faveur du demandeur ; — qu'il n'apparaît même pas qu'il existe le moindre intérêt à rendre la demande contre la caution connexe de la demande principale ;

Qu'en définitive, ni sous le rapport de la qualité des personnes, ni à raison de la matière, le tribunal de commerce n'est compétemment saisi ; — que c'est par suite le cas, en disjoignant les causes, de renvoyer Landré à se pourvoir devant qui de droit.

Du 14 mars 1859. — Trib. de com. de Chalon-s.-S. — M. Chabas., f. f. prés.

N B. L'arrêt récent de la Cour de cassation sur lequel

le Tribunal s'appuie, est un arrêt du 21 novembre 1855 (affaire Chaistofari), qui dénie la compétence commerciale, alors même que le cautionnement émane d'un commerçant, sauf cependant le cas où le cautionnement aurait été donné dans une forme commerciale ou aurait eu lui-même le caractère d'une opération commerciale.

Parmi les décisions contraires auxquelles il est fait allusion dans les motifs du jugement, on peut citer deux arrêts de la Cour de Dijon des 16 et 18 août 1853.

Art. 307.

Contrainte par corps. — Arrestation. — Rébellion. — Demande en référé. — Nullité.

1° *La rébellion, dans le sens de l'art. 785 C. proc. civ., résulte de tout acte violent qui empêche l'huissier chargé de procéder à une contrainte par corps de mettre à fin sa mission. Ainsi, par exemple, l'impulsion à une voiture dans laquelle se trouve le débiteur, donnée par le conducteur qui s'est constitué le fauteur de l'évasion, et qui a forcé l'un des recors à lâcher prise, est une rébellion suffisante pour autoriser les mesures prescrites par l'art. 785 précité, et permettre à la force armée de procéder à l'incarcération, même après le coucher du soleil.*

2° *L'huissier ne peut, sous peine de nullité de l'écrou et de l'emprisonnement, refuser au débiteur de le conduire en référé, en alléguant l'état d'ivresse de ce dernier.*

(Grangé C. Georges et Leslourdy).

Considérant que Grangé fonde sa demande en élargissement

sur ce qu'il aurait été illégalement arrêté, et ensuite illégalement écroué ; que la valeur du titre en vertu duquel l'arrestation et l'écrou ont été opérés, à savoir : un jugement par défaut rendu par le Tribunal de commerce de Saint-Dizier le 2
août dernier, passé en force de chose jugée, auquel il a d'ailleurs été acquiescé par Grangé, n'est pas mise en doute, et
que les griefs du demandeur ne reposent que sur des faits et
circonstances se référant à cette arrestation et à l'incarcération elles-mêmes ;

Considérant, en ce qui touche l'irrégularité alléguée de l'arrestation , qu'il résulte du procès-verbal dressé le 2 décembre
courant par l'huissier Ravier, qu'après des démarches et des
efforts toujours demeurés infructueux pour mettre la personne
de Grangé sous la main de la justice, il avait appris qu'il devait rentrer à Wassy le même jour 2 décembre, par la voiture
qui fait le service des dépêches de cette ville à Cirey-s.-Blaise;
qu'il se porta, accompagné de deux recors, au devant de cette
voiture, et la rencontra en deçà de la commune de Courcelles;
qu'il fit sommation au conducteur de s'arrêter, et que, celui-ci
ayant déféré, il trouva Grangé placé au fond de cette voiture; qu'après itératif commandement à ce dernier d'avoir à
acquitter les causes du jugement, sur sa réponse que cela lui
était impossible, il lui déclara dans les termes sacramentels
de la loi qu'il le constituait en état d'arrestation, lui fit in-
jonction de descendre de la voiture et de le suivre dans la
prison civile établie à Wassy; qu'au même instant un de ses
recors avait saisi le cheval par la bride pour mettre l'huissier
à même d'accomplir sa mission; mais qu'à la demande de
Grangé, le conducteur frappa de son fouet le cheval, qui prit
son essor, et que force fut au recors de l'abandonner ; que
l'huissier considéra ces faits comme impliquant le cas de rébellion prévu par l'art. 785 du Code de procédure civile, et, à
son retour à Wassy, fit établir garnison à la porte d'une mai-

son où il savait que Grangé s'était retiré; que celui-ci, étant sorti de cette maison à huit heures un quart du soir, fut appréhendé au corps par deux gendarmes requis par l'huissier, et conduit en la geôle;

Considérant que Grangé soutient qu'il n'avait pas été arrêté de fait ni placé à la disposition de l'huissier; que d'ailleurs il ne s'était livré à aucune voie de fait ni à aucun acte de violence contre celui-ci, et qu'il ne se trouvait pas, dès lors, dans le cas spécial prévu par l'article du Code de procédure civile précité;

Considérant que la loi n'a pas défini le sens qu'elle attachait au mot arrestation, et qu'elle s'en est remise aux Tribunaux du soin de l'interpréter; qu'il est évident que, dans sa pensée, un huissier porteur d'un mandat de justice a suffisamment procédé à l'arrestation en déclarant à celui qui en est l'objet qu'il l'arrête en exécution de ce mandat, et qu'elle n'a pas entendu soumettre la validité de l'arrestation à une prise de corps, à une main-mise effective et matérielle qui entraînerait souvent des luttes et des dangers; que l'huissier avait donc légalement arrêté Grangé en le sommant de descendre de voiture et de le suivre dans la prison civile;

Considérant, en ce qui touche le point de savoir si c'est par l'effet d'une rébellion que cette arrestation n'a pas produit ses effets, qu'il résulte de ce qui précède que c'est par un acte violent, intervenu sur la provocation du demandeur, que la voiture a repris sa marche, et qu'il ne s'est plus trouvé à la disposition de l'huissier; qu'il n'y a pas analogie complète entre la rébellion mentionnée en l'art. 785 du Code de procédure civile, et la rébellion prévue et punie des peines correctionnelles par les dispositions des art. 209 et suivants du Code pénal; que, par le mot rébellion, l'art. 785 du Code de procédure civile entend tout acte violent qui empêche l'huissier de mettre à fin la mission dont il était chargé; que l'impulsion donnée à la voiture par un tiers qui s'est constitué le fauteur de l'évasion de Grangé et qui a forcé le recors à lâcher prise est donc une rébellion dans le sens de la loi civile, et a suffi pour autoriser les mesures ultérieurement prises par l'huissier ; que l'arrestation consommée dans ces circonstances n'a donc rien d'illégal, et qu'elle doit être déclarée valable, bien qu'elle n'ait reçu son complément qu'après le coucher du soleil ;

En ce qui touche le moyen argué contre la validité de l'écrou et de l'emprisonnement, de ce qu'il n'aurait pas été fait droit à la réquisition de Grangé tendant à ce qu'il fût conduit immédiatement en référé devant le président du Tribunal, considérant qu'il apparait de la teneur du procès-verbal susmentionné de l'huissier, qu'en effet Grangé a demandé à être conduit devant le magistrat, mais qu'on n'y a pas eu égard, à raison de l'heure avancée et de l'état d'ivresse où se trouvait le demandeur ;

Considérant que, par leurs conclusions subsidiaires, Georges et Leslourdy demandent à prouver l'état d'ivresse attribué à Grangé, et qu'en outre il n'a pas fait la demande précise et formelle d'être conduit devant le président du Tribunal, mais qu'au milieu de clameurs et de propos plus ou moins incohérents, il aurait fait entendre ces mots : « *Qu'on m'amène le président et le procureur impérial,* » et que l'huissier aurait cru devoir les traduire par une demande de référé ;

Considérant, en ce qui touche la recevabilité de cette preuve, que le procès-verbal émane de l'huissier fondé des pouvoirs des défendeurs, et que cet acte fait d'ailleurs foi de son contenu jusqu'à inscription de faux ; qu'il y aurait une étrange anomalie à ce que Georges et Leslourdy se fissent une arme de certaines dispositions pour soutenir la validité de l'arrestation, et qu'ils l'attaquassent dans cette partie qui constate la demande d'un référé ; qu'une semblable preuve est donc inadmissible aux divers points de vue qui viennent d'être envisagés ; que la position doit aussi être réglée en tenant pour acquis les faits énoncés en ce procès-verbal ;

Considérant, en ce qui touche le motif tiré, contre la demande en référé de Grangé, de ce que l'heure était trop avancée pour qu'il pût être conduit devant le magistrat, qu'il n'a rien de sérieux, puisqu'il n'était que huit heures et quart du soir ;

Considérant, en ce qui touche l'état d'ivresse constaté au procès-verbal, que ce n'était pas non plus une raison suffisante pour priver Grangé d'un droit qui lui était accordé par la loi, qui a voulu donner toutes les garanties possibles à la liberté des citoyens ; qu'en tout cas l'huissier n'était pas juge compétent en cette part, et qu'il devait conduire le demandeur, par cela seul qu'il le requérait, devant le magistrat, qui eût apprécié la position et pris les mesures qu'elle pouvait comporter ; qu'à tout événement, en cas d'obstacles invincibles, l'huissier devait surseoir à l'écrou jusqu'à ce qu'ils se fussent évanouis ; que le refus de conduire Grangé devant le magistrat, au mépris des injonctions formelles de la loi, a donc entaché l'écrou et l'emprisonnement d'une nullité radicale ; que Grangé est évidemment fondé sous ce rapport à en demander nullité et son élargissement ;

Considérant, en ce qui touche les dommages-intérêts revendiqués par Grangé, qu'en présence des documents de la cause et des circonstances qui se rattachent à son arrestation, il convient de dire qu'il trouvera une réparation suffisante du préjudice dont il se plaint, dans ce qui sera réglé relativement aux frais et dépens de la demande en élargissement :

Par ces motifs,

Le Tribunal, sans s'arrêter ni avoir égard aux faits subsidiairement articulés par les défendeurs, lesquels sont déclarés inadmissibles en preuve, et purement et simplement rejetés, déclare nuls l'acte d'écrou et l'emprisonnement faits, à leur requête, de la personne de Grangé, par le ministère de l'huissier Ravier, en la prison pour dettes de Wassy, le 2 décembre présent mois ; ordonne que celui-ci sera mis en liberté s'il n'est retenu pour autre cause ;

Statuant sur la demande en dommages-intérêts de Grangé, dit qu'il n'échet de lui en accorder, et qu'il trouvera une réparation suffisante des actes dont il se plaint, dans ce qui sera réglé relativement aux frais et dépens de l'instance ;

Statuant sur ces frais et dépens, y condamne Georges et Leslourdy, et en prononce la distraction au profit de Me Havret, qui a affirmé les avoir avancés de ses deniers ;

Ordonne, au surplus, qu'à raison de la faveur qui est due à la liberté des citoyens, le présent jugement sera exécutoire provisoirement sur minute, et nonobstant opposition ou appel.

Du 10 décembre 1858. — Trib. civ. de Wassy. — Prés., M. Bernardin.

Art. 308.

Servitudes. — Clôture forcée. — Faubourg.

1° On doit entendre par faubourg, au point de vue de l'art. 663 C. Nap., l'agglomération des maisons qui sont en dehors des portes d'une ville ou de son enceinte.

Mais on ne saurait considérer comme faubourg la partie du territoire de la ville composée de propriétés purement rurales, alors même qu'elles se trouveraient comprises dans le rayon de l'octroi.

2° *Pour pouvoir obliger son voisin à contribuer à la clôture de deux héritages contigus, il faut qu'ils soient tous deux en nature de maison, cour ou jardin; et notamment, cette servitude ne peut être imposée au propriétaire dont l'héritage est une terre arable.*

(Mercier-Joanne C. Martenot.)

Attendu que l'application de l'art. 665 Code Nap., qui a été édicté dans l'intérêt de la tranquillité et de la sécurité du domicile des citoyens, ne peut être exigée que dans les villes et faubourgs, et qu'il est constant, en fait, que les deux héritages des parties sont séparés de toute habitation et distants de plusieurs centaines de mètres des maisons agglomérées qui constituent la ville ou ses faubourgs; — que le demandeur soutient, à la vérité, que ces héritages sont compris dans le rayon de l'octroi, et que les limites de ce rayon doivent servir à déterminer l'enceinte de la ville et des faubourgs; mais que, ces limites n'étant fixées que dans l'intérêt de la surveillance des préposés de l'octroi, l'autorité qui les a indiquées ne saurait avoir aucune influence sur les décisions de la justice, qui seule a mission de statuer sur une question de cette nature; — que sans doute on peut y avoir égard pour résoudre les difficultés que peut présenter cette question; mais que, dans le cas particulier, le doute n'étant pas permis, ce serait contre toute raison qu'on ferait dériver les inductions qu'invoque le demandeur;

Attendu que le même article veut encore, pour que la clôture puisse être exigée, qu'elle ait pour objet la séparation de maisons, cours et jardins, en sorte qu'il ne saurait dépendre d'un propriétaire auquel il convient de convertir un fonds arable en jardin, de contraindre son voisin à se clore, tant qu'il n'a pas lui-même converti son héritage en un jardin, en une cour, ou qu'il n'y aura pas construit une maison :

Par ces motifs, etc.

Du 30 novembre 1858. — Trib. civ. de Chalon-s.-S. — Prés., M. Chevreau.

N. B. Voyez, conformes à la 1re décision, Pardessus, n° 148 ; Toullier, t. II, n° 165.

Voyez aussi, dans le sens de la seconde solution, Limoges, 26 mai 1838.

Art. 309.

Vente. — Marchandises. — Résolution.

La disposition de l'art. 1657 C. N., qui déclare résolue de plein droit, et sans sommation, au profit du vendeur, la vente de denrées et effets mobiliers faute de retirement par l'acheteur au terme convenu, s'applique aux ventes commerciales comme aux ventes civiles.

(Melot C. Pouyer-Quertier.)

Jugement du Tribunal de commerce de Dijon, en date du 4 janvier 1859, dans lequel on lit ce qui suit :

En fait, il paraît que, suivant convention faite dans le courant d'octobre 1858, le sieur Pouyer aurait acheté du sieur Melot toute la laine que celui-ci avait dans ses magasins, c'est-à-dire 15,000 kil., à raison de 5 fr. 35 c. le kil.

Le sieur Melot, au dire de Pouyer, ne s'étant point exécuté malgré la sommation qui lui a été faite, ce dernier l'a fait assi-

gner par-devant le Tribunal de commerce de Dijon en résiliation de la convention dont il s'agit, de plus en 20,000 fr. de
dommages-intérêts, enfin en 500 fr. d'indemnité et aux dépens
de l'instance.

Il s'agit de savoir si l'on doit admettre la demande en preuve
sollicitée par le sieur Pouyer.

Considérant que les faits articulés par Pouyer sont pertinents et admissibles, etc., etc. :

Par ces motifs,

Le Tribunal ordonne, avant faire droit, que le sieur Pouyer-
Quertier prouvera : que, par convention verbale intervenue
entre lui et le sieur Melot dans le courant du mois d'octobre
1858, et par une modification au premier marché verbal, qui a
suscité des difficultés entre les parties, ce dernier a vendu au
sieur Pouyer-Quertier toute la laine qu'il possédait dans ses
magasins, c'est-à-dire 15,000 kil. à raison de 5 fr. 55 c. le kil.,
700 fr. non comptables, mais aussi à la condition et à titre de
bonification, pour cause d'humidité de la saison, qu'il y aurait
un kil. par balle non comptable également, et qu'en outre l'a-
cheteur serait libre d'écarter toute la laine qui ne lui conviendrait pas et qui aurait été ajoutée à celle vendue, et depuis la
primitive convention dont il a été parlé plus haut.

Appel de la part de Melot.

Il s'agit, disait l'appelant, d'examiner non-seulement
si la prétendue vente en octobre peut exister contrairement à celle de septembre ; si cette faculté d'écarter
toute la laine qui ne lui conviendrait pas, ne rend pas
nulle une vente faite sous condition potestative (1170,
1174 Code Nap.); mais encore si, la correspondance des
parties prouvant que, le 10 novembre, Pouyer devait en-
voyer Rouzé pour vérifier les laines et prendre livraison,

et Rouzé ne s'étant présenté que le 4 décembre suivant, il n'y avait pas résolution, dans tous les cas, de plein droit de la prétendue vente faite en octobre, et ce, conformément à l'art. 1657 Code Nap.

Cet article est applicable en matière commerciale comme en matière civile. Or, en présence de ces principes, l'enquête ne saurait produire effet, puisque la vente, fût-elle prouvée, ne peut avoir aucun résultat pour l'intimé.

ARRÊT.

Considérant, sur la première question, que la seconde convention alléguée par Pouyer-Quertier, dont les premiers juges ont admis la preuve testimoniale, ne mentionne aucune stipulation relative soit au payement, soit à la livraison des marchandises vendues; — que, sous ce rapport, elle présente des caractères d'invraisemblance qui font naître une grave présomption contre le système de l'intimé; — qu'il est, au contraire, très-vraisemblable de penser que, Melot ayant dans ses magasins une grande quantité de laine dont le prix devait être probablement payé comptant à mesure des livraisons, a stipulé une époque rapprochée pour la livraison; — qu'il est constant, d'après la lettre du 8 novembre 1858, que cette époque avait été fixée au 10 novembre 1858; — que non-seulement le sieur Rouzé, courtier de la maison Pouyer-Quertier, ne s'est pas présenté ce jour, mais n'a demandé à prendre livraison et n'a fait connaître à quelles conditions, que par une sommation à la date du 6 décembre 1858; — qu'à ce moment Melot avait livré ses laines à une autre maison, dans la persuasion qu'aucun engagement ne le liait plus avec Pouyer-Quertier; — que Melot a soutenu que, son acquéreur ayant laissé passer le terme convenu pour le retirement, il a dû considérer la vente comme résolue de plein droit; qu'à ce point de vue sa prétention est bien fondée ; — qu'en effet, les dispositions de l'art. 1657 du Code Napoléon sont applicables aussi bien aux ventes ordinaires qu'aux marchés contractés par des commerçants ; — que les principes posés dans le Code Napoléon doivent recevoir effet toutes les fois que le Code de commerce n'y a pas dérogé par des dispositions spéciales ; — que les transactions commerciales réclament célérité et bonne foi ; que si les vendeurs n'avaient pas ce moyen de conjurer les lenteurs des acquéreurs, ils pourraient en éprouver les plus grands dommages ; qu'il y a donc lieu de réformer le jugement interlocutoire rendu par les premiers juges ;

Considérant, sur la seconde question, que la cause est en état de recevoir jugement, et que les motifs donnés sur la question précédente doivent entraîner la résolution de la convention, lors même qu'elle serait prouvée :

Par ces motifs,

La Cour, faisant droit à l'appellation interjetée par Melot du jugement rendu entre les parties par le Tribunal de commerce de Dijon le 4 janvier 1859, met ladite appellation et ce dont est appel à néant ;

Evoquant au fond, et par nouveau jugement,

Dit que, Pouyer-Quertier n'ayant pas pris livraison des laines de Melot à l'époque fixée pour le retirement, la convention intervenue entre eux est résolue de plein droit ; — renvoie en conséquence Etienne Melot des demandes formées contre lui.

Du 2 mai 1859.— C. imp. de Dijon. — 3e Ch. — Prés., M. Vullierod.

N. B. La jurisprudence de la Cour de cassation est depuis longtemps fixée dans le sens de la décision qui vient d'être recueillie. Par arrêt du 27 février 1828, la Cour de cassation disait : « Vu l'art. 1657 du Code civil ; — Attendu que cet article est général et ne porte aucune exception ; que la matière ne paraît exiger aucune différence entre les marchés de denrées entre particuliers, et ceux de pareille nature entre marchands ; --- attendu, au surplus, que le Code de commerce, promulgué plusieurs années après la promulgation de tous les titres du Code civil, ne contient aucune exception à la disposition de l'art. 1657, etc. »

Cependant la question est toujours très-controversée. Le principal argument invoqué par les partisans de la doctrine contraire à celle de la Cour régulatrice est tiré de la discussion de l'art. 1657 au conseil d'Etat. Lors de cette discussion, dit-on, on craignit que le mot *marchandises*, employé dans l'art. 76, aujourd'hui 1657, n'induisît en erreur, en donnant lieu de penser que cet article serait applicable au commerce, où cependant, selon M. Bégouen, *aucune vente n'est résiliée, sans que l'acheteur ait été mis en demeure de retirer les marchandises.* Si l'on s'écartait de cet usage, ajoutait M. Bégouen, on donnerait trop d'avantage au vendeur, dans le cas où le cours des choses augmenterait. A la suite de cette observation, le consul Cambacérès dit : « Toute équivoque sera levée par le procès-verbal, qui indiquera que l'article n'est point applicable aux affaires de commerce. »

Cette argumentation avait déjà été présentée par la Cour de Nancy lors de l'arrêt du 11 juillet 1827, qui fut cassé par l'arrêt précité de la Cour de cassation.

9

La même doctrine, adoptée par Pardessus (n° 288), a été ensuite enseignée par MM. Delamarre et Lepoitvin (*Contr. de commission*, t. 3, n° 251 et suiv.), et ces auteurs se montrent ainsi conséquents avec le système qui domine leur traité, système qui, pour le dire en passant, compte peu d'adeptes dans la doctrine.

M. Troplong (Vente, n° 680) approuve les principes de l'arrêt du 27 avril 1828.   L.

Art. 310.

Cession entre époux. — Résolution. — Second cessionnaire. — Appel. — Recevabilité.

1° *La cession de créance consentie à un mari par sa femme séparée de biens contractuellement est valable.*

2° *La femme peut demander la résolution de cette cession, à défaut de payement du prix, vis-à-vis du second cessionnaire qui n'a pas notifié sa cession aux débiteurs cédés.*

3° *Lorsque l'un des seconds cessionnaires pour une somme au-dessous du taux du dernier ressort est appelé dans l'instance qui a pour objet la résolution de la cession d'une créance s'élevant à plus de 1,500 f., le jugement est rendu en premier ressort même vis-à-vis de lui.*

(Piot- Raviot C. Lafond, Vigoureux et Gaitet.)

Le Tribunal civil de Dijon rendit le 14 décembre 1858 le jugement suivant :

Considérant que, par acte passé devant Maîteste et son collègue, notaires à Dijon, le 29 novembre 1843, enregistré, le sieur Gaitet père s'est reconnu débiteur de sa femme, la dame Marguerite Raviot, d'une somme totale de 4,860 fr., exigible à la dissolution du mariage, et productive d'intérêts au taux de 5 0[0 par an, à partir de la date de l'exigibilité ;

Considérant que la cause de la dette de Gaitet père envers sa femme était la remise qui lui avait été faite par celle-ci : 1° d'une somme de 1,000 fr. en numéraire ; 2° et de 3860 fr. en diverses valeurs ;

Considérant que la dame Piot, dont les droits comme héritière de Marguerite Raviot, sa mère, ne sont pas contestés, reconnaît que, sur le montant des créances qui lui ont été cédées, Gaitet père a reçu de plusieurs débiteurs la somme de 2,100 fr. ;

Considérant que ladite dame Piot pose en fait que, sur le montant des mêmes créances, il reste à recouvrer, sur la veuve et les enfants de Jean-Baptiste Vigoureux, qui était vigneron à Brochon : 1° la somme de 800 fr., exigible depuis le 1er mars 1845, avec intérêts à partir de la demande en justice ; 2° celle de 500 fr., échue le 1er novembre 1840, avec intérêts depuis le 1er novembre 1836 ; 3° et celle de 460 fr., échue fin 1847, et productive d'intérêts depuis le 10 mai 1840 ;

Considérant que, les sieur et dame Gaitet étant décédés, la demanderesse soutient que la succession de Gaitet père est absolument nulle, et hors d'état de lui rembourser les sommes dues à la succession de Marguerite Raviot, sa mère, en exécution de l'acte du 29 novembre 1843 ; pourquoi elle conclut à ce qu'il plaise au Tribunal prononcer la résolution du contrat précité pour défaut d'exécution de la part de Gaitet père, et ordonner la remise entre ses mains des titres de créances dues par les consorts Vigoureux, en condamnant ces derniers au payement desdites créances ;

Considérant que, sur le débat engagé, les consorts Gaitet

déclarent s'en remettre à prudence de justice, et concluent à leur renvoi de l'instance avec dépens ;

Considérant, en ce qui concerne le sieur Lafond d'une part, la veuve et les héritiers Vigoureux de l'autre, tous assignés à la requête de la demanderesse, qu'une distinction essentielle est à faire : — qu'en effet, par acte sous seing privé en date du 18 juillet 1844, enregistré le 8 décembre 1858, Louis Gaitet père a cédé à Lafond, dont il était débiteur, deux créances, celle de 500 fr., et celle de 460 fr., faisant l'objet du contrat du 29 novembre 1843 ; — qu'au moment de la cession consentie au profit dudit Lafond, Gaitet avait la libre disposition des créances dont il s'agit ; qu'il était maître de les transporter à un tiers, comme d'en recevoir le montant, et de donner valable quittance aux débiteurs ; qu'aucune circonstance de fraude n'est alléguée ; que dès lors, en ce qui concerne le sieur Lafond, la demande produite doit être rejetée ;

Considérant, en ce qui a rapport à la veuve et aux enfants Vigoureux, qu'il ne peut s'agir que de la somme de 800 fr., exigible depuis le 1er mars 1845 ; que les raisons qu'ils mettent en avant pour en induire leur libération tournent contre eux ; qu'en effet, ils reconnaissent qu'il était originairement dû à Marguerite Raviot une somme d'environ 3,000 fr., et que, sur cette somme, il n'aurait été payé que celle de 1,200 fr. ;

Que, si l'on additionne les sommes cédées à Lafond et celle qui serait redue par les consorts Vigoureux à la succession de Gaitet, on trouve que le reliquat total est de 1,740 fr., c'est-à-dire en harmonie avec les faits cotés par la veuve et les enfants Vigoureux eux-mêmes, qui, le 11 mars 1844, avant l'échéance arrivée de l'exigibilité de deux des créances cédées par la femme Gaitet à son mari, avaient emprunté une somme de 3,000 fr. pour rembourser ledit Gaitet ou sa femme ;

Considérant que, des faits constants au procès, il résulte jusqu'à l'évidence que la somme empruntée en 1844, mais non comptée au sieur Gaitet ou à ses ayants droits, est restée entre les mains de l'ex-notaire Courtois, de Gevrey, aux risques et périls de la veuve et des enfants Vigoureux, et non à ceux des consorts Gaitet;

Considérant qu'il suit de ce qui précède que les consorts Vigoureux ne sont pas libérés; qu'ils opposent à la vérité que le titre constitutif de leur dette n'est pas représenté, et, se faisant un moyen de cette circonstance, concluent à leur renvoi de la demande;

Considérant que la discussion à l'audience a révélé qu'au décès du sieur Gaitet, les scellés ont été apposés par le juge de paix du canton Ouest de Dijon; que, parmi les papiers de la succession, il a été trouvé un billet de 800 fr. dus par les mariés Vigoureux, lequel a été décrit par le magistrat préqualifié, et confié au greffier de la justice de paix, pour être ultérieurement remis à qui de droit; — qu'aujourd'hui ce billet, qui doit être entre les mains du greffier, n'est pas représenté; que son existence est certaine, et que les débiteurs ne prétendent pas en avoir formé les fonds autrement que par l'emprunt du 11 mars 1844; et il est ci-devant dit quelle valeur devait être donnée à la prétention élevée à ce sujet; que la raison avancée par les consorts Vigoureux, que le billet de 800 fr., exigible depuis le 1er mars 1845, n'exprime pas de cause et n'est pas produit, n'a dans l'espèce rien de sérieux : ce n'est qu'un moyen imaginé pour retarder le payement ou y échapper; qu'il est démontré, en effet, qu'on ne réclame pas à la veuve et aux enfants Vigoureux une somme supérieure à celle dont ils sont contraints de se reconnaître débiteurs;

Considérant que les consorts Vigoureux eux-mêmes sont amenés par la force des faits à convenir que leur système de résistance n'est pas d'une force insurmontable, puisque subsidiairement ils concluent, pour le cas où une condamnation interviendrait contre eux, à ce qu'elle ne porte contre les héritiers de Vigoureux père que pour la moitié, et contre chacun d'eux pour leur part et portion virile et héréditaire, et pour l'autre moitié contre la veuve Vigoureux ; que, sous ce rapport, leur demande est fondée, s'agissant d'une dette de communauté, et aucune circonstance n'établissant que cette dette ne doit pas se diviser ainsi qu'il est proposé ;

Considérant qu'en présence des conclusions des héritiers de Gaitet père, qui déclarent s'en remettre à prudence de justice, et de la non-exécution par eux des obligations qui pesaient sur leur auteur, il y a motif suffisant, en ce qui concerne la créance de 800 fr. due par la veuve et les enfants Vigoureux, de prononcer la résolution du contrat du 29 novembre 1843, et, attendu l'exigibilité, condamner ces derniers, dans les proportions ci-devant dites, au payement de la somme de 800 fr., avec tous intérêts légitimes, sauf leur recours, s'il y a lieu, contre le greffier de la justice de paix du canton Ouest de Dijon, pour obtenir, après libération, la remise du titre dont il est demeuré dépositaire :

Par ces motifs,

Le Tribunal, jugeant en premier ressort, donne acte aux consorts Gaitet de ce qu'ils s'en remettent à sa prudence pour statuer sur les conclusions de la demande ; renvoie Lafond de la demande des consorts Piot-Raviot ; déclare résolue, pour inexécution du fait de Gaitet père ou de ses héritiers, la convention reçue Malteste, notaire, le 29 novembre 1843, mais seulement en ce qui touche la valeur de 800 fr. échue le 1er mars 1845, et non remboursée par la veuve et les enfants Vigoureux, etc.

Appel fut formé par la dame Piot-Raviot.

Dans son intérêt, on disait : Aux termes de l'art. 1395 C. N., les conventions matrimoniales ne peuvent recevoir aucun changement depuis la célébration du mariage. Les époux Gaitet étaient mariés sous le régime de séparation de biens. Or l'acte de 1843 avait pour effet d'enlever à la femme l'administration de ses biens meubles ou créances, et la jouissance entière de ses revenus. Dès lors cet acte est nul, et cette nullité, étant d'ordre public, peut être présentée pour la première fois devant la Cour. En admettant que ce moyen ne soit pas admis, l'acte du 29 novembre 1843 aurait dû être déclaré résolu pour défaut d'exécution de la part du sieur Gaitet, même en ce qui touche les valeurs de 500 et 660 fr. détenues par Lafond. — Que si la résolution du contrat est seulement prononcée, l'acte sous seing privé sans date certaine au moyen duquel Lafond entend repousser la demande n'a aucune valeur vis-à-vis de l'appelante. Cet acte n'a été consenti que dans l'intérêt de Gaitet, en fraude des droits de la succession de sa femme, et pour le besoin de la cause. D'ailleurs, cet acte sous seing privé, qui, d'après Lafond, remonterait au 10 juillet 1844, et qui aurait été consenti pour le payer de ce que lui devait Gaitet, n'a été ni enregistré, ni signifié aux débiteurs cédés. Lafond n'a jamais été saisi légalement au regard des tiers et des débiteurs.

Pour le sieur Lafond, intimé, on répondait : Il s'agit de savoir, 1° si l'appel est recevable, à raison de ce que l'intérêt du litige par rapport à l'appelante vis-à-vis de Lafond n'était que de 960 fr. ; 2° si, en admettant la recevabilité de l'appel, la demande contre Lafond est fondée. Or, sur la 1re question, dans toute instance il y a autant de contestations que l'on compte de parties ayant un intérêt distinct et séparé. Par suite, le degré de juridiction est réglé vis-à-vis de chacune par l'intérêt de la contestation qui lui est particulière, sans égard à la valeur de la demande par rapport aux autres parties. L'intérêt par rapport à Lafond n'était et ne pouvait être que de 960 fr. L'abandon des deux valeurs constatant cette créance sur les mariés Vigoureux, si Lafond eût jugé juste de le faire, terminerait tout procès entre lui et l'appelante. Aux termes de l'art. 1er de la loi du 11 avril 1838, le Tribunal de 1re instance a pu juger souverainement cette contestation, et l'appel est dès lors non recevable contre Lafond.

A cette fin de non-recevoir l'appelante répliquait : L'action dirigée contre le sieur Lafond a pour but, 1o de lui faire faire défense d'opérer le recouvrement en principal et intérêts des titres de 500 et 460 fr. dont il est détenteur; 2o d'obtenir la restitution desdites valeurs dans un délai déterminé. Cette demande est complexe et indéterminée. Du reste, la position de Lafond, fixée par la nature des titres qu'il détient, est intimement liée à la demande principale ayant pour but soit la nullité, soit la résolution de l'acte du 29 novembre 1843.

Au fond, Lafond disait : Entre les parties le transport d'une créance est parfait, comme toutes les ventes, par le consentement réciproque sur la chose et sur le prix, et la délivrance s'opère entre le cédant et le cessionnaire par la remise du titre. Le cédant ne peut se prévaloir du défaut de signification envers le cessionnaire. Gaitet père tenant sa cession, suivant acte du 29 novembre 1843, de la dame Gaitet-Raviot, l'appelante, au lieu et place de cette dernière, ne peut pas plus qu'elle se prévaloir du défaut de notification soit de la part de Gaitet, soit de la part de Lafond. Elle n'est point un tiers par rapport à eux. Ainsi elle ne peut revendiquer à raison du défaut de notification par Lafond aux mariés Vigoureux.

ARRÊT.

Considérant que la dame Piot-Raviot a fait assigner les héritiers Gaitet pour voir dire que la cession consentie par la dame Gaitet à son mari par acte du 29 novembre 1843, sera résolue à défaut d'exécution en ce qui touche trois créances de 800 fr., de 500 et de 460 francs, comprises dans cette cession, dont les consorts Vigoureux sont encore débiteurs, et que lesdits héritiers seront tenus de lui restituer la créance de 800 francs qui se trouve encore dans la succession de leur père ;

Considérant qu'elle a appelé dans cette instance le sieur Lafond, pour qu'il eût à restituer les créances de 500 fr. et de 460 fr. dont il est détenteur ; — les consorts Vigoureux, pour être condamnés à lui payer le montant des trois créances s'élevant à 1,760 fr., et pour que le jugement à intervenir fût déclaré commun avec eux ;

Considérant que la demande de la dame Piot-Raviot contre Lafond, en restitution des créances dont il est détenteur, ne saurait être séparée de la demande principale dirigée contre les héritiers Gaitet, en résolution de l'acte du 29 novembre 1843, relativement aux trois créances s'élevant à 1,760 francs dues par les consorts Vigoureux, puisqu'elle avait conclu à ce que le jugement à intervenir fût déclaré commun avec toutes les parties ; que, dès lors, l'intérêt du litige dépasse le taux du dernier ressort ; qu'ainsi l'appel contre Lafond est recevable ;

Sur la deuxième question :

Considérant que la dame Piot-Raviot, qui s'était bornée devant les premiers juges à demander la résolution, à défaut d'exécution, de l'acte du 29 novembre 1843, conclut devant la Cour à ce qu'il soit annulé comme violant les dispositions de la loi sur les conventions matrimoniales ; que cette nullité, qui serait d'ordre public, peut bien être proposée pour la première fois devant la Cour, mais qu'elle n'est pas fondée; qu'en effet, la dame Gaitet, mariée sous le régime de la séparation, avec stipulation que les époux contribueraient aux charges du mariage jusqu'à concurrence de leurs revenus, conservait, aux termes de l'art. 1536 du Code Nap., l'entière administration de ses biens; qu'elle a donc pu valablement disposer de ses capitaux et de ses créances, comme elle l'a fait par l'acte du 29 novembre 1843;

Sur la troisième question :

Considérant qu'aux termes de l'art. 1654 Code Nap., si l'acheteur ne paye pas le prix, le vendeur peut demander la résolution de la vente; que cet article, par sa généralité, s'applique aux ventes de meubles comme aux ventes immobilières; qu'il n'a pas été dérogé au principe de droit commun qu'il consacre, par l'art. 2102 Cod. Nap., qui n'a fait que donner de nouvelles garanties au vendeur d'objets mobiliers;

Considérant que l'inexécution, de la part de Gaitet, de l'acte du 29 novembre 1843, n'est pas contestée; que la dame Piot-Raviot est donc fondée à en demander la résolution en ce qui touche les créances de 500 et de 460 fr. détenues par Lafond, s'il n'en est pas légitime propriétaire, et si elles existent toujours dans la succession de Gaitet;

Considérant qu'aux termes de l'art. 1690 Cod. Nap., le cessionnaire de créances n'est saisi à l'égard des tiers que par la signification du transport faite au débiteur; que Lafond n'a pas fait signifier aux consorts Vigoureux la cession qui lui aurait été faite par Gaitet des créances de 500 fr. et de 460 francs dont ils sont débiteurs; qu'il n'en est donc pas saisi à l'égard des tiers;

Considérant que la dame Piot-Raviot, agissant comme créancière de Gaitet, en vertu de l'acte du 29 novembre 1843, est un tiers; qu'elle est donc fondée à exciper contre Lafond du défaut de signification de transport de ces créances, et à demander la restitution, puisqu'à son égard elles sont censées n'avoir pas été transférées à Lafond et être restées dans la possession de Gaitet;

Sur la quatrième question :

Considérant que les consorts Vigoureux déclarent qu'ils sont prêts à payer, dans les proportions indiquées au jugement, la somme de 960 fr. en principal, cinq années d'intérêts de cette somme, jusqu'à la demande, et les intérêts du tout depuis cette demande, entre les mains de qui il sera par justice ordonné; que c'est donc le cas de les condamner, de leur consentement, au payement de ces sommes :

Par ces motifs,

La Cour, en déclarant recevable l'appel interjeté par la dame Piot-Raviot du jugement rendu par le Tribunal civil de Dijon le 14 décembre 1858, et y faisant droit, déclare résolu, à défaut d'exécution de la part de Gaitet, l'acte du 29 novembre 1843, en ce qui touche les valeurs de 500 fr. et de 460 francs, échues le 1er novembre 1840 et fin de décembre 1847, dont la veuve et les enfants de Jean-Baptiste Vigoureux sont codébiteurs ;

En conséquence, condamne Lafond à restituer lesdites valeurs à la dame Piot-Raviot, à la signification du présent arrêt; sinon, autorise les enfants et la veuve Vigoureux à payer à ladite dame Piot-Raviot la somme de 960 fr., et les intérêts dus, au vu de l'expédition de l'arrêt, laquelle, dûment quittancée, leur servira de libération ;

Et, attendu l'exigibilité de la dette, condamne la veuve et les enfants Vigoureux, de leur consentement, à payer à la dame Piot-Raviot, à la signification de l'arrêt, la somme principale de 960 fr., avec intérêt de cinq années au jour de la demande, et aux intérêts du tout à partir de cette date;

Dit que les parties condamnées ne seront tenues du payement que dans la proportion de l'obligation qui pèse sur elles,
savoir : la veuve Vigoureux pour moitié, et ses enfants pour
l'autre moitié, laquelle se divisera entre ces derniers suivant
leur part et portion virile héréditaire ;

Condamne Lafond aux dépens de première instance vis-à-
vis de la dame Piot-Raviot, et Lafond, les héritiers Gaitet, la
veuve et les enfants Vigoureux en tous les dépens d'appel, qui
seront supportés par eux dans les proportions suivantes ..

Ordonne que le surplus du jugement sortira effet, et la restitution de l'amende.

**Du 20 mai 1859. —C. imp. de Dijon. —1re Ch. —Prés.,
M. Muteau, p. p.**

OBSERVATIONS.

La Cour pose en principe dans l'arrêt ci-dessus que la
femme séparée de biens par contrat de mariage peut
céder à son mari les créances qu'elle a contre des tiers,
et cela, sans que le transport ait une cause légitime, sans
qu'elle soit débitrice de son mari. Selon la Cour, cette solution résulte de l'art. 1536 C. N., suivant lequel la femme
séparée de biens conserve l'entière administration de ses
biens. Il y a dans cette décision plusieurs principes que
nous ne pouvons admettre. La cession-transport n'est
qu'une vente, une vente de droits, de meubles incorporels,
et par conséquent elle est soumise aux règles générales qui
régissent la vente. Or, parmi ces règles, il en est une que
nous nous étonnons de n'avoir pas vu invoquer soit dans
la discussion qui a précédé l'arrêt, soit dans l'arrêt lui-
même : c'est celle de l'art. 1595 C. N., qui prohibe la
vente entre époux, hors des cas d'exception, dans lesquels
l'espèce ci-dessus ne pouvait certainement pas rentrer.

La Cour place sa solution sous la protection du principe de l'art. 1536, qui donne à la femme séparée l'administration de ses biens. Mais il est bien évident que la
femme qui cède, qui *aliène* ses créances, qui se dépouille,
comme elle l'avait fait dans l'espèce, de toute sa propriété mobilière, en faveur de son mari, ne fait pas un
acte d'administration. C'était là une aliénation, qu'elle
n'aurait même pas pu faire seule en contractant avec
des tiers ; car, si on admet que la femme séparée peut
aliéner seule son mobilier, ce n'est qu'autant qu'elle agit
dans les limites d'une sage administration. Au regard de
son mari, nous le répétons, c'était une aliénation, une
vente entièrement prohibée, et dont la femme pouvait
très-bien demander la nullité. Du reste, dès que la
cession était nulle, ou même résolue, le second cessionnaire, qui ne pouvait pas invoquer le principe de l'art.
2279 C. N., puisqu'il s'agissait d'un meuble incorporel,
devait nécessairement succomber, par suite de la maxime *Soluto jure dantis, solvitur jus accipientis*, et cela,
sans qu'il fût besoin, selon nous, de faire intervenir,
comme le fait l'arrêt, les principes de la saisine en matière de cession de créance. Il semblerait, en effet, résulter des considérants, que si la seconde cession avait
été signifiée aux débiteurs cédés par le second cessionnaire, le premier cédant n'aurait pas pu agir contre ce
dernier à l'effet de lui faire restituer les titres de créance
dont il était détenteur, ni faire prononcer un jugement par lequel il aurait été dit que les débiteurs se
libèreraient entre les mains du premier cédant, dont la
cession était annulée ou résolue. Il nous semble encore peu douteux que la solution contraire serait pré-

férable. La notification faite par le second cessionnaire a bien pour but de le saisir au regard des tiers ; mais il n'est toujours saisi que des droits qui lui sont conférés, c'est-à-dire irrévocables, s'ils sont irrévocables ; annulables ou résolubles, s'ils sont annulables ou résolubles.

H. F. R.

Art. 311.

Interdiction. — Faiblesse d'esprit. — Conseil judiciaire.

L'individu sans caractère, facile à dominer, mais qui, pour être sans initiative et sans défense, ne jouit pas moins d'une intelligence relative capable de le diriger suivant la faiblesse de son esprit, ne doit pas être interdit. C'est le cas de nommer un conseil judiciaire.

(Bourbon C. Simon.)

Considérant que rien ne révèle au procès que Bourbon soit atteint de démence ou de fureur habituelle ;

Qu'il s'agit donc uniquement de savoir s'il est dans l'état d'imbécillité prévu par l'art. 489 Cod. Nap., et si cet état est suffisamment constaté, pour qu'il soit permis de l'interdire ;

Considérant qu'il importe de distinguer entre l'imbécillité proprement dite, qui prive complétement celui qui en est atteint de tout travail d'esprit, et ne lui laisse pas même l'appréciation de ses actes, et la faiblesse morale d'un homme sans caractère, facile à dominer, mais qui, pour être sans initiative et sans défense, ne jouit pas moins d'une intelligence relative capable de le diriger suivant la faiblesse de son esprit ;

Que cette situation est celle de l'appelant ;

Considérant qu'il résulte des faits de la cause, et notamment de l'interrogatoire de Bourbon devant la Cour, que si, par les suggestions et les instances des personnes qui l'entouraient, il a pu être amené envers elles à des libéralités excessives et contraires à ses intérêts bien entendus ;

Que, s'il a pu se méprendre sur la nature de l'acte qui consacrait ses libéralités, et faire une donation avec réserve d'usufruit, alors qu'un testament lui eût semblé préférable, il a cependant agi en pleine connaissance de ce qu'il faisait, dans une intention arrêtée à l'avance, et avec la volonté de disposer de ses biens en faveur de ceux à qui il les a donnés ;

Qu'il indique lui-même les motifs qui l'ont déterminé à se dessaisir de ses propriétés ;

Que, dans l'un des donataires, il a voulu reconnaître les obligeants services et les secours précieux apportés à sa débile administration ; que, dans l'autre, il a voulu récompenser, suivant les inspirations de son père, les soins donnés à sa famille par un vieux serviteur qui habite encore avec lui ;

Considérant que Bourbon eût pu mieux faire sans doute pour la conservation de ses intérêts, mais qu'en admettant même qu'il ait été entraîné par de cupides manœuvres à des actes trop peu réfléchis, son imprévoyance ne pourrait encore être assimilée à l'imbécillité ;

Qu'il n'y a donc lieu de prononcer contre lui l'interdiction ;

Mais considérant que, bien qu'il ne soit pas privé de sa raison, Bourbon n'en est pas moins exposé à compromettre le peu de bien qui lui reste par son inexpérience et sa faiblesse ;

Qu'il est de son intérêt de le couvrir de la protection d'un conseil judiciaire, sans l'assistance duquel il ne pourra faire les actes énoncés en l'art. 499 C. Nap. ;

Considérant que, l'action exercée par Simon l'ayant été

dans un intérêt de famille et aboutissant à la dation prononcée contre Bourbon d'un conseil judiciaire, il convient de maintenir la disposition du jugement relative aux dépens;

Considérant que c'est le cas de condamner l'appelant aux dépens de la cause d'appel:

Par ces motifs,

LA COUR, ayant aucunement égard à l'appellation tranchée par Bourbon du jugement rendu par le Tribunal civil de Mâcon le 19 janvier 1859, met ce dont est appel à néant, en ce que ledit Bourbon a été déclaré en état d'interdiction légale, et le renvoie de ladite demande;

Et, par nouveau jugement, dit et ordonne que Bourbon ne pourra désormais plaider, transiger, etc...

Du 20 mai 1859. — C. imp. de Dijon. —1re Ch.—Prés., M. Muteau, p. p.

ART. 312.

Remise. — Dette. — Héritiers.

Lorsque, dans un billet par lequel un individu se reconnaît débiteur d'une certaine somme, il existe une clause ainsi conçue : « En cas de décès du créancier avant le remboursement intégral de la somme promise, ce qui restera dû alors sera acquis au débiteur, qui n'en devra compte à personne, » le débiteur n'en doit pas moins être condamné au payement de la totalité de la somme sur la demande des héritiers du créancier.

(Bohen C. Beaubois.)

Par acte sous seing privé du 13 septembre 1856, Beaubois se reconnut débiteur de la somme de 2,200 fr. en principal au profit de demoiselle Savolle.

Il avait été stipulé que cette somme serait remboursée par quart tous les six mois, ou en une seule fois le 26 mai 1858, au gré de la créancière, et qu'en cas de décès de cette dernière avant le remboursement intégral, ce qui resterait dû alors serait acquis au débiteur, qui n'en devrait aucun compte à personne. La demoiselle Savolle institua pour légataire universel le sieur Bohen, et décéda en janvier 1858, alors que déjà deux termes de la dette étaient échus et acquis à la créancière.

A l'échéance des deux termes restants, Bohen forma contre Beaubois une demande en payement de la somme de 2,200 fr., et des intérêts depuis le 13 septembre 1857.

Beaubois répondit que la somme lui était acquise par suite du décès de la demoiselle Savolle, survenu avant le remboursement. A l'appui de sa prétention il invoqua les énonciations finales de l'acte par lui souscrit.

Le tribunal civil de Dijon rendit sur cette difficulté un jugement dans lequel on lit ce qui suit :

Considérant que, si le titre produit par le demandeur constate une obligation, la réserve établit la libération du défendeur ; — Que s'il est vrai qu'on ne peut se créer un titre à soi-même, c'est pour le cas où il s'agit de détruire un droit antérieur conservé par des titres légaux ; — Mais que, dans l'espèce, l'obligation et la libération conditionnelle résultent du même acte et constituent une sorte d'aveu écrit qu'on ne peut pas plus diviser que l'aveu judiciaire, à moins que la réserve qu'il renferme ne soit contraire aux lois, ou n'ait été surprise au créancier ; — Considérant que cette réserve renferme une simple remise de dette conditionnelle protégée par l'art. 1122 C. N., qui permet de se préférer à ses héritiers. —

Considérant que sa forme unilatérale répond à la nature de l'engagement, qui se résume au fond en une stipulation de rente à fonds perdu, pour le cas où le rentier n'exigerait pas son remboursement; — Considérant que, si cet abandon de capital constitue une libération, on ne saurait prononcer la nullité sous le prétexte qu'à la forme il ne serait pas constitué par acte entre-vifs ou testamentaire, et qu'au fond il ne dépouillait pas irrévocablement la demoiselle Savolle; — Considérant que les principes invoqués ne s'appliquent qu'aux libéralités constituées sous la forme d'acte entre-vifs ou testamentaire, et nullement à celles qui sont faites, par exemple, sous la forme d'un contrat onéreux par don manuel ou par remise de dette; — Considérant que rien n'établit que la réserve dont se prévaut Beaubois ait été glissée furtivement dans la reconnaissance à l'insu de la créancière; — Que cette concession s'explique au contraire naturellement par les liens étroits de parenté qui unissent les parties; — Qu'il constituait de la part de la tante envers son neveu un juste dédommagement du legs universel que le demandeur avait déjà obtenu d'elle; — Que cette stipulation n'atteignait que le légataire étranger auquel elle se préférait. — Qu'enfin, la reconnaissance est restée en possession de la demoiselle Savolle jusqu'à son décès, et que pendant ce long intervalle, aucune protestation de sa part n'a désavoué l'acte libellé par son neveu.

En conséquence, le tribunal repoussa la demande de Bohen, non-seulement pour les deux termes de la dette non encore exigibles, mais même pour ceux qui étaient échus.

Appel fut formé par Bohen.

Pour soutenir cet appel, il disait :

On ne peut assimiler à un aveu judiciaire les énonciations finales de l'obligation du 13 septembre 1856. Ces énonciations pourraient tout au plus être comparées à un aveu extrajudiciaire. Or ce dernier aveu n'est pas protégé, comme l'aveu judiciaire, par le principe de l'indivisibilité (art. 1355, 1356 C. N.).

C'est à tort que les premiers juges cherchent à justifier la légalité des énonciations précitées par les dispositions de l'art. 1122 C. N., qui autorise à ne stipuler que pour soi à l'exclusion de ses héritiers, quand la nature même de la stipulation implique cette exclusion. C'est à tort qu'ils trouvent dans la réserve dont il s'agit une convention de ce genre, qui se résumerait dans une stipulation de rente à fonds perdu pour le cas où le rentier n'exigerait pas son remboursement. L'art. 1122 est sans application dans la cause. La demoiselle Savolle n'a rien stipulé, puisqu'elle n'a rien écrit. L'acte du 13 septembre 1856 ne peut d'ailleurs en aucune manière recevoir la qualification que lui a donnée le Tribunal. Au surplus, et quand même on lui reconnaîtrait le caractère de contrat de rente à fonds perdu, il serait encore nul, puisqu'il serait fait dans la forme unilatérale, alors qu'il attesterait un échange de droits et d'obligations.

Les premiers juges, pour écarter la règle de l'art. 893 C. Nap., opposent que cette règle n'est pas applicable aux libéralités constituées sous forme de contrat onéreux, par don manuel, ou par remise de dette. Mais dans laquelle de ces trois catégories peut-on faire rentrer l'espèce du procès ? Ce ne peut être dans la première, puisque la demoiselle Savolle n'a nullement contracté, et qu'aucun acte synallagmatique n'a été signé par elle. Ce n'est pas non plus dans la seconde, et encore moins dans la troisième ; car la remise de dette aux termes des art. 1282 et suivants C. Nap. ne résulte que de la remise volontaire du titre, ce qui n'a pas eu lieu, puisque au contraire le titre est resté aux mains de la créancière.

Enfin, l'appelant, pour le cas où la Cour accorderait effet à la réserve de la reconnaissance, concluait à ce que l'intimé fût condamné à lui payer les deux termes qui étaient échus, et qui avaient été, disait-il, réclamés par la demoiselle Savolle.

ARRÊT.

Considérant, sur la première question, que la réserve insérée par Beaubois, à la suite du billet par lequel il se reconnaît débiteur de la demoiselle Savolle de la somme de 2,200 francs, et conçue dans les termes suivants : « En cas de décès de la demoiselle Savolle avant le remboursement intégral de la somme de 2,200 fr., ce qui restera dû alors sera acquis au soussigné, qui n'en devra aucun compte à qui que ce soit, » ne peut valoir ni comme donation, ni comme testament, ni comme remise conventionnelle et conditionnelle d'une dette ; — Qu'en effet, ce billet étant sous seing privé, non signé par la demoiselle Savolle, on ne doit y reconnaître ni les caractères, ni les formes d'une donation entre-vifs ou testamentaire ; — Que le défaut d'approbation de cette réserve par la créancière exclut aussi toute idée de remise conventionnelle de la dette ; — Que le procès se réduit donc au seul point de savoir si, le titre étant resté entre les mains de la créancière, et celle-ci n'ayant pas protesté contre la clause insérée à la suite du billet, ne l'ayant pas effacée de sa main, on doit induire de ces faits une remise tacite et conditionnelle de la créance à l'égard du légataire universel de la demoiselle Savolle ; — Que, quelle que soit la faveur dont on doive entourer les remises de dettes constituant libération de droits acquis, néanmoins on ne doit admettre leur existence que lorsqu'on argumente de faits dès lors constants dont on puisse induire les plus graves présomptions que le créancier a entendu renoncer à ses droits et gratifier le débiteur, présomptions de renonciation admises par les art. 1282 et suiv. C. N., lorsque le créancier a remis volontairement le titre au débiteur ; — Que le défaut de protestation de la demoiselle Savolle contre la clause finale du billet resté en sa possession, n'entraine pas nécessairement cette conséquence ; qu'on peut supposer, en effet, qu'elle a pu ne pas comprendre toute la portée qu'elle avait, et le parti qu'on pouvait en tirer ; — Qu'elle a réclamé le payement des termes échus, et que rien ne constate qu'elle n'ait pas protesté ; — Que Beaubois a conservé une partie de sa correspondance qui ne lui est probablement pas favorable ; — Qu'il lui était facile d'avoir un titre régulier, en faisant approuver par la demoiselle Savolle, soit au bas du billet, soit par une lettre, la réserve qu'il y a insérée, si telle avait été l'intention de la créancière ; — Qu'en définitive, le défaut de protestation ne peut équivaloir à un aveu judiciaire, parce qu'il n'est pas prouvé que la créancière ait consenti à l'insertion de la réserve à la suite du billet ; — Que les premiers juges ont donc eu tort de supposer une remise de la dette qui n'existe pas en réalité ;

Considérant, sur les conclusions subsidiaires, que la solution admise les rend sans objet :

Par ces motifs,

La Cour, faisant droit à l'appellation interjetée par Bohen du jugement rendu entre les parties par le tribunal civil de Dijon le 31 août 1858, met icelle et ce dont est appel à néant,

Réformant, et par nouveau jugement,

Condamne Beaubois à payer à Bohen la somme de 2,200 fr., ainsi que les intérêts de cette somme échus depuis le 13 décembre 1856 jusqu'au jour du payement, et ce, tant en deniers que quittances.

Du 9 mai 1859. — Cour imp. de Dijon.—3e Ch.—Prés.,
M. Vullierod.

N. B. Il nous paraît difficile d'admettre la solution
de cet arrêt. Sans nous livrer à l'examen des doctrines
du jugement de première instance ou de l'arrêt de la
Cour relatives soit à l'indivisibilité de l'aveu, soit aux
donations indirectes ou déguisées, nous ne ferions que
ce simple raisonnement : c'est au demandeur à établir
son droit. Il ne peut l'établir qu'en produisant son titre.
Or, ce titre, il faut le produire tout entier, et l'accepter
aussi dans toute sa teneur. Eh bien, que prouve-t-il ?
Non-seulement une obligation, mais encore une restriction de l'engagement. Et que l'on ne dise pas, comme
le fait la Cour, que le créancier n'a pas compris toute la
portée de la clause, qui restreignait l'obligation du débiteur : les personnes qui sont habiles à contracter
doivent être réputées comprendre la portée des pro-
messes ou stipulations qu'elles font.   L.....

Art. 313.

Serment décisoire. — Pièce décisive. —Serment référé. — Fait non personnel.

Celui auquel le serment est déféré par l'autre partie, ne peut
refuser de le prêter, en alléguant que celle-ci a entre les
mains la preuve écrite de la convention.

Il ne peut pas non plus être admis à lui déférer le serment sur un fait qui ne lui est pas personnel, alors même qu'elle y consentirait.

M. Brémond est fermier du domaine de Valteuze, situé sur la commune de Ciry, et de ses dépendances, appartenant à Mme de Tournon.

Vers le commencement de l'année 1852, une convention est intervenue verbalement entre MM. Laujorrois et Cie, actuellement représentés par M. Pajot, par laquelle M. Brémond a concédé à MM. Laujorrois un droit de passage pour les terres réfractaires sur les chemins et pont de Valteuse, moyennant la redevance annuelle de 300 fr., et à la charge de payer 50 fr. par chaque bateau de terre qui serait livré au commerce en dehors des usinès de MM. Laujorrois.

M. Brémond prétend que cette convention, qui s'appliquait seulement à l'usine de Montet et à celle du Pont-des-Vernes, ne comprenait que les terres grasses ou terres à cruches, à l'exclusion des terres maigres ou terres à briques, et notamment de celles provenant d'un fonds appelé *Billard;* il ajoute que chacune des parties avait le droit de faire cesser la convention à l'expiration de chaque année.

M. Pajot soutient au contraire que le droit de passage a été concédé à ses auteurs pour les terres de toute nature sans distinction, et que la convention a été faite pour la durée du bail consenti à M. Brémond par Madame de Tournon; il déclare en outre qu'il n'a jamais fait passer par les chemins et pont de Valteuse les terres qui alimentent son usine de Laugère, qui est dans une direction opposée.

Jugement du Tribunal civil de Charolles, ainsi conçu :

En ce qui touche la quantité et la provenance des terres que Pajot est autorisé à faire passer sur le pont dit de la Valteuse,

Considérant que Brémond limite l'exercice du droit qu'il convient avoir concédé à Pajot au transport des terres à cruches pour l'alimentation des usines du Montet et du Pont-des-Vernes ;

Considérant, à cet égard, que Pajot déclare qu'il n'a jamais prétendu faire passer sur le pont dont il s'agit des terres autres que celles destinées à l'exploitation et à l'alimentation de ses usines de Montet et du Pont-des-Vernes ; — Que, ne revendiquant aucun droit pour le passage des terres destinées à son usine de Laugère, et Brémond n'établissant pas et n'offrant pas d'établir qu'il ait usé du passage pour les terres employées dans ladite usine, sa prétention à cet égard est sans objet, et doit être écartée.

Relativement à la nature des terres auxquelles Brémond entend appliquer les concessions du droit,

Considérant qu'il restreint cette concession aux terres employées à la confection des cruches ; — Considérant que rien ne saurait justifier cette interprétation donnée à la convention ; qu'en effet, les produits des usines du Pont-des-Vernes et du Montet, comme de toutes celles de ce genre situées dans le voisinage, ne consistent pas seulement dans la fabrication des cruches, mais encore dans celle des briques, en sorte que la distinction qu'entend faire Brémond, ne reposant sur aucune raison plausible, ne s'explique pas et ne saurait être admise ; — Considérant que la difficulté seule dans l'exécution d'une

convention conclue dans ces termes suffirait pour démontrer
que cette convention n'a pu être ainsi arrêtée; — Considérant,
enfin, qu'il est de règle que l'exécution est la meilleure interprétation des conventions; — que depuis 1852, époque à laquelle a été formée entre Pajot et Brémond la convention dont
il s'agit, Pajot ayant passé sur le pont pour le transport de
toutes les terres sans exception employées dans les usines du
Montet et du Pont-des-Vernes, et sans autre rétribution que
celle de 300 fr. convenue, et sans aucune réclamation de la
part de Brémond pendant tout ce laps de temps, il faut dire
que c'est bien dans le sens que l'annonce Pajot, que la convention a été formée; — qu'il suit de là qu'il n'y a pas à distinguer entre la provenance des terres : qu'elles soient extraites
de la terre de *Billard* ou de tout autre héritage, peu importe;
il suffit qu'elles soient destinées et employées aux usines du
Montet et du Pont-des-Vernes; — considérant toutefois que
Pajot reconnaît que pour le passage des terres vendues et livrées
au commerce, il a été stipulé un prix particulier qu'il a acquitté chaque année, en sorte qu'à cet égard il ne saurait y
avoir aucune difficulté;

Relativement à la durée de la convention, que Brémond
prétend expirée depuis le 27 février 1858, et que Pajot soutient
devoir durer aussi longtemps que le bail de Brémond avec
Madame de Tournon,

Considérant que Pajot déclare à cet égard, qu'il s'en rap-
porte au serment de Brémond et le lui défère; — |Considérant
qu'il est de principe (art. 1358 et suiv. C. N.) que le serment
peut être déféré en tout état de cause et sur quelque contestation que ce soit, encore qu'il n'existe aucun commencement
de preuve de la demande ou de l'exception sur laquelle il est
provoqué; — Considérant que ces termes, puisés dans la loi
même, sont généraux et absolus et ne comportent aucune

exception, en sorte que Brémond ne saurait échapper à l'application qui en est requise contre lui ; — Que c'est en vain que, pour justifier son refus de prêter ledit serment, il demande que Pajot produise préalablement une lettre du 27 février 1858, qui constaterait la convention des parties, et subsidiairement qu'en cas de dénégation de l'existence de cette lettre, Pajot affirme lui-même qu'il ne l'a pas en son pouvoir ; — considérant d'abord que rien n'établit que cette lettre existe réellement, et renferme la fixation de la durée du bail ou de la concession ; que dans tous les cas Pajot ne s'en prévalant pas, et s'en rapportant au serment de son adversaire pour en faire dépendre le sort de la constestation, place celui-ci dans la position la plus favorable, puisque par là il le rend maitre de sa cause ; que Brémond, en refusant de prêter le serment requis, et ne consentant pas à le référer doit succomber dans sa demande (art. 1361 C. N.), etc.

Appel de la part de Brémond.

Pajot, dit-il, ne peut être admis à me déférer le serment sur la durée de la convention qui fait l'objet du procès, tant qu'il refusera de produire à la justice la preuve écrite de cette convention, qu'il a seul entre les mains. Il est impossible d'admettre qu'un plaideur qui détient une pièce décisive du procès soit admis à spéculer sur les scrupules de conscience ou l'incertitude des souvenirs de son adversaire, en lui déférant le serment sur la teneur de cette pièce, dont la production mettrait fin au débat.—Subsidiairement, dans le cas où la Cour ne croirait pas devoir accueillir l'exception que j'oppose à la délation de serment qui m'est faite, j'entends le référer à Pajot.

ARRÊT.

Adoptant les motifs des premiers juges sur le serment déféré à Brémond ;

Et considérant, sur les conclusions subsidiaires de l'appelant, que, le fait qui donne lieu au litige n'étant point personnel à Pajot, le serment ne peut être référé à ce dernier, alors même qu'il y consentirait ;

Qu'il s'agit ici, en effet, d'un principe d'ordre public dont l'application ne peut dépendre de la volonté des parties :

Par ces motifs,

La Cour, sans s'arrêter à l'appellation interjetée par Brémond du jugement rendu dans la cause par le Tribunal civil de Charolles le 26 mai 1858, non plus qu'aux conclusions subsidiaires de l'appelant, met ladite appellation à néant ; ordonne que ce dont est appel sortira son plein et entier effet.

Du 26 mai 1859. — C. imp. de Dijon. — 1re Ch. — Prés., M. Muteau, p. p.

Art. 314.

Acte de commerce. — Fonds de commerce. — Achat. — Contrainte par corps.

L'achat d'un fonds de commerce comprenant l'achalandage et les marchandises existant dans ce fonds au moment de l'achat, est un acte de commerce soumettant l'acheteur à la

juridiction du Tribunal de commerce et à la contrainte par
corps.

(Veuve Bourgoin C. Marlet.)

Considérant que la vente faite par les mariés Belnet à la
veuve Bourgoin comprend tout à la fois la cession de l'achalandage et des marchandises qui se trouvaient exister au moment de l'acte ; que cette vente a eu lieu moyennant un prix
unique dont la veuve Bourgoin a payé la majeure partie sans
faire aucune distinction lors des sommes versées ; que la veuve
Bourgoin a exercé pendant un certain temps l'industrie qui lui
a été cédée, et qu'ainsi elle a fait acte de commerce ;

Adoptant au fond les motifs des premiers juges,

La Cour, etc.

Du 16 mai 1859. — C. imp. de Dijon. — 3e Ch. —
Prés., M. Vullierod.

N. B. La Cour dit que l'acheteur avait exercé pendant
un certain temps l'industrie qui lui avait été cédée, et
semble en faire un des motifs de sa décision. Mais cela
n'était point nécessaire : dès que l'achat comprenait
l'achalandage et les marchandises du fonds, l'acte était
par lui-même commercial.

Qu'en résultait

Art. 315.

Testament. — Commissaire civil de Batna. — Nullité.

Celui qui remplit les fonctions de commissaire civil à Batna ne peut recevoir un testament.

(Laurent Lesire C. Rigasse.)

Considérant que les dispositions de l'art. 981 du Code Napoléon ne sont applicables qu'aux testaments des militaires et des individus employés dans les armées, et que, pour être valables, ces testaments doivent être reçus par un officier du grade au moins de chef de bataillon ou de chef d'escadron;

Considérant que le sieur Rigasse, qui s'était librement et volontairement établi à Batna pour y exercer l'état de ferblantier, n'était pas militaire, et que ni lui ni sa femme n'étaient attachés à l'armée en vertu d'une commission quelconque du gouvernement;

Que d'un autre côté, il n'est pas même constaté, soit dans l'acte reçu par Balmossière, soit dans toute autre pièce du procès, que ledit Balmossière était revêtu du grade exigé par la loi;

Qu'à ce premier point de vue, le testament ne se trouve pas dans les conditions de l'art. 981;

Considérant que la qualité de commissaire civil et de notaire dont Balmossière remplissait les fonctions dans la place de Batna ne lui donnait, aux termes des arrêtés ministériels des 18 décembre 1842 et 30 du même mois, aucune attribution comme officier public;

Qu'en étendant jusquà lui, en vertu d'un arrêté du gouverneur général du 5 août 1843, *la faculté* accordée par les art. 56 et 57 du 30 décembre précité, *aux secrétaires des commissariats, de rédiger en la forme des actes notariés les conventions de ceux qui requerraient leur ministère*, on l'aurait seulement revêtu du pouvoir d'intervenir entre des contractants illettrés ou empêchés, pour constater leurs engagements réciproques, mais à la condition expresse *que les actes ainsi rédigés ne vaudraient que comme écrits sous signatures privées*, ce qui exclut tous autres actes pour lesquels la loi impose la forme authentique ;

Que si, en cas de nécessité bien et dûment constatée, le notaire, en Algérie, peut être accidentellement remplacé dans les actes de son ministère, ce n'est, suivant l'art. 56 de l'arrêté ministériel, que par le greffier du Tribunal de première instance, le greffier de la justice de paix, et à défaut de ceux-ci, par *le secrétaire* du commissariat civil de la résidence du notaire ;

Cette substitution devait, d'ailleurs, être soumise à l'autorisation du procureur impérial mentionnée dans l'acte, ainsi qu'à plusieurs autres formalités strictement indiquées ;

Considérant que cette disposition ne s'applique en rien à la situation de Balmossière, et qu'il y a lieu encore de déclarer qu'il était sans qualité pour recevoir le testament de la dame Rigasse ;

Considérant, enfin, qu'alors même que le testament de la dame Rigasse eût pu être reçu par le commandant de place de Batna, faisant fonctions de commissaire civil, il aurait dû, conformément à l'arrêté ministériel du 30 décembre 1842, être revêtu de toutes les formes prescrites aux notaires : or, dans ce testament, il n'est fait mention ni de la dictée par la testatrice, ni de la rédaction par l'officier qui l'a reçu, ni de la lecture en présence des témoins ;

Que le défaut de ces formalités prescrites par l'art. 972 C. N., et par l'art. 30 de l'arrêté ministériel du 30 décembre 1842, rend nul le testament de la dame Rigasse, et que c'est le cas dès lors de réformer le jugement dont est appel :

Par ces motifs,

La Cour, etc.

Du 12 mai 1859. — Cour imp. de Dijon. — 1re Ch. — Prés., M. Muteau, p. p.

Art. 316.

Mitoyenneté. — Vues. — Prescription.

Le propriétaire d'un terrain joignant un mur a la faculté de le rendre mitoyen, lors même que le propriétaire du mur aurait stipulé le droit d'ouvrir des jours sur ce terrain, s'il est resté plus de 30 ans sans établir ces jours.

(Thevenot C. François.)

Attendu, en droit, que tout propriétaire joignant un mur a la faculté de le rendre mitoyen en tout ou partie en remboursant la moitié de la valeur de la portion qu'il veut rendre mitoyenne, et moitié de la valeur du sol sur lequel le mur est bâti ;

Attendu que la propriété de Thevenot joint immédiatement le mur pignon de la maison François ; que ce mur peut donc être rendu mitoyen, pourvu qu'il ne soit porté aucune atteinte aux droits légitimement acquis en vertu d'actes anciens et réguliers ;

Attendu, il est vrai, que par l'acte du 27 décembre 1679, les auteurs de François se sont réservé la faculté d'ouvrir des jours dans le pignon sur l'héritage du voisin ; mais que ce droit, circonscrit et limité dans son exécution, s'est éteint par le non-usage pendant plus de trente ans pour la partie du mur dans laquelle les jours n'ont pas été établis ;

Attendu, d'ailleurs, que Thevenot déclare qu'il entend respecter le droit existant, ainsi que celui dit tour des ventillons conféré par le même acte; qu'il offre également de payer le prix de la mitoyenneté :

Par ces motifs,

LE TRIBUNAL, jugeant en premier ressort en matière ordinaire, et après en avoir délibéré, ordonne que dans les trois jours de la signification du présent jugement, le sieur François sera tenu d'abandonner la mitoyenneté du mur pignon joignant la cour de Thevenot, sur une longueur de 4 mètres 80 centimètres, depuis la façade du mur longeant la rue dite de la Cordée jusqu'à la distance de 66 centimètres à partir de la première croisée de la maison du sieur François, sans que cette limite puisse être dépassée, et de plus, la mitoyenneté du sol sur lequel le mur est construit, tant en longueur qu'en largeur ;

Donne acte à Thevenot de l'offre par lui faite de payer immédiatement la somme de 48 fr. 15 c. pour la valeur actuelle de la mitoyenneté. Réserve toutefois au sieur François la faculté de faire estimer à ses risques et périls la valeur de la mitoyenneté par experts qui seront amiablement choisis par les parties; condamne François aux dépens.

Du 5 mai 1859. — Trib. civ. de Langres. — Prés., M. Mougin.

N. B. C'était d'un *droit*, et non d'une *faculté*, que se prévalait, dans l'espèce, le propriétaire du mur, pour résister à la demande d'acquisition de la mitoyenneté qui était formée contre lui; or ce droit était éteint par la prescription, aux termes de l'art. 2262 C. Nap., et il ne pouvait plus par conséquent l'invoquer.

Art. 317.

Notaire. — Mandat. — Responsabilité.

Un notaire est responsable du défaut de recouvrement d'un billet devenu irrécouvrable faute de protêt à l'échéance, lorsqu'il était mandataire ou NEGOTIORUM GESTOR *du porteur de ce billet.*

Dans ce cas, l'existence du mandat peut résulter des faits et circonstances de la cause.

(Desblanc C. M...).

Attendu que le billet de 300 fr. souscrit par Goiffon et endossé par Bleton a été laissé entre les mains de Me M...., comme les autres valeurs souscrites pour représenter la valeur ou le prix des immeubles des héritiers Desblanc;

Attendu qu'il est constant, que d'ailleurs il n'est pas nié que Me M..., tant par lui que par ses clercs, a opéré le recouvrement de ces différentes valeurs au moment de leur échéance, et en a réparti le montant entre les consorts Desblanc;

Attendu qu'il n'y avait pas de raison de penser qu'il en devait être différemment pour le billet Goiffon; qu'au contraire, il était plausible de croire que Me M.... ferait comme il avait fait jusqu'alors, c'est-à-dire qu'il l'encaisserait au profit des héritiers Desblanc;

Attendu que les héritiers Desblanc, qui n'avaient point le billet en leur possession, ne pouvaient surveiller la date de l'échéance; que Me M..., leur mandataire, a à s'imputer d'avoir négligé leurs intérêts en cette circonstance, et qu'il est responsable de l'oubli ou omission qui a rendu ce billet irrécouvrable par défaut de protêt à l'échéance;

Attendu que la partie qui succombe, etc. :

11

Le Tribunal,

Par ces motifs,

Condamne Me M... à payer et à rembourser aux consorts Desblanc la somme de 300 fr., montant du billet Goiffon, etc.

Du 5 avril 1859. — Trib. civ. de Mâcon. — M. Siraudin, juge, f. f. prés.

ART. 318.

Cession de créance. — Garantie de la solvabilité actuelle et future. — Obligation principale. — Exception de cession d'actions.

Quand une cession de créance est faite avec la clause que le cédant garantit la solvabilité actuelle et future du débiteur, et s'engage à payer lui-même dans un certain délai si, après un commandement, le débiteur n'acquitte pas la dette, il doit être considéré comme débiteur direct, et il ne peut opposer au cessionnaire l'exception de cession d'actions.

(Duponnois C. Poullain-Jacquinot et Rigollot.)

Considérant que Jacquinot a fait cession de sa créance sur Isselin à Duponnois, moyennant la somme de 4,000 fr. qu'il lui a payée comptant; que Duponnois n'a donné son argent qu'à la condition que Jacquinot lui garantissait non-seulement la solvabilité actuelle et future d'Isselin, mais encore qu'il s'engageait à payer lui-même dans le mois, si, après un commandement, Isselin ne payait pas; — que cette clause de garantie, depuis longtemps en usage dans les transports de créance, était réputée donner un caractère tout particulier à cet acte : le commandement ayant été fait et étant resté infructueux, le cédant n'était pas considéré par l'ancienne jurisprudence comme la caution du débiteur cédé, ainsi que cela était admis dans le cas de garantie de la solvabilité actuelle et future du débiteur, mais être à l'égard du cessionnaire le débiteur direct de la somme due; — que le transport de la créance était alors assimilé à un simple prêt fait au cédant avec délégation de payement sur le débiteur cédé; — que dans la doctrine et dans la pratique on admettait que le cessionnaire n'était pas tenu de discuter le débiteur cédé, et n'était obligé à aucun acte ou diligence pour conserver la créance, actes et diligences qui restaient à la charge du cédant; — qu'aucune disposition de notre droit ne prohibe une stipulation de garantie aussi étendue, et ne s'oppose à ce qu'on lui donne le sens et la portée admis par l'unanimité des auteurs; — que c'est en mettant à l'écart cette doctrine, que les premiers juges ont attribué à Jacquinot la qualité de caution, et ont appuyé tous leurs motifs sur cette qualification; — qu'au surplus, leur erreur sur ce point est démontrée par les faits mêmes du procès; — qu'en effet, Duponnois ne recevant pas son payement d'Isselin, la créance étant devenue exigible, a fait, le 17 mai 1850, un commandement qui est resté infructueux; — qu'ayant alors mis en demeure Jacquinot, celui-ci a consenti à payer les intérêts; un terme lui a été accordé sur sa demande pour rembourser le capital; qu'il a reconnu être débiteur direct de la somme de 4,000 fr.; que cette reconnaissance résulte de deux lettres produites par l'appelant, l'une à la date du 14 avril 1851, et l'autre à celle du 4 janvier 1852; que la péremption de l'inscription hypothécaire prise contre Isselin n'a été acquise que le 8 octobre 1852; — que depuis 1850, Jacquinot s'occupait seul des affaires, et que c'est à lui qu'on doit imputer la faute de ne l'avoir pas renouvelée et de n'avoir pas produit à l'ordre ouvert sur les biens d'Isse-

lin, depuis 1850 tombé en déconfiture ; que Duponnois doit donc
être remboursé par les héritiers Jacquinot de la somme qu'il a
prêtée à leur auteur, dont celui-ci, malgré le transport sur Isselin, était resté débiteur direct en droit et en fait ; — que c'est
donc à tort que les premiers juges (1) ont rendu Duponnois
responsable du défaut de renouvellement de l'inscription, en
appliquant à la cause les dispositions de l'art. 2037 du Code
Napoléon :

Par ces motifs.

LA COUR, etc.

Du 29 juin 1859. — C. imp. de Dijon. — 3e Ch. — Prés.,
M. Vullierod.

Art. 319.

Expropriation. — Surenchère. — Solvabilité. — Caution.

En matière d'expropriation, la loi exige la solvabilité per-
sonnelle de l'adjudicataire ou du surenchérisseur, et ne
leur permet pas d'offrir une caution pour garantir leur
solvabilité.

(Dudot C. Queulain, Ballard et autres.)

Considérant, en ce qui concerne l'insolvabilité, qu'il résulte
des documents et pièces produites que Dudot n'a ni fortune
mobilière ou immobilière, ni appartement ni meubles lui appartenant à Paris, où il est domicilié ; — qu'il y a même dans la
cause des aveux formels faits à Dubois qu'il n'a aucune ressource
pour lui payer ce qu'il lui doit pour quatre années de loyer d'une

(1) Jugement du Tribunal civil de Chaumont, du 16 février 1859.

chambre qu'il a occupée dans son hôtel ; qu'il n'a aucune espèce de crédit, et que c'est donc avec juste raison que les premiers juges ont, aux termes de l'article 711 C. proc. civ., annulé la surenchère qu'il a formée sur les immeubles de la faillite
de la société de l'Ile, de Salles et Cie ;

Considérant, en ce qui touche le cautionnement, que l'appelant ne peut se faire relever de l'incapacité prononcée contre
lui en offrant, à la dernière extrémité, par devant la Cour, de
fournir caution ; — qu'en matière de vente forcée, la loi exige
la solvabilité personnelle de l'adjudicataire ou du surenchérisseur, et n'admet pas la possibilité d'une caution, comme lorsqu'il s'agit d'une enchère sur aliénation volontaire ; que le législateur a voulu, dans un intérêt de célérité, empêcher les
surenchères faites par des insolvables dans la vue d'obtenir
une prime en imposant à l'adjudicataire un sacrifice par l'offre
d'un désistement ; qu'en tout cas, si on admettait qu'un surenchérisseur peut fournir caution pour suppléer à son insolvabilité, il devrait s'astreindre aux règles prescrites en cas
d'aliénation volontaire ; que la caution devait être fournie au
moment même où la surenchère a eu lieu, et celui qui la donne
doit être domicilié dans le ressort de la Cour impériale où les
immeubles sont situés ; — que le cautionnement offert par
Emile de Girardin en faveur de Dudot, non-seulement est
tardif, mais encore insuffisant par rapport au domicile ; qu'il
n'y a donc pas lieu, sous aucun rapport, de réformer le jugement dont est appel :

Par ces motifs ,

LA COUR, sans s'arrêter à l'appellation interjetée par Nicolas
Dudot du jugement rendu entre les parties par le Tribunal Civil
d'Autun le 2 avril 1857, etc.

**Du 20 juin 1859. — Cour imp. de Dijon. — 3e Ch. —
Prés., M. Vullierod.**

Appel. — Opposition. — Tribunal de commerce. — Journées de travail. — Incompétence.

ART. 320.

L'appel d'un jugement par défaut rendu par un Tribunal de commerce peut être formé avant l'expiration des délais de l'opposition.

La demande en payement du prix de journées de travail formée contre une société de commerce est de la compétence du juge de paix. — L'incompétence du Tribunal de commerce peut être proposée en tout état de cause, et doit même être proposée d'office par ce Tribunal.

(Sommelet-Dantan et Astruc C. Lang.)

Considérant, sur la fin de non-recevoir, que l'article 645 du code de commerce contient une dérogation formelle aux dispositions des art. 443 et 455 du Code de procédure civile ; que le législateur, dans un but de célérité, a décrété qu'on pourrait interjeter appel le jour même du jugement rendu par un Tribunal de commerce, soit qu'il fût contradictoire ou par défaut ; que dès lors la fin de non-recevoir opposée par l'intimé n'existe pas ;

Considérant, sur l'incompétence, que, d'après les dispositions de l'art. 5, § 3 de la loi du 6 juin 1838, toutes les contestations relatives aux engagements des gens de travail au jour, au mois ou à l'année, et de ceux qui les emploient, sont attribuées aux juges de paix ; que les 113 fr. dus à Lang provenaient du prix des journées de travail dues par la société Sommelet-Dantan et Cie ; que le tribunal de commerce de Chaumont était donc incompétent à raison de la matière ; que cette incompétence peut être opposée en tout état de cause, et que les premiers juges auraient dû, même d'office, ne pas accueillir la demande; qu'il suit de là que leur jugement doit être réformé, même en ce qui touche le fond du litige :

Par ces motifs,

La Cour, faisant droit à l'appellation interjetée par Sommelet-Dantan et Astruc, qualité qu'ils agissent, du jugement rendu entre les parties par le Tribunal de commerce de Chaumont le 13 décembre 1858, met icelle et ce dont est appel à néant; — Réformant, et par nouveau jugement, dit que ce Tribunal était incompétent; en conséquence, renvoie les parties devant le juge de paix du canton de Nogent-le-Roi.

Du 20 juin 1859. — Cour imp. de Dijon. — 3e ch. — Prés., M. Vullierod.

Art. 321.

Remise de dette. — Expédition. — Notaire.

La remise par le notaire de l'expédition d'un acte de vente à l'acquéreur ne prouve pas suffisamment la libération de celui-ci. Elle n'est qu'une présomption de payement qui ne lie pas le juge.

(De A. S. ve de Jean C. B. C. B. J.)

Attendu que, par acte passé devant Me B...., notaire, le 22 octobre 1840, B. J.... s'est rendu adjudicataire de divers immeubles; que, sur les frais de cet acte, taxés à 280 fr. 50 c., l'adjudicataire ne justifie avoir versé qu'un à-compte de 200 fr., et que le surplus est encore dû;

Attendu que la présomption résultant de la remise de l'expédition ne constitue pas une preuve suffisante de libération, lorsqu'aucune circonstance accessoire ne vient l'appuyer et la confirmer; — que le long silence gardé par le créancier se justifie par son décès, qui remonte à plusieurs années :

Par ces motifs, le Tribunal condamne J.... à payer aux ayants droit du sieur B...., notaire, la somme de 80 fr. 50 c. restant due sur les frais de l'acte.....

Du 16 juin 1859. — Trib. civ. de Langres. — **Prés.**, **M. Mougin.**

ART. 322.

Ajournement. — Délai de distance. — Appel. — Délai.

1° *Il n'y a lieu à aucune augmentation du délai de distance, en matière d'ajournement, à raison d'une fraction de moins de trois myriamètres de distance qui se trouve en sus d'un nombre de fois trois myriamètres (art. 1033 Code proc.)*

2° *En matière d'appel de jugement de justice de paix, le jour de l'échéance du délai d'appel (dies ad quem) est compris dans le délai (art. 1033 C. pr.; — art. 8 et 13 loi 25 mai 1838.)*

(Paquis C. Gautherot-Carteret.)

Attendu que le jugement rendu entre les parties par M. le Juge de paix du canton de Longeau le 18 janvier 1859 a été signifié à Paquis le 16 février suivant; — que, ce jugement étant rendu par défaut, les délais pour former opposition expirèrent le 19 février;

Attendu qu'aux termes de l'article 8 de la loi du 25 mai 1838, l'appel n'était plus recevable après les 30 jours qui ont suivi l'expiration du délai pour former opposition ; — attendu que l'appel devait être interjeté pendant la durée du délai prescrit, que l'acte ne pouvait donc être fait après les limites tracées par la loi, à peine de déchéance ;

Attendu que vainement l'appelant se prévaut de ce que le délai, aux termes des articles 13 de la loi précitée et 1033 du Code de procédure civile, devait être augmenté à raison des distances ; que la loi n'accorde cette augmentation des délais qu'à raison d'un jour par chaque trois myriamètres complets ;

Que dans l'espèce il n'y avait lieu qu'à une augmentation de deux jours ; qu'ainsi l'appel, qui n'a été interjeté que le 25 mars dernier, devait l'être au plus tard le 23 ; que l'appel est donc nul.

Par ces motifs.....

Du 16 juin 1859. — Trib. civ. de Langres. — Prés., M. Mougin.

OBSERVATIONS.

Si la solution adoptée par le Tribunal de Langres en ce qui concerne l'augmentation du délai des distances dans la proportion d'un jour par trois myriamètres complets, est conforme au texte et à l'esprit de l'art. 1033 du Code de proc. civ., nous ne pensons pas qu'il en soit de même de la solution que le Tribunal a adoptée en ce qui touche le jour de l'échéance du délai. En comprenant ce jour dans le délai général, le Tribunal nous semble déroger à la règle posée par ce même article 1033.

Il s'agissait en effet, dans l'espèce, d'un appel de jugement de justice de paix, qui tombe sous le coup de l'art. 13 de la loi du 25 mai 1838, ainsi conçu :

« Les personnes domiciliées hors du canton auront,
» pour interjeter appel, outre le délai de 30 jours, le

» délai réglé par les art. 73 et 1033 du Code de procé-
» dure civile. »

Or l'art. 1033, auquel il est renvoyé, porte :

« *Le jour de la signification ni celui de l'échéance* ne
» *sont jamais comptés pour le délai général fixé pour*
» *les ajournements, les citations, sommations et autres*
» *actes faits à personne ou domicile...* »

Comprendre donc l'un de ces jours dans le délai général, c'est évidemment ne pas tenir compte du prescrit
de l'art. 1033, § 1.

Cette question est très-controversée en doctrine et en
jurisprudence ; mais à l'étude que nous avons faite des
auteurs et des arrêts qui sont contraires à notre opinion,
il nous a paru qu'auteurs et arrêts se préoccupaient plus
de la question au point de vue théorique et législatif
qu'au point de vue du droit écrit, tel qu'il est fixé par
le texte de la loi. Cette loi ne se justifie peut-être pas
en raison ; mais elle est précise et veut être obéie.

Henri VILLARD, avocat.

Art. 323.

Hypothèques. — Obligations au porteur. — Radiation partielle d'inscriptions. — Titres à déposer.

Au cas de radiation partielle d'inscriptions prises pour
sûreté d'obligations au porteur, le conservateur des hy-
pothèques ne peut exiger le dépôt perpétuel des grosses de
ces obligations. La remise de l'acte contenant mainlevée
de l'inscription doit lui suffire, alors surtout qu'offre

lui est faite de la communication desdites grosses pour y insérer telles mentions qu'il jugera convenable (art. **2157-2158 C. N.**)

(Crétin et autres C. Conservateur des hypothèques.)

Considérant que, par différents actes reçus Mᵉ Boisseau, notaire à Dijon, les sieurs Cretin, Accard et la demoiselle Haupt ont donné mainlevée partielle des inscriptions par eux prises sur les biens des mariés Joigneault pour sûreté du payement d'obligations au porteur souscrites par ces derniers ; que ces actes ont été présentés à M. le Conservateur des hypothèques de Beaune, pour faire les radiations partielles qui avaient été accordées, et que M. le Conservateur n'a consenti à opérer ces radiations que si on lui laissait en dépôt perpétuel les grosses des obligations ;

Considérant que la validité des obligations au porteur n'est pas contestée, et qu'il suffit d'être nanti de la grosse pour être réputé propriétaire de la créance et avoir seul intérêt à l'existence de l'hypothèque qui y est attachée ;

Considérant que les actes de mainlevée reçus par le notaire Boisseau constataient que les propriétaires ci-dessus désignés des obligations dont il s'agit avaient renoncé à leurs hypothèques sur une partie des immeubles affectés à la sûreté de leurs créances : que les radiations partielles devaient donc être opérées sur la présentation de ces actes à M. le Conservateur, dont la responsabilité était complétement dégagée ; qu'il n'est pas admissible qu'un créancier qui n'a d'autre titre que la grosse dont il est porteur, soit obligé de s'en dessaisir et de compromettre ainsi ses droits, tandis que le fait à établir est constaté clairement par d'autres actes notariés qui doivent faire foi de leur contenu ;

Considérant, au surplus, que les demandeurs offrent de remettre les grosses à M. le Conservateur pour y insérer telles mentions qu'il jugera convenable, et les restituer ensuite :

Par ces motifs,

Dit que le Conservateur des hypothèques de Beaune sera tenu d'opérer, dans les huit jours du jugement, la radiation partielle des trois inscriptions prises au profit de la demoiselle Haupt et des sieur Accard et Crétin le..... en se conformant aux restrictions portées dans les actes de mainlevée reçus Boisseau, notaire à Dijon, les 30 septembre, 1er et 2 octobre derniers, dont les expéditions lui seront remises à cet effet ;

Dit que le Conservateur pourra exiger la représentation des grosses d'obligation au porteur en vertu desquelles agissent mademoiselle Haupt et les sieurs Accard et Crétin, et y consigner toutes mentions qu'il jugera convenable, mais devra les restituer immédiatement après la radiation opérée ;

Condamne le défendeur aux dépens.

Du 7 avril 1859. — Trib. civ. de Beaune. — M. Guillemot, prés.

Art. 324.

1° **Dernier ressort.** — **Jonction d'instances.** — 2° **Chemin de fer.** — **Cagage égaré.** — **Commis voyageur.** — **Dommages-intérêts.**

1° *Bien qu'il y ait eu jonction de deux instances et qu'il ait été statué par un même jugement, cette jonction n'en a pas moins laissé distincts les intérêts des demandeurs, et par suite, l'appel contre l'une des demandes n'est pas recevable, si elle était inférieure à 1,500 fr.*

2° *En cas de perte et d'attente d'une malle et d'une caisse d'échantillons appartenant à un commis voyageur, les compagnies de chemin de fer sont obligées non-seulement à la réparation du préjudice éprouvé par celui-ci, mais encore à une indemnité envers la maison qu'il représente, à titre de privation de bénéfices et de dépréciation de marchandises.*

(Compagnie du chemin de fer C. Goutard et Parent.)

Parti de Gray avec sa malle et sa caisse d'échantillons à destination de Langres, Goutard, voyageur de la maison Parent Parent, négociant en nouveautés à Lille, ne put obtenir, à son arrivée, la remise de ses bagages, qui, par erreur sans doute, avaient été expédiés sur un autre point de la ligne.

Le même jour 18 novembre 1858, il faisait sommation au chef de gare de Langres en remise de sa malle et de sa caisse; et le 20, il assignait la Compagnie du chemin de fer par-devant le Tribunal de commerce de cette ville en condamnation à la restitution de ses effets, à 80 fr. de dommages-intérêts pour chaque jour de retard, et, faute de ce faire, au payement d'une somme de 1,000 fr. pour lui tenir lieu de leur valeur.

Le 26 du même mois, la maison Parent assignait aussi la Compagnie en payement d'une somme de 10,000 fr. pour réparation du préjudice à elle causé par l'interruption du voyage de son représentant.

Le 7 décembre suivant, les deux colis étaient retrouvés; la Compagnie en faisait donner avis au correspondant à Langres de la maison Parent, le sieur Guillaumé. Cette maison paraissait peu disposée à les reprendre avant qu'il eût été statué sur la double action dont le Tribnnal était saisi. Le 20 dudit mois seulement, elle y consentit, et, deux jours après, elle les recevait à la gare de Lille.

Le 4 avril, les deux demandeurs concluaient à la barre savoir : Goutard, en 120 fr. de dommages-intérêts pour son séjour forcé d'attente de ses bagages à Langres, et 250 fr. pour indemnité représentative des bénéfices qu'il eût faits par placement de marchandises, s'il avait pu offrir ses échantillons ; et la maison Parent, en 20,000 fr. de dommages-intérêts pour indemnité de privation des bénéfices qu'elle eût réalisés sur les placements de son voyageur, dépréciation de marchandises en magasin, perte de clientèle, etc.

Statuant sur cette double prétention, après avoir joint les deux instances, le Tribunal de Langres avait alloué : 1° à Goutard les indemnités suivantes : 300 fr. pour vêtements achetés, 118 fr. pour dépenses d'hôtel à Langres, 265 fr. pour frais de séjour à Lille, et 300 fr. pour un mois d'appointements ; 2° à Parent : 3,750 fr. pour perte de 25 0/0 de bénéfices sur 15,000 fr. de placements qu'eût faits son voyageur ; 1,500 fr. pour dépréciation, à raison de 10 0/0, des marchandises invendues, et 1,000 fr. pour perte sur clientèle. Total : pour Goutard, 986 fr.; et pour Parent, 6,250 fr.

A l'appui de l'appel de cette décision, la Compagnie du chemin de fer de l'Est a soutenu :

Quant à Goutard, que les dommages-intérêts qui lui avaient été alloués étaient évidemment exagérés ; qu'on devait d'autant moins hésiter à les réduire, qu'ils excédaient le chiffre de ceux demandés par le dispositif des

conclusions; et que la somme de 200 fr. offerte par l'appelant était un dédommagement suffisant du tort éprouvé ;

Quant à Parent, qu'en principe les contrats ne peuvent
profiter ou nuire qu'à ceux qui y ont été parties ou
leurs successeurs ; que leur exécution ou inexécution ne
peut engendrer ni droits ni devoirs quant aux tiers qui
y ont été étrangers ; et conséquemment que les premiers
juges n'auraient point dû accueillir l'action de la maison
du voyageur Goutard ;

Que, d'ailleurs, l'article 1150 interdit d'allouer d'autres dommages plus étendus que ceux que les parties
ont pu prévoir au moment du contrat, et que le 18 novembre, alors que Goutard s'est présenté à la gare de
Gray, la Compagnie ne pouvait prévoir que si ses effets
étaient perdus ou égarés, elle serait passible d'une action noxale de la part d'une tierce personne, et pour
une somme bien plus considérable que la valeur de ces
mêmes effets ;

Qu'enfin, cette prévision est d'autant plus impossible,
respectivement aux maisons qui font voyager pour leur
commerce, que la Compagnie n'a pas le temps de se
rendre compte de la qualité de ceux qu'elle transporte
et de la nature de leurs bagages ; les voyageurs de
commerce et autres arrivant en gare si peu de minutes
avant le départ du train, qu'à peine peut-on précipi-
tamment apposer des numéros d'ordre aux colis sans en
lire les adresses.

D'où il suit que, suivant les communes intentions et
prévisions des parties, la responsabilité de la Compagnie
ne doit s'entendre que de la valeur seule des bagages,
comme effets ordinaires de voyage, y compris quelque

indemnité d'attente raisonnable, et non pas d'une action de tiers inconnus qui de cette attente auraient pu souffrir d'une manière plus ou moins indirecte, plus ou moins éloignée.

Quoi qu'il puisse être décidé d'ailleurs à cet égard, les dommages alloués à la maison Parent seraient exagérés, et la Cour devrait singulièrement les réduire.

Goutard a opposé une fin de non-recevoir fondée sur ce que, soit le chiffre de la demande formée par ses conclusions, soit celui des condamnations prononcées à son profit, n'excédait point la limite du dernier ressort; — ajoutant que, dans l'état actuel de la jurisprudence, le jugement de jonction de sa cause à celle de sa maison n'avait pu faire obstacle à ce que le jugement rendu, fût quant à lui, insusceptible d'appel.

Le débat donc se trouvait restreint entre la Compagnie et la maison Parent, qui a fait plaider que le principal intéressé à ce qu'un voyageur de commerce n'éprouve point d'interruption dans ses tournées, n'est pas ce voyageur lui-même, mais la maison qui à ses frais le met en route;

Que ce n'est point ce représentant, dont les appointements courent quand même, mais sa maison, qui éprouve le préjudice le plus immédiat, le plus direct, des temps d'arrêt forcés qu'il subit dans le cours de ses voyages et qui interrompent le placement des marchandises; — ce que ne peuvent ignorer les compagnies de chemins de fer, qui savent aussi que le voyageur d'une maison de commerce n'est que son représentant, son mandataire, et que, quant aux faits d'inexécution de contrats, dont le principal préjudice atteint son patron, celui-ci peut

exercer l'action noxale de son chef en cette part, indé-
pendamment des réparations personnellement dues à son
voyageur pour perte ou attente de ses bagages.

Ce contrat qui, par délivrance de billet, astreint les
compagnies à transporter les voyageurs et leurs effets
aux destinations assignées par les bulletins, n'oblige
donc pas seulement ces compagnies envers les repré-
sentants des maisons de commerce, mais envers ces
maisons elles-mêmes, parce que la stipulation de transport implique un double intérêt, accusé, indépendam-
ment de toute déclaration spéciale, par la seule qualité
du voyageur et le nom de sa maison sur les plaques de
ses malles et caisses de voyage.

Or, en fait (et au cas de dénégation, on en offre subsidiairement la preuve), les malle et caisse de Goulard
étaient revêtues de plaques métalliques indiquant son
nom, sa profession, et le nom de la maison pour laquelle il
voyageait; de plus, la plaque de sa caisse accusait qu'elle
contenait des échantillons de marchandises.

La Compagnie a donc su qu'il y avait deux intéressés
et qu'elle contractait, au cas de sinistre, un double engagement à réparation.

Vainement exciperait-elle de ce que ses employés ne
prennent pas le temps et la précaution de lire les adresses des colis, et de placer à part, dans un compartiment
mieux surveillé, les effets qu'il importe le plus de ne
point perdre ou égarer: — ce tort ne pourrait la relever
de son engagement et de ses suites au regard des intéressés.

Enfin, la faute de la Compagnie a été aggravée par le
fait de n'avoir point avisé directement la maison de

Lille quand les colis ont été retrouvés, et de ne les lui avoir expédiés que quinze jours après, avariés et dépouillés de leurs plaques ; circonstance dont on pourrait induire que les employés avaient fait disparaître les indications de nature de bagages emportant responsabilité de dommages aussi bien envers le patron qu'envers le voyageur. — Et en cette part il y aurait lieu encore à réparation pour quasi-délit, aux termes de l'article 1382 du Codé civil.

Quant aux dommages-intérêts, d'ailleurs, qu'ont alloués les premiers juges, nulle exagération. — Goutard commençait son voyage : dans les trois premières villes qu'il avait visitées, ses placements avaient atteint un chiffre de 12,000 fr., et il en avait encore quarante-trois à parcourir.

Le chiffre présumé d'affaires arbitré par le Tribunal à 15,000 fr. est donc bien au-dessous de la réalité, et la maison Parent éprouve un préjudice considérable en ne recevant à titre d'indemnité que 6,000 fr.

Les chemins de fer exercent aujourd'hui un monopole qui leur est très-profitable : on doit user envers eux d'une sévère justice dans la réparation du préjudice causé par l'incurie de leurs agents.

La question capitale du débat était ainsi celle de savoir : si des principes généraux en matière d'engagement de transport, combinés avec les articles 1149, 1150, 1151 et 1382 du Code civil, il suit que, par voie de dommages-intérêts, les compagnies de chemins de fer sont obligées tout à la fois à réparation du préjudice personnellement éprouvé par les voyageurs de commerce en cas de perte ou attente prolongée de leurs bagages, et à indemnité envers les maisons qu'ils représentent, pour privation de bénéfices sur placements probables s'il n'y eût point eu interruption de voyage, dépréciation de marchandises invendues, perte de clients, etc., ou si, au contraire, l'action seule du voyageur est recevable, et si ses effets doivent être restreints à une indemnité de séjour pour attente de ses bagages s'ils sont retrouvés, à payement de somme égale à leur valeur s'ils sont perdus.

Pour vider son partage, la Cour avait appelé deux de MM. les présidents de chambre et le doyen de MM. les Conseillers.

ARRÊT.

Sur la fin de non-recevoir opposée par Goutard à l'appel de la Compagnie de l'Est en ce qui le concerne,

Considérant que le montant soit des sommes par lui réclamées suivant ses conclusions transcrites au jugement, soit des sommes que le jugement lui a adjugées, ne dépasse point 1,500 fr., taux légal du dernier ressort;

Que, bien qu'il y ait eu jonction des deux instances Goutard et Parent-Parent contre la Compagnie de l'Est, et qu'il y ait été statué par un même jugement, cette jonction cependant, fondée uniquement sur une simplification de procédures qui se rattachaient à un même fait, n'en a pas moins laissé complétement distincts les intérêts des deux parties demanderesses;

Que par suite l'appel de la Compagnie de l'Est, en ce qui touche aux condamnations prononcées contre elle au profit de Goutard, n'est pas recevable;

Sur l'appel de ladite Compagnie contre la maison Parent-Parent de Lille,

Considérant

Que lorsque Goutard, commis voyageur de ladite maison, a, le 18 novembre 1858, confié au chemin de fer sa malle et sa caisse d'échantillons, comme bagages l'accompagnant de Gray à Langres, la maison Parent-Parent, en ce qui concerne spécialement ladite caisse d'échantillons, s'est immédiatement, par le fait de son représentant, trouvée intéressée dans l'accomplissement des obligations contractées par la Compagnie à l'effet dudit transport;

Qu'il est constant en fait

Que Goutard, rendu à Langres, n'a pu être remis en possession de sa malle et de sa caisse d'échantillons;

Que, malgré ses réclamations et celles de Parent-Parent, vingt jours se sont écoulés, du 18 novembre au 7 décembre, avant qu'il ait été donné avis par la Compagnie au mandataire, à Langres, de cette maison, que les deux colis étaient enfin retrouvés;

Que, en admettant même qu'il puisse être imputé à la maison Parent-Parent quelque négligence et perte de temps dans la reprise de possession de sa caisse d'échantillons, les premiers vingt jours doivent néanmoins être augmentés d'un certain nombre de jours encore pour la correspondance de Langres à Lille et de Lille à Langres avant la reprise de possession utile et effective;

Que ces retards et ces incertitudes, dont il est impossible de méconnaître le grave préjudice pour une maison de commerce s'occupant principalement d'articles de nouveautés, sont le fait de la Compagnie du chemin de fer de l'Est ou de ses agents;

Que la Compagnie cependant, répondant à la demande en dommages-intérêts de la maison Parent-Parent, prétend que, la caisse d'échantillons ayant été restituée, elle ne doit rien de plus, et qu'elle a fait même reste de droit à Goutard et à Parent-Parent en offrant pour les frais du voyageur une somme de 200 fr. ;

Qu'autrement, et contrairement aux dispositions de l'article 1150 du Code Napoléon, ce serait, dans un cas où il ne lui est reproché aucun dol, lui faire supporter des dommages-intérêts qui n'ont pas été prévus et que l'on n'a pas pu prévoir lors du contrat, puisque Goutard, au moment de son départ, n'avait fait connaître ni sa qualité de voyageur de commerce, ni la nature des objets contenus dans ses caisses ;

Considérant que cette prétention est aussi contraire à la saine entente de la loi qu'à la juste interprétation de la convention des parties ;

Que, sans qu'il soit besoin de s'occuper des circonstances particulières articulées dans les conclusions subsidiaires des intimés, quelque vraisemblables qu'elles soient, à savoir : que, suivant l'usage, la malle et la caisse de Goutard auraient porté chacune une inscription indicative de sa qualité de voyageur de commerce, il convient de remarquer tout d'abord qu'il s'agit entre les parties d'une convention qui doit s'interpréter dans ses effets d'après sa nature toute spéciale, convention qui se forme et s'accomplit forcément, pour le voyageur et ses bagages, dans des termes dont la rapidité et dont le signe représentatif excluent toute espèce d'explication sur la qualité du voyageur et le contenu des colis qui l'accompagnent ;

Que rien, dans les règlements généraux et particuliers du chemin de fer, n'avertit le voyageur que le mode abrégé d'enregistrement, auquel il ne lui est pas possible de se soustraire, affranchirait à son égard la Compagnie, ainsi qu'il est prétendu par la Compagnie appelante, de la responsabilité ordinaire du dommage que le créancier peut éprouver, eu égard soit à la perte qu'il a faite, soit au gain dont il a été privé par le fait de son débiteur ;

Que vainement la Compagnie de l'Est, se prévalant des termes de l'art. 1150 du Code, vient dire qu'elle n'a prévu ni pu prévoir, lors du contrat, le dommage qui résulterait de la perte ou du retard dans la remise d'un ballot dont elle ignorait le contenu, et qu'elle n'est pas tenue de ce dommage;

Que c'est abuser des termes de la loi, qui, empruntés à Pothier dans son Traité des Obligations (part. 1, chap. II, art 3, n°s 159 et suiv.), s'expliquent d'eux-mêmes par les exemples que nous donne le jurisconsulte à l'appui de sa doctrine, et notamment par cet exemple bien connu, auquel la Compagnie appelante prétend s'assimiler : « Le cheval vendu à ce chanoine qui, faute d'en avoir obtenu la livraison au terme convenu, ne put arriver à temps au lieu de son bénéfice pour gagner ses gros fruits; que l'achat du cheval qui faisait l'objet du contrat ne pouvait pas en effet par lui-même et sans autre avertissement faire prévoir au vendeur que le gain ou la perte des gros fruits d'un bénéfice dépendaient de la livraison plus ou moins exacte du cheval acheté par le chanoine; »

Mais que la caisse d'échantillons, au contraire, portait en elle-même et par elle-même la manifestation de sa destination et de son objet et de la prévision du dommage que sa perte, ou sa détérioration, ou le retard de sa remise, pourraient occasionner au voyageur qui s'en trouverait privé;

Que peu importe que la chose ait ou non été mise à découvert ou déclarée à l'instant où la Compagnie s'en est chargée, si, par suite du mode réglé pour l'enregistrement des bagages, et que le voyageur ne peut pas ne point accepter, il a dû se livrer au transport du chemin de fer sans déclaration spécialisée;

Qu'il y a dans cet ensemble de faits et circonstances obligées l'équivalent d'une convention tacite de s'en rapporter, pour le règlement des dommages-intérêts éventuels, au contenu, quel qu'il soit, des caisses et ballots reçus purement et simplement par la Compagnie, tout comme s'il en avait été fait une déclaration spéciale, pourvu seulement qu'il ne s'agisse pas de certains articles exceptionnels, tels que matières d'or ou d'argent, et autres soumis à un tarif spécial, et exigeant aussi par conséquent une déclaration toute spéciale.

Considérant que, dans l'espèce particulière de la cause, il s'agit bien réellement pour le voyageur et sa maison d'un dommage souffert *propter rem ipsam non habitam,* qui n'a rapport qu'à la chose même qui fait l'objet du contrat, et qui pouvait être prévu dès le principe;

Etant évident tout d'abord que sa collection d'échantillons est indispensable à un voyageur pour qu'il puisse faire ses placements;

Que, d'ailleurs, les obligations des compagnies de chemin de fer doivent être d'autant plus étroites que ces compagnies exercent une sorte de monopole à l'égard du transport des personnes et des choses;

Considérant que, ces principes posés, et l'obligation pour la Compagnie de désintéresser la maison Parent-Parent du dommage qu'elle a éprouvé et qui a pu être prévu, étant reconnue, il ne reste plus qu'à faire l'appréciation de ce dommage; — que la Cour possède les éléments suffisants pour faire cette appréciation, et qu'il en résulte : — d'une part, que, eu égard à la possibilité qu'aurait eue la maison Parent-Parent de se remettre plus promptement en possession de sa caisse d'échantillons retrouvée, il convient de réduire les dommages-intérêts arbitrés par les premiers juges, tant pour privation de bénéfices que pour dépréciation de marchandises, — et que, d'autre part, il n'y a lieu d'allouer dommages-intérêts pour une prétendue perte de clientèle qui n'est pas établie;

Sur les dépens entre la Compagnie et la maison Parent-Parent,

Considérant que, par suite de la réformation partielle du

jugement dont est appel, il est juste que chacune des parties supporte une portion des dépens :

Par ces motifs,

LA COUR,

Sans s'arrêter à l'appellation interjetée par la Compagnie du chemin de fer de l'Est contre Goutard, du jugement rendu par le Tribunal de commerce de Langres le 4 avril 1859, en ce qui concerne les condamnations prononcées contre la Compagnie au profit de Goutard, déclare ledit appel non-recevable ;

Condamne la Compagnie aux dépens de la cause d'appel ;

Statuant sur l'appel du même jugement contre la maison Parent-Parent, et y ayant aucunement égard, en ce qu'il a été fait par ledit jugement une trop forte évaluation des dommages-intérêts dus à Parent-Parent pour privation de bénéfices et dépréciation de marchandises ;

En ce que encore il n'y avait lieu d'adjuger aucuns dommages-intérêts pour prétendue perte de clientèle ;

Réformant quant à ce, et par nouveau jugement, — sans qu'il y ait lieu de s'arrêter aux conclusions subsidiaires des intimés, — réduit à la somme de 1,500 francs le montant des dommages-intérêts que la Compagnie de l'Est est condamnée à payer à Parent-Parent à titre de privation de bénéfices et de dépréciation de marchandises ;

Dit qu'il n'y a lieu à dommages-intérêts pour prétendue perte de clientèle ;

Ordonne que le surplus du jugement produira son plein et entier effet ;

Dit que les dépens de la cause d'appel demeurent compensés entre les parties, sauf le coût de l'arrêt, qui sera tout à la charge de la compagnie de l'Est.

Du 6 juillet 1859. — C. imp. de Dijon. — 3e Ch. — Prés., M. Vullierod. — M. Gouazé, av. gén., concl. conf.

Art. 325.

Indivision. — Convention d'indivision. — Délai indéterminé. — Nullité.

Est nulle la clause par laquelle des copropriétaires stipulent que des immeubles leur appartenant resteront, comme par le passé, indivis entre eux, sans plus ample indication de la durée de cette indivision : une pareille stipulation ne saurait être obligatoire même pour cinq années (art. 815 Code Nap.).

(Picard C. héritiers Picard.)

Considérant que l'art. 815 du Code Nap. porte que nul ne peut être contraint de demeurer dans l'indivision, et que le partage peut toujours être provoqué nonobstant prohibitions et conventions contraires ; que ce principe général ne reçoit d'exception que dans le cas où les copropriétaires conviennent de suspendre le partage pendant un temps limité, ou lorsque l'interdiction sur laquelle on est tombé d'accord s'applique à une dépendance nécessaire à la jouissance d'autres immeubles ; que dans l'espèce, les parties ont inséré dans le partage du 24 octobre 1858 une clause énonçant que la maison leur appartenant *en commun* à Meursault *resterait, comme par le passé, indivise* entre eux, sans indication d'un délai déterminé pour être en droit d'exiger le partage ou la licitation ;

Que cette interdiction indéfinie a donc été convenue en opposition formelle au principe général établi par l'art. 815 du C. N., et doit être annulée :

Par ces motifs, le Tribunal ordonne qu'il sera procédé à la licitation de la maison indivise entre les parties.

Du 9 décembre 1858. — Trib. civ. de Beaune. — Prés., **M. Guillemot.**

Art. 326.

1° Chemin de fer. — Commissionnaire de roulage.
— Remise de marchandises. — Incompétence.
2° Action en dommages-intérêts. — Compétence.

1° *L'action par laquelle un commissionnaire de roulage de-*
mande que toutes les marchandises adressées à des per-
sonnes désignées lui soient remises, et qu'il soit fait
défense à une compagnie de chemin de fer d'opérer le ca-
mionnage des marchandises expédiées aux destinataires,
soit par elle-même, soit par un tiers, n'est point de la com-
pétence des tribunaux de commerce.

2° *Mais la demande en dommages-intérêts formée contre une*
compagnie de chemin de fer par un commissionnaire de
roulage, et fondée sur ce que ladite compagnie a refusé de
lui remettre à la gare d'un lieu des marchandises dont il
était commissionnaire d'après les conventions des parties,
est valablement intentée devant le tribunal de commerce de
ce lieu (art. 420 C. pr. civ.)

(Chemin de fer de l'Est C. Arnaud.)

M. Arnaud-André, commissionnaire de roulage demeurant à Langres, prétendait avoir le droit de prendre
à la gare du chemin de fer de Langres non-seulement
les marchandises qui lui étaient adressées *en gare*, mais
encore celles qui étaient adressées aux divers négociants
de Langres qui l'avaient chargé de camionner lesdites
marchandises de la gare de Langres en leurs domiciles.
Il prétendait que, par suite d'un traité intervenu entre la
Compagnie du chemin de fer de l'Est et MM. Grand

frères, commissionnaires de roulage demeurant à Langres,
par lequel ladite Compagnie avait chargé les sieurs
Grand de camionner les divers objets et marchandises
de la gare de Langres dans la ville, les agents de cette
Compagnie cherchaient à favoriser les sieurs Grand
frères, et entravaient au contraire les employés du
sieur Arnaud-André dans le camionnage des marchandises qu'ils avaient à prendre à la gare du chemin de
fer pour les rendre aux domiciles des destinataires; il
prétendait même qu'il y avait eu des détournements faits
à son préjudice, en ce sens que la Compagnie du chemin de fer de l'Est aurait fait camionner par les sieurs
Grand frères des marchandises qui étaient adressées à
lui personnellement.

C'est par suite de ces prétentions qu'il fit assigner la
Compagnie du chemin de fer de l'Est devant le Tribunal
de commerce de Langres, pour ouïr dire et ordonner
que cette Compagnie serait tenue de délivrer à M. Arnaud-André seul les marchandises adressées aux divers
négociants de Langres désignés par lui, et qui l'avaient autorisé à faire ces transports; faire défense à ladite Compagnie de camionner ces marchandises soit par elle, soit
par MM. Grand; dire en outre que la Compagnie de l'Est
serait tenue de traiter M. Arnaud-André sur le même
pied que MM. Grand; donner accès à ses employés et à
ses voitures à la gare, et, pour le préjudice à lui causé
par les détournements de marchandises et autres sous-
tractions dont il avait été victime, condamner la Compagnie en 15,000 fr. de dommages-intérêts.

A cette demande, la Compagnie de l'Est a opposé une
double exception d'incompétence : la première, tirée

de ce que la demande du sieur Arnaud-André touchait
aux intérêts généraux de la Compagnie, et tendait à l'interprétation du cahier des charges qui régissait son
exploitation ; laquelle interprétation était du ressort des
Tribunaux administratifs ; la seconde, tirée du domicile :
la Compagnie ayant son siége à Paris, devait être assignée devant le Tribunal de commerce de la Seine.

Pour repousser cette double exception, M. Arnaud-
André a soutenu qu'il ne s'agissait pas d'interprétation
d'actes administratifs, mais seulement d'une demande
qui avait pour objet de lui faire remettre les marchandises qui lui étaient adressées, ainsi qu'aux destinataires
qui l'avaient chargé de camionner leurs marchandises.
Il a soutenu, sur le second moyen d'incompétence, que
la Compagnie du chemin de fer de l'Est avait refusé de
lui remettre à la gare de Langres des marchandises dont
il était le commissionnaire par suite des lettres de voiture, qui établissaient que la Compagnie était obligée à
livrer entre ses mains les marchandises dont il s'agissait ;
que, par suite, l'art. 420 du Code de proc. civ. était applicable, et le Tribunal de Langres compétent, puisque Langres était le lieu où les marchandises devaient être livrées et payées.

Jugement du Tribunal de commerce de Langres du
10 mars 1859, portant ce qui suit :

Sur le 1er moyen d'incompétence proposé par la Compagnie
de l'Est : Attendu qu'il ne s'agit pas d'interprétation d'actes
administratifs, mais seulement d'une demande d'Arnaud ten-
dante à ce que la Compagnie de l'Est donne à tous les camion-
neurs, à tous les destinataires ou expéditeurs les mêmes
facilités, soit pour recevoir leurs marchandises, soit pour les
expédier ; qu'il ne s'agit simplement que des transports de

marchandises ou d'autres objets qui s'opèrent à la gare de Langres, pour lesquels Arnaud prétend qu'un préjudice considérable lui a été causé ; que dès lors, il est évident qu'Arnaud n'entend en rien toucher aux intérêts généraux de la Compagnie du chemin de fer de l'Est ;

Sur le 2e moyen d'incompétence :

Attendu que la réclamation du sieur Arnaud porte sur des marchandises et des colis divers qui devaient être livrés à Langres ; que les lettres de voiture étaient payables à Langres ; que les fautes graves reprochées à la Compagnie de l'Est auraient été commises à la gare de Langres ; qu'aux termes de l'article 420 du Code de procédure civile, le Tribunal de commerce de Langres pouvait être saisi de la contestation :

Par ces motifs, le Tribunal, statuant en premier ressort, se déclare compétent, et remet au lundi 21 mars pour plaider au fond.

Appel de la part de la Compagnie de l'Est.

Dans son intérêt, on disait :

Le sieur Arnaud élevant la prétention de se faire délivrer à lui seul les marchandises adressées à divers négociants par lui désignés, de se faire donner avis à lui et à ses employés à la gare, et de les traiter sur le même pied que le sieur Grand, il est incontestable qu'une pareille demande tend à faire interpréter le cahier des charges de la Compagnie.

En effet, il faut savoir si par son cahier des charges la Compagnie peut être tenue de faire à M. Arnaud et à ses employés les mêmes conditions qu'elle fait à toute autre personne, ou si, au contraire, il ne lui est pas loisible d'accorder à certains commissionnaires des facilités qu'elle n'accorderait pas à d'autres. Or cette interprétation est du ressort exclusif de l'administration, et sous ce rapport, le **Tribunal de Langres** était incompétent.

A un autre point de vue, la demande du sieur Arnaud ne pouvait être de la compétence de ce Tribunal. La Compagnie de l'Est a son siége à Paris, et aux termes de l'art. 59 C. proc. civ., les sociétés, tant qu'elles existent, doivent être assignées devant le juge du lieu où elles sont établies. En vain, pour éviter l'application de cet article, invoque-t-on l'art. 420 C. proc. civ. : les demandes formées par Arnaud ne peuvent nullement être régies par cette disposition, puisqu'il demande que la Compagnie soit condamnée à lui livrer toutes les marchandises qui seront adressées à des négociants qu'il indique. Il est évident qu'il n'y a ici encore ni promesse faite et *marchandises livrées,* ni de payement à effectuer.

Il en est ainsi *a fortiori* de la demande tendant à faire condamner la Compagnie à traiter le sieur Arnaud sur le même pied que les sieurs Grand. Cette demande n'a encore aucune analogie avec les hypothèses prévues par l'art 420.

La seule demande d'Arnaud qui pourrait rentrer dans la disposition de cet article serait celle qui tend à obtenir des dommages-intérêts pour les prétendus détournements de marchandises. Mais sous ce rapport même, le Tribunal de commerce de Langres est incompétent. En effet, quand même on voudrait entendre le 3ᵉ § de l'article 420, « devant celui dans l'arrondissement duquel le payement devait être effectué, » en ce sens que par le mot *payement* il s'agit de toute livraison de marchandises, il est constant qu'à ce point de vue l'obligation a été exécutée envers les négociants qui ont pris livraison ; que si la livraison a été effectuée par l'intermédiaire d'un autre camionneur, comme le prétend Arnaud, il ne resterait qu'une action en dommages-intérêts, qu'il devrait porter devant le Tribunal du domicile de la Compagnie, puisque le contrat passé entre les expéditeurs, les destinataires et la Compagnie a reçu pleine et entière exécution.

Pour l'intimé, on se bornait à répondre :

Le sieur Arnaud-André a formé contre la Compagnie du chemin de fer de l'Est une demande en dommages-intérêts fondée principalement sur ce que ladite Compagnie a refusé de lui remettre, à la gare de Langres, des marchandises dont il était le commissionnaire d'après les conventions des parties. Ces conventions résultent des lettres de voiture, mandats et autres pièces représentés par l'intimé, qui prouvent que la Compagnie était obligée à livrer entre ses mains les marchandises dont il s'agissait. Ainsi, l'art. 420 C. proc. civ. est applicable, et le Tribunal de Langres compétent, puisque cette ville est le lieu où les marchandises devaient être livrées et payées.

ARRÊT.

Considérant que l'assignation donnée à la Compagnie du chemin de fer de l'Est par Arnaud-André, commissionnaire de roulage, a porté sur trois chefs : qu'il a demandé d'abord que toutes les marchandises adressées à des personnes désignées lui soient remises, et qu'il soit fait défense à ladite Compagnie d'opérer le camionnage des marchandises expédiées aux destinataires, soit par elle-même, soit par le sieur Grand ; — que, relativement à ces deux chefs, la Compagnie n'a pas fait connaître de règlements ni aucune clause du cahier des charges dont l'interprétation devrait être faite ; — qu'il y aurait lieu tout au plus de se prononcer sur l'exécution de ce cahier des charges ; que néanmoins ces deux demandes réunies tendraient à faire ordonner par le Tribunal des mesures générales réglementaires et de police qui ne peuvent être de sa compétence, demandes qui, dans tous les cas, ne devaient pas être portées devant le Tribunal de commerce de Langres; — qu'en conséquence, sur ces deux chefs, ce Tribunal aurait dû se déclarer incompétent;

En ce qui concerne le troisième chef des conclusions, relatif à la demande en dommages-intérêts : adoptant les motifs qui ont déterminé les premiers juges;

Et considérant, au surplus, que, la lettre de voiture étant un contrat entre l'expéditeur, le voiturier et le commissionnaire, celui-ci a le droit d'obtenir la délivrance des marchandises adressées aux négociants dont il est le mandataire; que cette délivrance de marchandises, dans ce cas, doit être assimilée à un payement; que les dispositions exceptionnelles de l'art. 420 du Code de procédure civile sont ici applicables, et qu'il y a lieu, sous ce rapport, de confirmer le jugement......

Par ces motifs,

La Cour, statuant sur l'appellation interjetée par la Compagnie du chemin de fer de l'Est du jugement rendu dans cette cause par le Tribunal de commerce de Langres le 10 mars 1859, met icelle et ce dont est appel à néant, en ce que les premiers juges se sont déclarés compétents relativement aux deux premiers chefs;

Réformant quant à ce, et par nouveau jugement,

Dit qu'il n'y sera pas statué au fond;

Ordonne que le surplus du jugement sortira effet.

Du 5 juillet 1859. — Cour imp. de Dijon. — 3e Ch. — Prés, M. Vullierod.

Art. 327.

Appel. — Saisie-arrêt. — Intervention. — Dommages-intérêts.

Lorsqu'à une demande dont le chiffre est inférieur à 1,500 fr. le demandeur joint une demande en dommages-intérêts qui, réunie à la première, excède le taux du premier ressort, le jugement est susceptible d'appel, lors même que les conclusions relatives aux dommages-intérêts n'ont été prises que postérieurement à l'intervention dans la cause d'un tiers dont la saisie-arrêt antérieure à l'assignation a motivé lesdites conclusions.

(Pacotte C. Blanc et Leroy.)

Le 15 avril 1859, jugement du Tribunal de commerce de Dijon ainsi conçu :

En fait, le sieur Nicolas Pacotte préten qu'à la date du 5 août 1858 il lui a été donné par le sieur Donce, associé au sieur Leroy, procuration pour la moitié indivise d'une imprimerie lithographique à Dijon, de régler les conditions, d'en toucher le prix et d'en donner décharge; qu'en vertu de ce mandat, il a, suivant acte sous seing privé en date du 1er septembre 1858, enregistré, vendu, au profit du sieur Leroy, moyennant le prix de 4,300 fr., la moitié du matériel et des marchandises de l'imprimerie dont s'agit, appartenant au sieur Donce; que cette somme a été payée par l'acquéreur, à l'acquit de Donce, entre les mains de divers créanciers de ce dernier, savoir : 2,085 fr. au notaire Besson; au sieur Colland, de Lisle, et au sieur Jouze, de Paris, et à lui, Pacotte, 2,215 fr., en qualité de créanciers de Donce, en vertu de titres souscrits à son profit, qu'il a remis immédiatement entre les mains de

Leroy ; que ce dernier s'est libéré vis-à-vis de lui, Pacotte,
au moyen d'une somme de 1,115 fr. versée comptant, avec
promesse de payer, avec intérêts, les 1,100 fr. restants au
1er mars 1859 ; que, conformément à son mandat, il a donné
décharge au sieur Leroy de la totalité du prix de vente ; qu'au
regard du vendeur Donce et de l'acquéreur Leroy, la vente a
été parfaite, que le prix en a été payé immédiatement et intégralement ; que quittance et décharge ont été données au sieur
Leroy : 1° par la remise des titres de créance souscrits par
Donce au profit de tiers et payés par l'acquéreur ; 2° par la
décharge contenue en l'acte du 1er septembre 1858.

C'est en raison de ces circonstances que le sieur Pacotte,
en qualité de mandataire du sieur Donce, a, par exploit du
16 mars 1859, fait assigner par-devant le Tribunal de cette
ville le sieur Auguste Leroy en condamnation au payement
d'une somme de 1,100 fr. qu'il doit suivant l'acte du 1er septembre 1858 dont il a été parlé.

Par le même exploit, le demandeur réclame encore au défendeur les intérêts de cette somme à compter du jour de la
demande en justice, et les dépens de l'instance. .....

Considérant que, par procuration authentique passée devant Me Bourgeois, notaire à Lyon, le 5 août 1858, enregistrée, le sieur Donce a donné à Pacotte pouvoir de liquider la
société qui existait entre lui et Leroy, vendre le matériel et le
fonds de commerce de la société, en toucher le prix, ainsi
que le montant des créances appartenant à ladite société ; qu'il
lui donnait, en outre, pouvoir de consentir toute cession et
subrogation, ainsi que donner décharge ;

Considérant que, par acte sous seings privés en date, à Dijon,
du 1er septembre 1858, enregistré en ladite ville le 4 dudit
mois de septembre, le sieur Pacotte, agissant en qualité de
mandataire de Donce, a vendu à Leroy la moitié de l'actif
social ;

Considérant qu'à l'article 2 de cet acte il est dit que cette vente a été faite moyennant le prix de 4,300 fr. que Leroy a payée à divers créanciers de Donce pour une somme de 2,085 f., et jusqu'à concurrence de 2,215 fr. à lui, Pacotte, en sa qualité de créancier de pareille somme sur Donce, ainsi qu'il résulte des titres souscrits à son profit par ledit Donce, et qu'il remet entre les mains de Leroy, qui les acquitte;

Considérant qu'au même acte, Pacotte, en son nom personnel, déclare n'avoir reçu réellement que 1,115 fr. en espèces, et que, pour les 1,100 fr. restants, Leroy s'engage à les payer le 1er mars 1859 avec intérêts à 5 0/0; qu'ainsi l'allégation du payement intégral par Leroy du prix de la vente par lui consentie se trouve contredite par cette déclaration de Pacotte et par l'engagement pris par le débiteur en conséquence de cette déclaration;

Considérant que le sieur Blanc, qui avait fait saisir-arrêter entre les mains de Leroy toutes les sommes qu'il pouvait devoir à Donce, a été mis en cause par ce dernier, et qu'il a déclaré intervenir dans l'instance;

Considérant que Pacotte n'a agi, dans l'acte du 1er septembre, qu'en vertu de la procuration du 5 août, et seulement comme mandataire de Donce, ainsi qu'il est expliqué aux qualités dudit acte;

Considérant que le cessionnaire n'est saisi à l'égard des tiers que par la signification faite au débiteur, ou par l'acceptation qui en est faite par ce dernier dans un acte authentique;

Considérant que la novation par substitution d'un nouveau créancier à l'ancien ne saurait être valable au regard des tiers, et peut être attaquée par eux quand elle a été faite irrégulièrement;

Considérant que Blanc, créancier présumé de Donce, a le droit de demander l'annulation d'un acte qui porte préjudice à ses droits;

Considérant que, Pacotte succombant, il n'y a pas lieu d'examiner sa demande en dommages-intérêts;

Considérant que Leroy offre de remettre à Pacotte les titres à lui remis, ainsi qu'il est mentionné en l'acte du 1er septembre 1858 ;

Considérant que Blanc requiert acte des réserves par lui faites de demander la nullité de la clause de cet acte qui a attribué des sommes dues à une partie des créanciers de Donce......

Par ces motifs,

LE TRIBUNAL, jugeant publiquement et en premier ressort, donne défaut contre le sieur Donce, non comparant ni personne pour lui, et reçoit le sieur Blanc intervenant dans l'instance pendante entre Pacotte et Leroy ;

Statuant au fond, déclare au besoin nulle et de nul effet la clause de l'acte du 1er septembre 1858 par laquelle Pacotte s'est délégué le prix de la vente faite à Leroy en ce qui concerne la somme de 1,100 fr. payable le 1er mars 1859 ; en conséquence, déclare que ledit sieur Pacotte n'en est pas propriétaire ;

Donne acte à Leroy de ce qu'il déclare être prêt à payer ladite somme de 1,100 fr. entre les mains de qui par justice sera ordonné, et encore à rendre à Pacotte les titres de sa créance sur Donce à lui remis le 1er septembre 1858 ;

Déclare le présent jugement commun avec le sieur Blanc ; donne acte à ce dernier des réserves par lui faites de demander la nullité de la clause de l'acte du 1er septembre 1858 qui a attribué à quelques-uns des créanciers de Donce une partie des sommes dues et payées par Leroy ; — renvoie Leroy des demandes formées contre lui ; — et condamne Pacotte en tous les dépens de l'instance.

Appel fut interjeté par Pacotte.

A cet appel, l'un des intimés, le sieur Blanc, opposait a fin de non-recevoir suivante :

Aux termes de l'art. 1er de la loi du 11 avril 1838, la compétence des tribunaux en premier ou en dernier ressort est déterminée par le montant de la demande en principal. Les demandes accessoires ne s'ajoutent pas à la somme objet de la demande principale, pour déterminer la compétence ; elles en suivent le sort. Les demandes en dommages-intérêts ne sont principales que si elles ont une cause antérieure à l'introduction de l'instance. Mais elles sont accessoires et ne doivent pas être comptées pour fixer la compétence, si elles ont une cause postérieure. Or, en fait, le sieur Pacotte, dans son exploit introductif d'instance, réclamait au sieur Leroy une somme principale de 1,100 fr. Ainsi cette demande rentrait dans la compétence en dernier ressort du Tribunal de commerce. Ce n'est qu'après la mise en cause et l'intervention de Blanc que le sieur Pacotte a demandé la somme de 500 fr. à titre de dommages-intérêts, tant contre Blanc que contre Leroy. D'après les termes mêmes de ses conclusions, il est constant que les dommages-intérêts réclamés par Pacotte étaient fondés sur la mise en cause et l'intervention de Blanc. Dès lors cette demande en dommages-intérêts, n'ayant pas une cause antérieure au procès, ne constitue qu'une demande accessoire qui ne doit pas être comptée pour fixer le taux de la compétence.

ARRÊT.

Sur la 1re question : considérant que Blanc oppose à l'appelant une fin de non-recevoir fondée sur ce que le chiffre de la demande ne dépasserait pas le taux du dernier ressort ; — qu'il soutient qu'une somme de 500 fr. demandée par Pacotte à titre de dommages-intérêts ne doit pas être mise en ligne de compte pour déterminer le taux du litige; que la question à décider est celle de savoir si ces dommages-intérêts doivent être réputés accessoires à la demande, ou s'ils forment eux-mêmes une demande principale ; — qu'il est constant, en droit, que lorsque les dommages-intérêts sont fondés sur la demande elle-même, ou sont demandés reconventionnellement en s'appuyant sur la demande principale, ils ne doivent être réputés qu'accessoires, et ne peuvent être comptés pour déterminer le taux du premier ou du dernier ressort ; — qu'au contraire, s'ils ont une cause spéciale antérieure à l'exploit introductif d'instance, on doit les considérer comme formant une demande principale dont le chiffre doit être compté ;

Considérant, en fait, que les dommages-intérêts sont demandés par le motif que Blanc aurait, antérieurement à l'assignation donnée par Pacotte, pratiqué une saisie-arrêt sur Leroy ;. — qu'à la vérité, les conclusions relatives à la demande de ces dommages-intérêts n'ont été prises que postérieurement à l'intervention de Blanc dans la cause ; — que cette intervention a bien révélé à Pacotte l'existence de la saisie; que la demande des dommages-intérêts n'est pas occasionnée par l'intervention, mais par la saisie elle-même ; — qu'en effet, si Pacotte avait eu connaissance de cette saisie, il aurait pu prendre les mêmes conclusions en appelant dans la cause Ernest Blanc ; — qu'en conséquence, la somme de 500 francs doit entrer dans l'appréciation de la valeur du litige, ce qui rend la fin de non-recevoir inadmissible.

Par ces motifs, etc.

Du 2 août 1859. — Cour imp. de Dijon. — 3e Ch. — Prés., M. Vullierod.

Art. 328.

Vol. — Objets perdus ou déposés. — Chemin public.

La disposition de l'art. 383 du Code pénal n'est pas applicable au cas de vol d'objets perdus ou déposés sur les routes ou chemins publics,

(Ministère public C. Dubost.)

Considérant que, sur le chemin de Chauffailles à Laclayette, le prévenu s'empara de six mouchoirs qui se trouvaient soit sur le chemin, soit sur une haie contiguë, et dont le propriétaire est jusqu'alors resté inconnu ;

Considérant, relativement à la circonstance aggravante de *chemin public* relevée dans l'ordonnance du juge d'instruction, que l'article 383 du Code pénal a eu pour objet la sécurité des voyageurs et des marchandises circulant sur les routes ou chemins publics, mais que cet article ne saurait s'appliquer au cas de vol d'objets perdus ou déposés sur ces routes ou chemins ; que dès lors c'est le cas de retrancher cette circonstance, et par suite de renvoyer Dubost, à raison de ce vol, par-devant la juridiction correctionnelle.

La Cour, etc.

Du 4 août 1859. — Cour imp. de Dijon. — Ch. d'accus. — Prés., M. Legoux.

Art. 329.

Eau (cours d') — Étang. — Endiguement. — Dommages. — Prescription.

Le propriétaire d'un étang, qui, voulant mettre cet étang en
culture pendant l'été, détourne de son cours naturel le
ruisseau qui le traverse, et l'endigue dans un canal de dé-
rivation, en resserre et maintient ainsi les eaux de manière
à les faire refluer et à causer des dommages aux propriétés
situées en amont, doit être condamné à détruire le susdit
canal, et à rendre les eaux à leur cours naturel, à moins
qu'il ne préfère se conformer aux mesures nécessaires pour
prévenir toute inondation: le tout sans préjudice des dom-
mages-intérêts pour réparation des pertes de récoltes et dé-
tériorations du sol occasionnées par les eaux.

L'action en dommages-intérêts relative aux récoltes ne peut
dans ce cas être repoussée par la prescription édictée par
les art. 637 et 638 C. inst. crim.

(De Parabert C. Gonin.)

Le sieur Gonin est propriétaire d'environ 5 hectares
50 ares de prés situés sur le territoire d'Auroux et de
Saint-Christophe en Bresse, au lieu dit le Rouilly, et riverains de deux cours d'eau qui se réunissent au-dessous
de ces prés, se jettent ensuite dans l'étang de Saint-Germain, et mettent en mouvement le moulin situé au bas
de cet étang et appartenant, ainsi que l'étang, à M. de
Saucy de Parabert. Au-dessus de ces pièces et les joignant, se trouvent des terres labourables appartenant
également à M. Gonin. Ce dernier prétendit que depuis

un certain nombre d'années, et afin d'assurer l'alimentation du moulin, et d'une autre part de pouvoir conserver l'étang en culture et en tirer un plus grand produit, le propriétaire de ces moulin et étang avait fait creuser un canal de dérivation dans lequel ces eaux, qui devraient naturellement se rendre dans l'étang, où elles trouveraient un large débouché, étaient resserrées et maintenues à une trop grande hauteur, malgré les plaintes des propriétaires riverains ; que ces eaux, détournées de leur cours naturel, et dont l'écoulement était encore arrêté par des vannages insuffisants et des hausses mobiles qui en élevaient abusivement le niveau, refluaient sur les terres et prairies situées en amont, endommageaient les récoltes et altéraient la qualité du sol.

À raison de ces faits, Gonin forma contre M. de Saucy de Parabert et le sieur Lampe, fermier, devant le Tribunal civil de Chalon, une demande ayant pour but : 1° de faire ordonner la suppression du canal de dérivation, afin de rendre les eaux à leur cours naturel ; 2° de faire ordonner la vérification par experts du point de savoir si les eaux n'étaient pas maintenues à une hauteur nuisible pour les propriétés riveraines situées en amont, et si le moulin était muni de vannages, déversoirs et autres ouvrages suffisants pour assurer l'écoulement de ces eaux ; 3° enfin, pour faire condamner les deux défendeurs à payer au sieur Gonin la somme de 10,000 fr. à titre de dommages-intérêts pour réparation du préjudice résultant de la détérioration ou perte de récoltes sur les propriétés, et de plus 6,000 fr. de dommages-intérêts pour dépréciation du sol.

Un jugement du 15 juillet 1857 nomma trois experts pour procéder à la visite et constatation des lieux, à l'effet de reconnaître : 1° si toutes les conditions prescrites par l'arrêté de l'autorité administrative du 6 septembre 1793, afin d'assurer l'écoulement des eaux, d'en fixer la hauteur et de prévenir les inondations des propriétés voisines, ont été respectées, et dans le cas contraire, de décrire quelles sont les dérogations à cet arrêté auxquelles aurait pu se livrer M. de Parabert, avec les indications des moyens propres à y remédier ; 2° si les modifications qui ont été apportées à l'ancien état des lieux ont eu pour effet d'élever le niveau des eaux fixé par l'arrêté, si le cours des eaux se trouve entravé par les entreprises du propriétaire de l'étang, et notamment par un grillage à poissons placé en amont du cours d'eau; si, tant à raison des dérogations à l'arrêté qu'ensuite des changements opérés, il est résulté un dommage quelconque, et dans ce cas en déterminer le montant, etc.

Les experts remplirent leur mission.

Jugement du Tribunal civil de Chalon, en date du 2 mars 1859, dont voici la teneur :

Attendu que la difficulté du procès repose uniquement sur le point de savoir si le défendeur, en apportant des modifications dans l'écoulement des eaux qui alimentent son étang, a causé quelque préjudice aux héritages du demandeur, et si, en se livrant à son entreprise, il a transgressé la limite des droits que la loi impose à tout propriétaire dont le fonds est assujetti à recevoir les eaux supérieures ;

Attendu qu'en fait le régime des eaux de l'étang établi le 8 septembre 1793 par l'autorité administrative s'est maintenu jusqu'en 1852, époque à laquelle le défendeur, afin de mettre le sol de son étang en culture pendant l'été, a supprimé l'écoulement naturel des eaux qui s'opérait dans le lit même de

l'étang, et, pour y subvenir, a creusé un canal latéral de dérivation ;

Attendu que, s'expliquant sur les conséquences de ce changement, les experts ont reconnu qu'il n'existait pas de preuves
suffisantes pour déclarer que le niveau des eaux avait été
surélevé au moyen d'une dérogation aux conditions indiquées
pour en assurer la décharge ; mais ils n'ont pas hésité à reconnaître que l'état dans lequel les choses avaient été mises par le
propriétaire de l'étang n'offrait plus aux eaux des moyens
suffisants d'écoulement, et qu'il fallait y pourvoir à l'aide des
mesures qu'ils ont indiquées ; puis, sur la question des dommages éprouvés par le demandeur, ils en ont fixé le montant
tant sous le rapport de la perte des récoltes que sous celui de
la détérioration du sol ;

Attendu que, pour repousser l'effet des condamnations que le
demandeur fait naturellement dériver des appréciations des experts, le défendeur soutient en premier lieu que les changements
qu'il a opérés dans sa propriété sont licites ; que les propriétaires voisins, lors même qu'ils en éprouveraient du préjudice,
n'ont pas le droit de s'en plaindre ; et qu'enfin, si leurs héritages sont inondés, c'est à la suite d'un droit de servitude acquis au défendeur par l'effet d'une possession de plus de trente
années, et dont ils ne sont pas susceptibles de pouvoir s'affranchir ;

Attendu que s'il est vrai, en principe, que le propriétaire
d'un fonds traversé par une eau courante soit libre d'en diriger
le cours ainsi qu'il lui convient, à la charge de la rendre à la
sortie de son fonds à son cours ordinaire, c'est à la condition
que, conformément aux principes de justice consacrés par
l'article 640 du Code Napoléon, il n'en résultera aucune entrave
à l'écoulement des eaux, et par conséquent, ni cause d'inondation, ni préjudice pour les propriétés voisines ; que s'il est
vrai également que tout propriétaire a le droit de prendre
toutes les mesures qu'il juge propres à défendre ses propriétés
contre l'envahissement des eaux, c'est à la condition qu'il res-

pectera le lit que le cours des eaux s'est naturellement creusé; et
que s'il en élève les rives, il n'en résultera aucun rétrécissement
de l'espace consacré à l'écoulement des eaux, de telle sorte
que cet écoulement n'en éprouve ni retard ni empêchement ;

Mais attendu, d'une part, que les experts constatent que les
eaux provenant des biez supérieurs, et qui étaient autrefois
débitées par l'étang, ne peuvent plus l'être aujourd'hui par
le canal de dérivation seul, dont les dimensions ne suffisent pas
à l'écoulement des eaux supérieures, et que, d'une autre part,
l'étang qui, dans son vaste développement, était le lit naturel
du cours d'eau, a été mis à sec, puis remplacé, comme moyen
d'écoulement par un canal, non pas dans le but de prévenir les
inondations, mais uniquement pour tirer un plus grand profit
de la propriété, il en résulte que le propriétaire de l'étang a
outrepassé les limites de ses droits lorsqu'il s'est livré aux
innovations qui lui sont reprochées, et que ceux qui en
éprouvent des dommages sont bien fondés à s'en plaindre ;

Attendu qu'en dernière analyse le défendeur oppose à l'action
qui lui est intentée l'exception résultant de la prescription qu'il
fonde sur l'existence plus que trentenaire de certains ouvrages auxquels, selon lui, il n'est plus permis de toucher; mais
que cette exception, qui serait parfaitement fondée en tout ce
qui touche à l'état des choses réglé par l'arrêté du 8 septembre
1793, si cet état des choses avait été religieusement respecté,
ne saurait plus être accueillie du moment qu'il est avéré que
depuis un laps de temps insuffisant pour prescrire il y a été
apporté des changements qui en modifient tout le système.
Ainsi le propriétaire d'un étang peut avoir, à titre de servitude, le droit d'inonder les propriétés voisines, et ce droit
peut s'acquérir par prescription, mais à la condition que la
cause qui a déterminé l'exhaussement des eaux aura existé
pendant plus de 30 années; et comme, dans le cas particulier,
ce n'est que depuis 1832 que le canal qui nuit à l'écoulement
des eaux a été établi, il en résulte que, le temps voulu pour la

prescription n'étant pas atteint, le défendeur ne peut pas se prévaloir de ce moyen pour prétendre soit à l'acquisition, soit à l'aggravation de la servitude ;

Attendu que, d'après ces considérations, le défendeur doit être tenu, ainsi que le demande le sieur Gonin, ou de détruire le canal de dérivation qu'il a établi en 1832, ou de se soumettre aux mesures prescrites par les experts pour mettre un terme aux inconvénients qui motivent la plainte; qu'à cet égard, les experts exposent différents systèmes qui tous, d'ailleurs, paraissent suffisants pour atteindre le but proposé; en sorte que la justice, puisque le demandeur ne s'est pas appliqué à préconiser l'un des systèmes sur l'autre, et que les parties n'ont élevé aucune discussion sur ce point, conciliera tous les intérêts en autorisant celui de ces systèmes qui conviendra le mieux au défendeur, soit qu'il émane de l'unanimité ou seulement de quelques-uns des experts;

Attendu, quant aux dommages-intérêts, que les experts évaluent à la somme de 171 fr. les pertes annuelles des récoltes, et à 540 fr. les détériorations du sol; que le défendeur, se prévalant des dispositions des art 637 et 638 C. instr. crim., soutient que, par suite de la prescription qu'il oppose à la demande, il ne peut être tenu de payer plus de trois années avant l'introduction de l'instance pour les dommages causés aux récoltes ; que cette exception serait parfaitement fondée si le fait qu'on reproche au défendeur constituait un délit, mais qu'il n'est pas possible d'assigner un caractère délictueux à l'action qui consiste à disposer ses propriétés de manière à les rendre plus productives; qu'en accomplissant son œuvre de bonne foi, le sieur de Saucy n'a jamais eu l'intention de déroger en rien ni aux prescriptions de la loi, ni à celles qui lui étaient imposées par l'arrêté du 8 septembre 1793 ; qu'il en a, au contraire, respecté les dispositions, et que notamment, il n'a point élevé le niveau des eaux en exhaussant le déversoir ou les empellements de son usine : de telle sorte que, ne s'agissant pas d'un fait punissable suivant la loi pénale, les articles invoqués ne sauraient être appliqués ;

Attendu, quant au fermier Lampe, que, malgré les justifications qu'a pu faire le demandeur, les experts n'ont pu admettre qu'il fût suffisamment établi qu'en aucun temps des inondations dommageables pour les héritages voisins aient été provoquées par des faits qui lui soient imputables : d'où il suit qu'il y a lieu de le renvoyer d'instance, en mettant à la charge du demandeur les dépens en ce qui le concerne :

Par ces motifs,

Le Tribunal, sans avoir égard aux divers moyens d'exception invoqués par le défendeur, et en homologuant purement et simplement le rapport des experts dans toutes les parties relatives au défendeur, pour être gardé et suivi dans toutes ses dispositions, ordonne que, dans le délai de trois mois à partir du jour de la signification du présent jugement, ledit défendeur sera tenu de détruire le canal de dérivation par lui établi en 1832, et de rendre les eaux à leur cours naturel, ainsi qu'il existait au 8 septembre 1793, si mieux n'aime ledit défendeur se conformer dans le même délai aux mesures prescrites par lesdits experts pour prévenir les inondations, en adoptant celui des systèmes énoncés dans le rapport qui lui conviendra le mieux, soit qu'il repose sur l'avis unanime des experts, ou sur celui de quelques-uns d'entre eux ; sinon, et passé ledit délai, le condamne dès à présent comme dès lors en 5 fr. de dommages-intérêts par chaque jour de retard ; et dans le cas où l'année viendrait à s'écouler sans que les mesures prescrites aient été accomplies, dit qu'il sera fait droit ; Statuant sur les dommages-intérêts, condamne le défendeur à payer au demandeur la somme de 4,446 fr. pour pertes annuelles des récoltes antérieures à la demande, et en outre à la somme annuelle de 171 fr. à partir de la demande jusqu'à l'accomplissement des mesures ci-dessus indiquées ; le condamne, en outre, en 340 fr. pour détérioration du sol, aussi avec intérêts à compter de la demande.

Appel de la part de M. de Saucy de Parabert.

L'appelant soutient que, le canal de dérivation étant reconnu suffisant hors les temps de crue et lorsque les eaux sont renfermées dans leur lit naturel, l'élévation des rives uniquement pour se préserver des inondations est un fait très-licite.

Selon l'intimé, dit l'appelant, le lit naturel du ruisseau, le bassin créé par la nature pour recevoir et contenir ses eaux, c'était l'étang; j'aurais de l'étang fait une terre arable, supprimé le bassin, et, au lit large et profond par lequel les eaux s'étaient écoulées de toute ancienneté, substitué un lit étroit, élevé, et qui suffit à peine à en débiter le tiers. Rien n'est plus inexact. Il n'est pas vrai que de l'étang il ait été fait une terre arable. De temps immémorial, et suivant les usages de Bresse, il en a toujours été ainsi, et le grand étang de Saint-Germain a toujours alternativement été tenu en eau et en culture.

Le régime en eau est le moins favorable aux riverains. En effet, la superficie de l'étang occupée à l'avance par une masse d'eau considérable retenue à la hauteur fixée par l'administration, il ne reste plus de bassin vide créé par la nature pour recevoir et contenir les eaux.

D'une autre part, là où il existe un lit naturel parfaitement tracé au milieu de l'étang, soutenir que la superficie tout entière du même étang doit, en cas d'inondation, servir d'annexe au lit naturel, c'est se mettre en contradiction avec les principes les plus élémentaires du droit tant ancien que nouveau. Une loi du livre XLIII des Pandectes est, en effet, ainsi conçue : *Ripa autem ita recte definitur : id quod flumen continet, naturalem rigorem cursus sui tenens; cæterum, si quando vel imbribus, vel mari, vel qua alia ratione ad tempus excrevit, ripas non mutat. Nemo denique dixit Nilum, qui incremento suo Ægyptum operit, ripas suas mutare vel ampliare; nam, cum ad perpetuam sui mensuram redierit, ripæ alvei ejus muniendæ sunt.* Pénétré de cette doctrine, Chardon, dans son *Traité de l'Alluvion*, p. 344, n° 201, établit très-bien que les propriétaires riverains d'un cours d'eau ont le droit de faire « tous les ouvrages qu'ils jugent propres à garantir leurs propriétés des désastres d'un débordement, soit *en élevant le terrain jusqu'au bord de la rive*, soit par des digues, des chaussées ou des murs construits sur leur propre sol et hors du lit du cours d'eau. »

Tous les textes de droit romain que l'on peut citer, dit l'appelant, ont uniquement trait aux obstacles qui pourraient être apportés à l'écoulement des eaux et qui auraient été créés dans le lit même d'une rivière. Toute équivoque est levée par le texte suivant : *In flumine publico factum accipere debemus quidquid in aqua fiat ; nam, si quid extra factum sit, non est in flumine factum, et quod in ripa fiat non videtur in flumine factum.*

De tout cela, poursuit l'appelant, il résulte que j'ai été parfaitement fondé à mettre les cultures de mes terres à l'abri des inondations. Il ne serait pas moins contraire à l'intérêt général qu'à l'intérêt privé que ces mêmes terres fussent à tout jamais vouées à la stérilité dans l'intérêt d'autres propriétés de même nature, qui du reste peuvent être protégées par des moyens semblables.

Pour l'intimé, on répond :

En droit, aux termes de l'art. 640 C. N., le propriétaire

inférieur ne peut rien faire qui empêche l'écoulement naturel des eaux. Ce mode d'écoulement constitue même au profit des riverains une servitude à laquelle il est interdit par l'art. 708 de porter atteinte. D'après les articles 701 et 702, il ne peut être apporté à l'état des fonds dominant ou servant aucun changement qui aggrave l'exercice des servitudes dont ils sont respectivement grevés.

En fait, l'appelant, en 1832, voulant mettre en culture pendant l'été l'étang de Saint-Germain lui appartenant, a détourné de son cours naturel le ruisseau qui le traverse de toute ancienneté, et l'a endigué dans un canal de dérivation créé sur le flanc occidental du coteau. Il a été constaté par les experts : « qu'en temps de crues, les eaux, qui avant l'ouverture du canal de dérivation étaient naturellement débitées par l'étang, ne peuvent plus l'être maintenant par ce canal seul, dont les dimensions ne correspondent qu'aux deux tiers du cube d'eau qui y arrive, et qui a encore en tête un pertuis grillé dont le très-fort étranglement retarde considérablement la vitesse des eaux. »

Les experts constatent en outre que, depuis la création de ce canal, les prairies supérieures appartenant à l'intimé ont été périodiquement inondées, et qu'il a éprouvé des dommages qu'ils ont reconnus et estimés. Ce nouvel œuvre, qui remonte à moins de 30 ans, existe ainsi au mépris des dispositions des art. 640 et 708 précités.

Ce canal est devenu d'autant plus dommageable, qu'il est venu fermer un profond et vaste bassin de 40 hectares à des ruisseaux dont le cours est doublement barré :

14

en tête de l'étang par la chaussée du moulin, à la queue par un pertuis grillé qui n'offre à ces deux ruisseaux, larges chacun de 4 mètres et alors réunis, qu'un débouché réel de 1 mètre 45 centimètres.

Si, à l'aide du prétendu règlement de son moulin, l'appelant revendique le droit de tenir les eaux à une hauteur telle qu'elles submergent les prés de l'intimé sur une étendue de 2 hectares et affleurent leur surface sur une étendue de 30 ares; s'il prétend encore avoir acquis par prescription le droit d'intercepter presque complétement le cours des deux ruisseaux par la digue et le pertuis grillé qui existent à la queue de l'étang, et qui, d'après les experts, constituent un véritable barrage, ces servitudes si onéreuses et si dommageables, contre lesquelles il est fait toute réserve de se pourvoir administrativement, n'ont pu être aggravées en enlevant aux eaux ainsi retenues leur lit et leur réservoir naturel, qui étaient l'étang. Ainsi, soit en conformité des art. 640 et 708, soit en conformité des articles 701 et 702, la destruction du canal a été justement ordonnée : vainement, pour justifier le déplacement du lit du ruisseau, l'appelant se prévaut-il de l'article 644 Code Napoléon. Les dispositions de cet article, édictées dans l'intérêt de l'agriculture, sont spéciales au cas d'irrigation, et ce n'est pas dans ce but qu'a été créé le canal de dérivation. Plus vainement encore il prétendrait que, le canal suffisant à l'écoulement des eaux en temps normal, il n'a fait qu'user de son droit en protégeant ses fonds contre les crues accidentelles des ruisseaux. S'il est vrai qu'il soit permis de faire des travaux défensifs le long des rives des fleuves et rivières, il est interdit de toucher à leur lit, de le déplacer, ou d'y faire des travaux offensifs nuisibles à autrui. Sur ce point, la doctrine et la jurisprudence enseignent que les travaux d'endiguement ne sauraient être maintenus qu'autant qu'ils ne sont pas dommageables.

ARRÊT.

Sur la première question, adoptant les motifs des premiers juges,

La Cour, etc.

Du 26 août 1859. — C. imp. de Dijon. — 1re Ch. — Prés., M. de Lacuisine.

—————

Art. 330.

Exécution provisoire. — Acte sous seing privé. — Cautions. — Acte authentique. — Débiteur principal.

Lorsqu'une action est intentée contre plusieurs personnes, en vertu d'un titre sous seing privé, dans le but de les faire condamner comme cautions solidaires, il n'y a pas lieu d'accorder l'exécution provisoire et sans caution, bien que l'obligation principale soit constatée par un titre authentique et que le débiteur ait été poursuivi et exécuté dans ses biens en vertu de cet acte.

(Lacomme C. Belin-Jouan.)

Considérant, sur la deuxième question, que l'obligation principale est bien constatée par un titre authentique, que le débiteur a été poursuivi et exécuté dans ses biens en vertu de cet acte ; mais que l'action intentée et dirigée contre les consorts Lacomme a pour objet de les faire condamner comme cautions solidaires en vertu d'un titre sous seing privé ; que les dispositions de l'art. 135 du Code de procédure civile ne sont donc point applicables à la cause, et que dès lors il n'y a pas lieu d'accorder l'exécution provisoire de l'arrêt :

Par ces motifs, etc.

Du 19 juillet 1859. — C. imp. de Dijon. — 3ᵉ Ch. — Prés., M. Vullierod.

Art. 331.

Appel. — Compte. — Recevabilité.

Est susceptible d'appel le jugement statuant sur un compte, lors même que le reliquat a été fixé par le demandeur à une somme qui rentre dans les limites du dernier ressort.

Est également recevable l'appel formé contre un jugement qui ordonne un compte, alors que les parties sont divisées sur l'existence d'un mandat opposé par le demandeur comme base de son action.

(Morin C. Pugeault.)

Considérant, sur la première question, et en ce qui touche la fin de non-recevoir proposée contre l'appel, résultant de ce que le Tribunal civil aurait statué sur un compte dont le reliquat avait été fixé par le demandeur à la somme de 591 fr. 96 ; que, ce reliquat n'étant pas invariable, mais subordonné aux débats du compte à ordonner, les premiers juges se trouvaient ainsi saisis d'une demande indéterminée qui échappait à leur juridiction souveraine ;

Considérant, en ce qui touche la fin de non-recevoir pro-

posée contre le même appel, en ce que le jugement qui a ordonné le compte constituerait un simple préparatoire, que, les
parties étant divisées sur l'existence du mandat opposé par
Pugeault à Morin comme base de l'action exercée contre ce
dernier, les premiers juges, en ordonnant que les parties en-
treraient en compte devant un commissaire, ont préjugé
l'existence et la validité de ce mandat, et qu'ainsi ils n'ont pu
y statuer qu'en premier ressort :

Par ces motifs,

La Cour, etc.

Du 24 août 1859. — C. imp. de Dijon. — 1re Ch. —
Prés., M. de Lacuisine.

Art. 332.

Référé. — Saisie-arrêt. — Demande en mainlevée. — Incompétence.

Le juge des référés est incompétent RATIONE MATERIÆ *pour statuer sur une demande en mainlevée formée en matière de saisie-arrêt par la partie saisie.*

(Femme Montlaville C. Montlaville.)

Considérant, sur la première question, que lors même que
la saisie-arrêt pratiquée à requête de la dame de Chapuis-
Montlaville, née Bastide, entre les mains des locataires de
l'hôtel de l'Europe à Saint-Etienne, qui lui a été constitué en
dot, n'aurait pas procédé en vertu d'une permission du juge,
ainsi qu'on le soutient dans la cause, cet acte conservatoire
serait régulier par cela seul qu'il se référerait à son contrat de
mariage, qui, aux termes de l'art. 557 Code procédure civile,
l'autorisait à faire pratiquer cette saisie pour la conservation

des sommes qui, par ce contrat, la constitueraient créancière de son mari ;

Considérant qu'il est de principe fondé sur l'économie et la lettre de la loi, que l'art. 806 Code procédure civile, qui autorise le président d'un tribunal de première instance à statuer provisoirement, en référé, sur les difficultés relatives à l'exécution d'un titre exécutoire ou d'un jugement, quelque généraux qu'en semblent les termes, reste sans application aux demandes en validité ou en mainlevée formées en matière de saisie-arrêt par la partie saisie, lesquelles l'art. 567 du même Code veut, par des dispositions expresses et restrictives du précédent, qu'elles soient portées devant le Tribunal du domicile de la partie saisie : d'où il suit que le président du Tribunal de Mâcon n'a pu, sans excès de pouvoir, s'attribuer exclusivement une juridiction qui appartenait au Tribunal entier, et rendre à lui seul une décision qui pouvait, par une mainlevée, porter dommage aux droits d'une des parties ;

Qu'ainsi l'ordonnance que ce magistrat a rendue au fond sur cette demande, doit être annulée comme procédant de juge incompétent *ratione materiæ* ;

. . . .

Par ces motifs,

La Cour, faisant droit sur l'appellation interjetée par la dame Chapuis-Montlaville,

Annule, pour cause d'incompétence *ratione materiæ*, l'ordonnance sur référé rendue le 12 juillet 1859 par M. Siraudin, juge au Tribunal civil de Mâcon, remplaçant le président dudit Tribunal et le juge plus ancien, tous deux empêchés.

Du 25 août 1859. — C. imp. de Dijon. — 1re Ch. — Prés., M. de Lacuisine.

Communauté. — Réalisation. — Créances de la femme. — Mari. — Cession. — Nullité.

Le mari ne peut céder les créances appartenant à la femme et qu'elle a exclues de la communauté.

Il n'y a aucune distinction à faire à cet égard entre la partie de la créance échue au moment du transport et celle à échoir postérieurement.

(Meusy C. Rigolot et autres.)

Jugement du Tribunal civil de Chaumont, dans lequel on lit ce qui suit :

Considérant que la reconnaissance de 50,000 fr. en date du 18 octobre 1841, enregistrée et visée pour timbre à Chaumont le 7 décembre 1858, dont la réclamation fait l'objet du procès, est souscrite par les mariés Jacquinot au profit de Clémence-Marguerite-Hélie, leur fille et belle-fille, en son nom personnel, et antérieurement à son mariage : d'où il suit que, soit que cette reconnaissance soit la représentation de la dot promise, soit qu'elle soit une obligation particulière à la femme, il n'en est pas moins vrai qu'elle constitue une créance personnelle de cette dernière ;

Considérant qu'aux termes de l'art. 4 du contrat de mariage de la femme Rigolot du même jour 18 octobre 1841, elle s'est constitué en dot un trousseau de 5,000 fr. et une somme de 50,000 fr.; mais que par l'art. 5 elle a exclu de la communauté tous ses apports, à l'exception d'une somme de 500 fr.: le surplus, est-il dit, n'entrera point en communauté ; et s'il y a lieu, les reprises, remplois et indemnités en seront faits de la manière prévue par la loi ;

Considérant qu'au dos du billet de 50,000 fr. dont il vient d'être parlé, il est écrit : Passé à M. Meusy-Delaunoy, valeur en compte du 18 octobre 1841. Le 18 octobre 1842. Signé Rigolot.

Et qu'encore bien que ce billet ne fût pas négociable par voie d'endossement, cependant Meusy se prétend cessionnaire de cette valeur, et refuse de la restituer à la damé Rigolot, au profit de laquelle elle est souscrite ;

Considérant que la question principale et qui domine le procès, est celle de savoir si Rigolot a pu céder, sans le concours de sa femme, une créance personnelle à celle-ci et exclue de la communauté par la clause de réalisation ci-dessus rapportée ; — qu'il résulte des dispositions combinées des art. 1531 et 1532 Code Nap., qu'à l'égard des biens exclus de la communauté, soit meubles, soit immeubles, le mari n'en conserve que l'administration, et que ce n'est qu'à l'égard des valeurs mobilières dont on ne peut faire usage sans les consommer, que le mari en prend charge d'après inventaire pour en rendre le prix conformément à l'estimation ; — qu'il suit de l'application de ces dispositions que le mari, en ce qui concerne les biens meubles appartenant à la femme et exclus de la communauté, a seulement la disposition des valeurs fongibles, mais qu'à l'égard des autres valeurs mobilières, il n'en a que l'administration ; que cette interprétation des art. 1531 et 1532 Code Nap. est d'ailleurs pleinement confirmée par les dispositions de l'art. 1595 du même Code, qui, permettant la vente et cession entre époux dans trois cas seulement, et notamment 2° celui où la cession que le mari fait à sa femme de valeurs mobilières, une créance hypothécaire par exemple, en remploi d'autres deniers à elle appartenant, a entendu sanctionner une négociation sérieuse ayant pour objet de conférer à la femme la propriété de la chose cédée ; et que cependant, en admettant le système qui aurait pour résultat de rendre le mari maître absolu de tous les biens mobiliers de la femme, il s'ensuivrait qu'après avoir cédé à sa femme à titre de remploi une valeur mobilière quelconque, mais non fongible, le mari, comme chef de la communauté, pourrait le lendemain disposer de la même valeur sans le concours de la femme et nonobstant la cession par lui consentie; qu'il suffit de faire ressortir cette conséquence pour en démontrer l'inadmissibilité et justifier l'interprétation admise ci-dessus, à savoir que le mari ne peut aliéner sans le concours de sa femme les créances personnelles de celle-ci exclues de la communauté;

Que la conséquence de ces principes, c'est que Rigolot n'avait pas capacité pour céder à Meusy la reconnaissance de 30,000 fr. du 18 octobre 1841, et que dès lors la restitution de cette reconnaissance à la femme Rigollot doit être ordonnée, sans qu'il soit besoin d'ailleurs d'examiner si le transport invoqué par Meusy ne serait pas d'autre part irrégulier et nul en la forme.

Appel de la part de Meusy, qui a fait plaider les moyens suivants :

En fait, les mariés Rigolot ont adopté par leur contrat de mariage le régime de la communauté. Par la clause quatrième de ce contrat, la future s'est constitué en « dot, entre autres biens, *la somme de* 30,000 fr. *en espèces,* dont le futur époux a déclaré avoir une parfaite connaissance et consentir à en demeurer chargé, etc. »

Le sieur Rigolot, ayant accepté et *pris en charge* la constitution de la dot de sa femme *en espèces,* était obligé *de rendre des espèces,* et ne pouvait se libérer à la dissolution de la communauté en restituant des valeurs ou créances que la femme lui aurait apportées.

En droit, sous le régime de la communauté, les biens meubles de la femme tombent dans la communauté. Le mari peut en disposer comme de sa propre chose. Les droits du mari sur la dot mobilière de la femme ne souffrent aucune modification parce que les époux auraient exclu de la communauté une partie de leur apport.

En effet, pour interpréter les effets d'une pareille clause, on doit recourir aux auteurs anciens. Avant le Code Napoléon, Lebrun, Pothier et Merlin enseignaient que cette clause n'enlevait pas au mari le droit de disposer seul des biens meubles de sa femme ; qu'elle avait seulement pour effet de permettre à celle-ci de reprendre à la dissolution de la communauté la *valeur* de ces biens ; que la dot mobilière de la femme se trouvait confondue avec les autres biens de la communauté, qui était débitrice de leur valeur.

Cette doctrine était universellement admise dans les pays de droit coutumier ; et, loin d'introduire un droit nouveau, le Code n'a fait que copier littéralement la doctrine de Pothier. C'est ce que prouve l'art. 1503.

L'art. 1428 détermine les droits du mari sur les biens de la femme, et prohibe seulement l'aliénation des biens immeubles. Il donne au mari les actions personnelles et mobilières et le droit d'administration.

Si la loi eût entendu lui interdire l'aliénation de la dot mobilière, elle s'en fût expliquée, et c'est le cas d'appliquer la maxime *Inclusio unius,* etc.

La jurisprudence la plus récente a sanctionné cette interprétation en décidant, sous le régime dotal, que le mari pouvait disposer seul de la dot mobilière de la femme. Il suffit, pour s'en convaincre, de mettre en regard et de comparer les dispositions des art. 1428 et 1549, qui règlent les droits du mari sous l'un et l'autre régime.

Subsidiairement, l'appelant concluait à ce que la cession fût au moins déclarée valable pour la somme de

10,000 fr. et pour les intérêts. En effet, disait-il, le 10 octobre 1842, date du transport au profit de Meusy, 10,000 f. étaient échus. Le mari, comme administrateur des biens de la femme, avait le droit de toucher cette somme, et la cession qu'il en aurait faite n'aurait pour lui d'autre résultat que le payement lui-même. Il en est de même des intérêts.

ARRÊT.

Considérant que, dans son contrat de mariage du 18 octobre 1841, la dame Rigolot s'est constitué en dot une somme de 30,000 fr. ;

Qu'en même temps elle a produit une reconnaissance de la même somme souscrite en sa faveur, à la même date, par sa mère et son beau-père, les sieur et dame Jacquinot ;

Que, soit qu'on envisage la reconnaissance dont il s'agit comme la représentation de la dot de la dame Rigolot, soit qu'on la considère comme le résultat d'une obligation contractée à son profit, l'on est forcé dans tous les cas d'y reconnaître une créance qui lui est exclusivement personnelle ;

Considérant que, dans les stipulations de son contrat, la dame Rigolot a expressément exclu de la communauté tous ses apports, à l'exception d'une somme de 500 fr. ;

Que depuis, séparée de biens, elle a renoncé à la communauté, et demandé la reprise de tout ce qu'elle a apporté, et notamment de la reconnaissance du 18 octobre ;

Que cette reconnaissance est aujourd'hui entre les mains de l'ex-notaire Meusy, à qui Rigolot l'a remise le 18 octobre 1842, *à valoir en compte*, et qui prétend la retenir comme lui ayant été légitimement cédée par son débiteur ;

Considérant que si la loi attribue au mari l'administration des biens meubles et immeubles de sa femme exclus de la communauté, ce n'est qu'à la condition de les restituer après la dissolution du mariage ou après la séparation de biens, c'est-à-dire de rendre en nature ceux que le temps ou l'usage n'a pas détruits, et de rapporter la valeur de ceux qui n'auraient pu être conservés ;

Que Rigolot, comme administrateur des biens de sa femme, n'a donc pu légalement aliéner la reconnaissance de 30,000 fr. sans la participation de cette dernière, qui, seule propriétaire, avait seule le droit de disposer ;

Que, chef et maître de la communauté, il n'a pu davantage user d'une valeur qui n'en faisait point partie ;

Qu'enfin, et lorsque l'art. 1595 Code Nap. permet au mari de vendre à sa femme, même non séparée, des valeurs mobilières, si ces valeurs ne tombent pas en communauté, il est évident qu'il a consacré le droit personnel de la femme à ses propres mobiliers exclus, et qu'il a interdit au mari d'en disposer à quelque titre que ce fût : autrement, la loi ne serait qu'une déception dont le mari pourrait impunément abuser.

Considérant, sur les conclusions subsidiaires, qu'il n'y a pas de distinction à faire entre la portion de la créance échue en 1842 et celle à échoir postérieurement ; que ces échéances, quelles qu'elles soient, ne peuvent rien changer à l'illégalité de la cession faite par Rigolot, qui d'ailleurs n'a rien touché sur la somme due à sa femme ;

Considérant qu'il n'est ni contestable ni contesté que les intérêts qui représentent, entre les mains du mari, les fruits de la somme appartenant à la femme, ne sont dus qu'à dater de la séparation et de la dissolution de la communauté ;

Considérant, en ce qui touche les intimés Chameroy et Hutinel, qu'en présence de l'arrêt qui leur est commun, il ne reste qu'à faire droit aux réserves formulées dans leurs conclusions......

Par ces motifs,

LA COUR, sans s'arrêter à l'appellation émise par Meusy du

jugement rendu par le Tribunal civil de Chaumont le 16 mars 1859, non plus qu'à ses conclusions subsidiaires,

Met ladite appellation à néant, ordonne que ce dont est appel sortira son plein et entier effet;

Réserve aux intimés Chameroy et Hutinel leurs droits comme créanciers opposants et saisissants, antérieurement à la signification du transport de la créance du 18 octobre 1841.

Du 3 août 1859. — C. imp. de Dijon. — 1re Ch. — M. Muteau, P. Prés.

OBSERVATIONS.

Le mari peut-il, sous le régime de la communauté, céder à un tiers les créances que la femme a réalisées ? A-t-il ce droit à l'égard des créances que la femme s'est constituées en dot, sous le régime dotal?

C'est une question fort controversée dans la doctrine, que celle de savoir si les meubles exclus de la communauté par l'un des époux restent ou non la propriété de la communauté, et si par conséquent, lorsque la réalisation est faite par la femme, le mari a ou n'a pas le droit de les aliéner.

Dans notre ancienne jurisprudence, Pothier décidait que les meubles exclus se confondaient avec les autres biens de la communauté, qui était seulement chargée d'en restituer la valeur à celui des conjoints qui les avait réalisés : d'où Pothier tirait la conséquence que le mari, comme chef de la communauté, pouvait aliéner ceux que la femme avait réalisés (1).

Cependant, d'après les raisons données par Pothier au

(1) *Communauté*, part. I, ch. III, n° 325. — *Traité de la Puissance du mari*, n° 83. — *Cout. d'Orléans*, tit. X, ch. II, art. 2, § 3, n° 61.

nᵒ 325 de son *Traité de la Communauté*, il semblerait
que cette doctrine ne devait, dans son esprit, être applicable qu'aux objets qui n'étaient pas susceptibles d'un
usufruit proprement dit.

Merlin a adopté, sous l'empire du Code Napoléon, la
doctrine de Pothier, dont il se borne pour ainsi dire à
résumer les explications (*Rép.* vᵒ Réalisation, § 1ᵉʳ, nᵒ 4).

Delvincourt enseignait également que les meubles
réalisés de la femme se confondaient avec les autres objets
faisant partie de la communauté, et pouvaient en conséquence être aliénés par le mari seul sans le concours de
la femme (tom. I, p. 42, et note 1 de la page 43, édit. 1834).

Mais Toullier combattit cette doctrine. Selon cet auteur,
le mari ou la communauté deviennent bien, malgré la
clause de réalisation, propriétaires des choses qui se
consomment par le premier usage ; mais il en est autrement des objets qui s'altèrent et se détériorent seulement
par un long usage : le mari ne peut par conséquent les
aliéner sans le consentement de la femme. Toutefois, si,
par abus de puissance, il les aliénait, l'acquéreur serait
protégé par le principe de l'art. 2279, suivant lequel, en
fait de meubles, possession vaut titre (tom. XII, nᵒ 377
et suiv.; tom. XIII, nᵒ 326).

Cependant Toullier admettait que le mari pouvait
disposer d'une créance que la femme avait exclue de la
communauté (t. XII, nᵒ 379, p. 555) ; mais il ne donnait
cette solution que parce que, selon lui, une créance était
un meuble dont on ne peut faire usage sans le consommer. C'était une erreur : il est bien évident qu'une
créance n'a pas cette nature ; car un créancier peut jouir

d'une créance à terme par les intérêts qu'il en retire
(Proudhon, Usufruit, t. II, n° 1030).

La question s'est présentée devant la Chambre des requêtes, et, par arrêt du 2 juillet 1840, la Cour a décidé
que le mari n'avait pas le droit de céder seul et sans le
concours de son épouse la créance que celle-ci avait
exclue de la communauté (2). Voici le résumé des
motifs sur lesquels la Cour de cassation appuie sa décision : La loi permet aux époux d'exclure de la communauté tout ou partie de leur mobilier; or le mobilier ainsi
exclu par la femme, le mobilier qu'elle s'est réservé,
n'appartient ni au mari ni à la communauté. L'art. 1421
C. N., qui permet au mari d'aliéner les biens de communauté, n'est relatif qu'aux biens qui la composent. Quant
aux meubles réalisés, le mari en a l'administration, il
en perçoit les revenus, et peut même recevoir les capitaux exigibles, comme il peut le faire sous le régime
exclusif de communauté (art. 1530, 1531 C. N.) Si
parmi les objets réalisés il y a des choses dont on ne
peut faire usage sans les consommer, le mari en rend le
prix d'après estimation (art. 1532); mais pour celles
qui, sans se consommer de suite, se détériorent peu à peu
par l'usage, le mari n'est obligé de les rendre que dans
l'état où elles se trouvent, non détériorées par son dol ou
sa faute (art. 589). Enfin, s'il y a des obligations ou con-
stitutions de rente qui périssent ou souffrent des retran-
chements sans négligence de la part du mari, il en est
quitte en restituant les contrats (art. 1567) : donc la
femme est restée propriétaire de tous ces objets, et par

(1) Dev., 1840, 1, 887.

conséquent le mari ne peut vendre les meubles corporels ainsi réalisés, ni céder ou déléguer à des tiers les créances exclues de la communauté.

En vain oppose-t-on l'art. 1503, qui, en autorisant le prélèvement de la valeur du mobilier exclu de la communauté, semble lui attribuer la propriété : l'art. 1503 n'a voulu parler que du mobilier qui n'existerait plus en nature.

On est encore moins fondé à se prévaloir de la disposition de l'art. 1428, qui prohibe seulement la vente des immeubles sans le concours de la femme; car cet article n'a trait qu'à la communauté légale dans laquelle tombe le mobilier des deux époux (art. 1401).

Enfin, en soumettant la communauté conventionnelle aux règles de la communauté légale, la loi dit que c'est pour les cas auxquels il n'a pas été dérogé implicitement par le contrat.

Cette jurisprudence est cependant critiquée par M. Troplong. Selon cet auteur, l'art. 1503 tranche la question dans le sens de la doctrine de Pothier. Cette disposition, en déclarant que l'époux dont les meubles ont été exclus a le droit de reprendre non pas les meubles *in specie*, mais la valeur, n'est que l'écho de cet auteur, auquel il a emprunté sa doctrine (Contr. de mariage, t. III, nᵒ 1937).

Selon la doctrine en général, la disposition de l'article 1503 doit s'appliquer soit au cas où les meubles réalisés se consomment par le premier usage (587, 1851), soit lorsque l'exclusion porte sur des objets qui ne se consomment point ainsi, mais qui ont été estimés (1551, 1851), soit encore lorsqu'elle porte sur l'universalité des meubles et que cette universalité a été estimée *in globo;* soit, enfin, lorsque les époux ont promis une certaine somme qui a été payée avec la masse des meubles estimés de la même manière : l'époux, dans ce cas, est réputé avoir fait une *datio in solutum* de tout son mobilier à la communauté en payement de la somme par lui promise, et la communauté en est ainsi propriétaire, sauf compte à faire, lors de la dissolution de la communauté, de la valeur qu'avait le mobilier au moment de l'apport. Si cette valeur excède la somme promise, la communauté en doit la valeur.

Mais, hors ces cas, l'époux qui a exclu tout ou partie de son mobilier, en reste propriétaire. Si c'est la femme, le mari ne peut aliéner les meubles réalisés par elle que dans les limites d'une sage administration, et seulement comme administrateur des biens personnels de son épouse. Or l'époux qui cède une créance à terme fait un acte d'aliénation, et non de pure administration. On ne trouve, en effet, aucun article qui reproduise la théorie de Pothier sur le droit de disposition qu'il accordait au mari relativement aux meubles exclus de la communauté par la femme ; et l'induction que l'on tire de l'art. 1503 n'est pas aussi concluante qu'on le prétend. Il nous paraît difficile de faire résulter de cette disposition un principe général consacrant le droit de propriété en faveur de la communauté, et de libre disposition pour le mari, contrairement au sens grammatical des termes de la clause d'exclusion. Ce qui est exclu ne doit pas évidemment, dans l'intention des parties contractantes, se confondre dans la masse.

Une question qui a de l'analogie avec celle que nous

venons d'examiner a été agitée relativement aux créances que la femme a reçues ou s'est constituées en dot
sous le régime dotal. On s'est demandé si le mari avait
le droit de les céder. Tandis que la Chambre des requêtes
décide, comme nous venons de le voir, que le mari ne peut
pas céder seul les créances de la femme exclues de la
communauté, la Chambre civile lui accorde, au contraire,
le droit de céder les créances que la femme a reçues ou
s'est constituées en dot sous le régime dotal (1).

La Cour, tout en posant le principe, d'ailleurs fort
contesté et très-contestable, de l'inaliénabilité de la dot
mobilière, en laisse au mari, et au mari seul, la libre disposition. Par un arrêt de cassation du 2 janvier 1837 (2),
la Chambre civile tirait déjà de l'art. 1554 C. N. cette induction, que si cet article n'avait expressément prohibé que
l'aliénation des immeubles dotaux, c'est que, d'après les
dispositions du Code civil, comme d'après celles du
droit romain, le mari, étant le seul maître de la dot mobilière, pouvait seul en disposer ; qu'ainsi, la femme
se trouvant dans l'impuissance d'aliéner elle-même ses
meubles, il était inutile de lui en interdire l'aliénation.

Dans l'arrêt du 12 août 1846, la même Chambre, pour
autoriser la délégation que le mari avait faite à un de
ses créanciers d'une créance dotale de la femme, disait
que la propriété de la femme était convertie par la loi
en une créance contre le mari.

Ainsi, c'est parce que la femme est dépouillée de son
droit de propriété, et parce que le mari est propriétaire

(1) Rej., 12 août 1846 (Dev., 1846, 1, 602). Voy. aussi Rej., 1er décembre 1851 (Dev., 1851, 1, 808.)

(2) Dev., 1837, 1, 97.

et maître de la dot mobilière, que la Cour de cassation l'autorise à céder les créances dotales de la femme.

Nous avons déjà plusieurs fois protesté contre cette doctrine qui déclare le mari propriétaire de la dot mobilière (1). Si, dans les anciens pays de droit écrit, les droits étendus d'administration qui étaient accordés au mari pouvaient à un certain point de vue le faire considérer comme maître de la dot, *dominus dotis*, cela n'empêchait pas, ainsi que le fait observer Domat, la femme d'en conserver la propriété (2). Le mari avait bien la libre disposition des meubles, mais c'est seulement lorsqu'ils étaient fongibles ou estimés (3).

Les textes du Code Napoléon suffisent pour établir que le mari n'a pas d'autres droits relativement à la dot mobilière : si l'art. 1551 porte que le mari devient propriétaire de la dot consistant en objets mobiliers mis à prix par le contrat, c'est qu'évidemment, hors ce cas, il n'en est pas propriétaire. Enfin, si le mari était propriétaire des créances comprises dans la constitution de dot, la perte serait pour lui, *res perit domino*, et non pour la femme, ainsi que le veut l'art. 1567.

Dira-t-on que ces deux dispositions n'ont pour but que de régler les rapports du mari et de la femme quant à la restitution de la dot, mais que le mari n'en a pas moins une propriété imparfaite pendant l'existence du mariage? Où est la preuve de ce singulier droit? Le

(1) Voy. *Exposé des droits du mari et de ses créanciers sur les biens de la femme*, n° 130;—*Examen du régime de la propriété mobilière*. p. 134 et suiv.

(2) Liv. I, tit. IX, sect. 1, n° 3.

(3) Catelan, IV, 31-32.

mari a, nous en convenons, sur la dot un droit *sui generis* plus étendu que le droit d'usufruit à certains égards; mais, pour lui reconnaître le droit de disposer du mobilier non fongible ou non estimé, pour qu'il pût céder une créance, c'est-à-dire faire un acte de vente, un acte translatif de propriété, il faudrait un texte qui consacrât son droit de propriété ou son droit de libre disposition d'une manière formelle. Or ce texte n'existe nulle part. L'art. 1549, en n'accordant au mari que l'administration des biens dotaux pendant le mariage, prouve même qu'il n'en a pas la libre disposition. La conséquence que l'arrêt du 2 janvier 1837 tire de l'art. 1554 est, à notre sens, très-inexacte. De ce que cet article prohibe l'aliénation des immeubles dotaux seulement, on peut bien en induire que celle de la dot mobilière est permise; mais on ne peut en aucune manière en conclure que si la loi n'a statué que sur les immeubles, c'est parce que la propriété des meubles est transférée au mari, qui en aurait dès lors seul et à l'exclusion de la femme la libre disposition.

Enfin, l'argument tiré du second alinéa de l'art. 1549 ne nous semble pas meilleur : de ce que le mari a le droit de recevoir le remboursement des capitaux, le remboursement d'une créance dotale venant à terme pendant le mariage, ou qu'il a plu au débiteur de payer avant le terme, il ne s'ensuit pas qu'il ait le droit d'aliéner une créance dotale à terme. Il est vrai qu'en donnant quittance dans le premier cas, il fait une espèce d'acte d'aliénation de la créance; mais cela rentre parfaitement dans la limite des droits de jouissance et d'administration qui lui sont conférés. Il faut bien, lorsqu'une créance est exigible, ou lorsque le débiteur veut se libérer avant le terme, que le mari en reçoive le montant; et il ne peut le recevoir qu'en donnant quittance. Mais cette même nécessité n'existe pas lorsque la créance n'est pas à terme, et que le mari l'aliène au profit d'un tiers.

Aussi la Chambre des requêtes, qui, nous l'avons vu plus haut, refuse au mari le droit de céder les créances exclues de la communauté par la femme, lui reconnaît au contraire la capacité pour en recevoir le remboursement : la Cour, pour le décider ainsi, s'appuie avec juste raison sur la disposition de l'article 1428, qui confère au mari l'administration des biens personnels de la femme et l'exercice de ses actions mobilières (1).

H. F. R.

Art. 334.

Eaux pluviales. — Irrigation. — Acte de partage. — Fonds supérieur.

Celui qui, étant devenu propriétaire d'une partie d'un fonds, devant être arrosé, selon un acte de partage, par les eaux pluviales divisées au moyen d'un niveau d'après les droits des parties, a acheté ensuite un terrain supérieur contigu, peut disposer de ces eaux comme bon lui semble.

(Rué-Perret C. Bidat, Clerc et autres.)

Aux termes d'un acte reçu Me Lafarge, notaire à Cui-

(1) Req., 25 juillet 1843 (Dev. 1851, 1, 258).

sery, le 22 décembre 1819, Marie Boudier veuve Joly a fait entre ses cinq enfants le partage d'un pré situé au bas de Brienne, lieu dit *Pré-Dotal*, sous les nᵒˢ 595, 597, 598, 599 et 603 du plan. Il est stipulé dans cet acte que toutes les eaux pluviales ou autres tombant sur le Pré-Dotal et destinées à l'arroser seront divisées au moyen d'un niveau d'après les droits des parties. Le Pré-Dotal devait presque uniquement son irrigation aux eaux pluviales coulant dans le fossé de la route de Louhans à Tournus et dans celui de la route de Bourg.

Des difficultés étant survenues à raison du partage desdites eaux, les parties les soumirent à un expert arbitre, le sieur Mazoyer, dont le travail a été constaté et approuvé par un acte reçu Mᵉ Royer, notaire à Cuisery, le 1ᵉʳ décembre 1850. Aux termes de cet acte, chaque partie des prés devait être approvisionnée de ses eaux au moyen de niveaux dont l'expert avait déterminé l'emplacement dans le fossé de la route. Ce mode de division fut exécuté sans contestation entre les parties, et notamment par le sieur Rué-Perret, devenu propriétaire de la parcelle nᵒ 595 ; mais le 3 janvier 1857, suivant acte reçu Mᵉ Royer, notaire à Cuisery, le sieur Rué fit l'acquisition du fonds immédiatement supérieur au Pré-Dotal, lieu dit *le Guidon*, nᵒ 588 du plan cadastral, et détourna les eaux pluviales provenant des fossés de la route de Louhans à Tournus et de la route de Bourg, sur une partie de sa terre qu'il convertit en pré, et, cette opération terminée, il fit élever une douve et creuser un contour dont l'effet est d'empêcher l'excédant des eaux de retomber dans le fossé de la route, où il se partagerait au moyen des niveaux, et de les rejeter sur sa portion du Pré-Dotal nᵒ 595, où il es absorbé au préjudice des parties inférieures.

MM. Bidat et Clerc, propriétaires des nᵒˢ 599 et 598, demandèrent alors la nomination d'experts chargés d'opérer un nouveau partage des eaux nécessité par l'entreprise du sieur Rué.

Dans ce but, ils firent citer en conciliation le sieur Rué et les autres ayants droit, savoir : 1° Jean Joli-Terras ; 2° Marie Clerc, et Claude Joly son mari ; 3° Catherine Peutot, et Pierre Dumont son mari ; 4° Pierre Peutot.

Le sieur Rué refusa de se concilier. Pierre Peutot, au contraire, déclara formellement vouloir rester étranger à la contestation et renoncer à tout droit sur les eaux en litige. Les autres parties, tout en demandant à ne pas figurer dans l'instance, réservèrent expressément tous leurs droits aux eaux à partager.

En conséquence, par exploit du 7 mars 1859, tous les défendeurs, à l'exception de Pierre Peutot, furent assignés à requête des sieurs Clerc et Bidat devant le Tribunal de Louhans, pour voir ordonner le partage des eaux pluviales tombant sur le nᵒ 595 du Pré-Dotal, et, pour y parvenir, nommer trois experts chargés de déterminer les travaux propres à assurer l'exécution des actes de 1819 et 1850, ou de toute autre manière la répartition des eaux d'après les droits des parties.

Jugement de ce Tribunal, en date du 15 avril 1859, ainsi conçu :

Attendu que dans l'acte reçu Mᵉ Lafarge, notaire à Cuisery, le 22 décembre 1819, contenant partage par la veuve Joly entre ses cinq enfants d'un pré dit le *Pré-Dotal*, il est stipulé que toutes les eaux qui tombent dans ledit pré, soit pluviales, soit autrement, et qui sont destinées à l'arroser, seront divisées par un niveau selon les droits de chacun des copartageants ;

Que, suivant un autre acte passé devant M⁰ Royer, notaire au même lieu, le 1ᵉʳ décembre 1850, le mode de division de ces eaux a été réglementé entre les parties au moyen de niveaux placés dans le fossé de la route impériale qui longe ledit pré ;

Que Rué-Perret, acquéreur des mariés Caillet-Bernard, par acte authentique du 5 mars 1855, d'une parcelle du Pré-Dotal comprise sous le n⁰ 595 de la matrice cadastrale, ne saurait avoir plus de droits que ses vendeurs ;

Que, d'après l'acte de partage du 22 décembre 1819 précité, chaque partie du Pré-Dotal étant grevée d'une servitude au profit des autres parcelles du même pré, Rué ne peut avoir un droit exclusif aux eaux qui tombent sur la partie dont il s'est rendu acquéreur ;

Qu'après l'irrigation de cette partie, les eaux doivent au contraire être rendues à leur cours naturel au profit des portions inférieures ;

Que sans doute Rué, en s'emparant des eaux du fossé de la route pour les amener dans un fonds n⁰ 588 qui lui appartient, et qui est contigu à la parcelle n⁰ 595 du Pré-Dotal, use d'un droit légitime, puisque personne avant lui n'avait de droit sur ces eaux pluviales qui sont entrées dans son domaine par le fait de l'occupation ;

Que tant que lesdites eaux séjournent sur le plan n⁰ 588, Rué n'en doit compte à personne ; mais qu'aussitôt que ces eaux, après avoir été absorbées en partie par le fonds n⁰ 588, sont conduites dans la parcelle n⁰ 595 du Pré-Dotal, Rué ne peut plus en disposer d'une manière absolue et à son gré, sans contrevenir à la clause générale de l'acte de partage sus-indiqué ;

Que cependant, par suite des travaux récents de **Rué**, la division des eaux tombant sur sa portion du Pré-Dotal ne s'opère plus, bien qu'elles soient la propriété commune des divers propriétaires de ce pré ; qu'il y a lieu dès lors d'en réglementer de nouveau le partage par une expertise ;

Attendu que les consorts Joly et Dumont, propriétaires des autres parcelles du Pré-Dotal, ayant le même intérêt que les demandeurs, ont été avec raison appelés en cause par ces derniers ; que, par cela même qu'ils n'entendent faire le sacrifice d'aucun des droits qu'ils ont aux eaux, que Rué élève au contraire la prétention de conserver exclusivement, il y a lieu de les maintenir en cause :

Le Tribunal ordonne le partage des eaux dont s'agit ; en conséquence, nomme comme experts les sieurs..., lesquels visiteront le Pré-Dotal, et détermineront les ouvrages nécessaires pour opérer entre les diverses portions de ce pré le partage des eaux pluviales ou autres qui y tombent, soit du fossé de la route, soit du fonds supérieur, etc.

Le sieur Rué forma appel de ce jugement. On disait pour lui :

En détournant les eaux pluviales de la route dans le fonds n° 588, l'appelant a usé d'un droit certain, il est devenu propriétaire de ces eaux par occupation, et il a le droit d'en disposer à son gré. C'est à ce titre que le sieur Rué, après avoir irrigué son fonds n° 588, envoie ces eaux dans son fonds n° 595 : en cela il use d'un droit légitime dont il ne doit compte à personne.

Néanmoins les sieurs Clerc et Bidat, propriétaires des parcelles 598 et 599, revendiquent un droit de copropriété sur ces eaux à l'instant où elles arrivent sur le fonds n° 595, par le motif que ces propriétés, formant autrefois le *Pré-Dotal,* ont été assujetties, à l'époque de leur division, au partage égal des eaux pluviales destinées à arroser ce pré.

L'acte du 22 décembre, qui a stipulé ce partage des eaux pluviales entre les héritiers Joly, n'est point opposable à l'appelant : 1° parce que celui-ci est un tiers dé-

tenteur à titre particulier du n° 595, en vertu d'un acte
qui ne lui impose aucune obligation personnelle relativement aux eaux pluviales ; 2° parce que les eaux dont
il est question dans le partage sont celles qui tombent
sur le pré dotal *naturellement* et qui deviennent la propriété de l'immeuble *par droit d'occupation*, qui n'appartiennent à personne *antérieurement*.

C'est donc à tort que les premiers juges ont appliqué
ce titre aux eaux dont l'appelant est *seul propriétaire*, et
qui n'arrivent sur la portion du Pré-Dotal lui appartenant
que par l'effet de son industrie et de son droit de propriété.

ARRÊT.

Considérant, sur la première question, que la manière de
distribuer les eaux provenant des pluies a pu être l'objet
d'une convention particulière obligeant personnellement tous
les propriétaires du Pré-Dotal qui y avaient pris part ; que
l'on conçoit encore que ces eaux, une fois reçues, peuvent
être distribuées dans le pré suivant un mode déterminé ; mais
que l'on ne concevrait pas comment on pourrait imposer à une
propriété une servitude réelle, pour une chose qui n'est pas
dans le commerce, qui n'existe pas encore, qui n'appartient à
personne, qui est qualifiée *res nullius*, et dont tout le monde
peut s'emparer ;

Qu'il dépendait, en effet, soit du propriétaire supérieur,
soit de l'autorité, de rendre illusoires les conventions intervenues à ce sujet, parce que les eaux pluviales coulant sur
une voie publique ne deviennent une propriété privée qu'a-
près avoir été recueillies ; qu'ainsi, lorsque Rué a acheté le
n° 595 du Pré-Dotal, ce fonds était libre de toute servitude
réelle, et n'était pas affecté par les conventions des 22 décembre 1819 et 1er décembre 1850 ;

Considérant que Rué n'était point partie dans les traités des 22 déc. 1819 et 1er déc. 1850; qu'acquéreur à titre particulier, son acte de vente ne rappelle pas ces conventions; qu'ainsi il n'est pas obligé personnellement aux prescriptions de ces deux actes;

Considérant, sur la deuxième question, que l'on ne conteste pas à Rué le droit de prendre les eaux pluviales s'écoulant du fossé faisant l'angle des routes de Cuisery à Louhans et à Bourg, pour arroser son Pré-Guidon; que l'on reconnaît que ces eaux, une fois entrées dans sa propriété, lui appartiennent en totalité, et qu'il est libre d'en disposer ainsi que cela lui convient; mais que l'on soutient seulement que s'il conduit ces eaux dans son n° 595 du pré dotal, ces eaux cessent de lui appartenir en totalité, et qu'il doit en réserver le 4|5 aux autres propriétaires du pré;

Considérant qu'il ne peut en être ainsi, puisque les eaux pluviales dont Rué s'est emparé pour les conduire dans son Pré-Guidon, n'appartenaient à personne; qu'une fois maître de ces eaux, il peut en user comme bon lui semble; que les propriétaires du Pré-Dotal n'y avaient aucun droit; qu'ils n'ont pu en acquérir par suite de l'usage que Rué en fait en arrosant son n° 595, puisqu'il n'existe aucune servitude sur cette portion de pré, et qu'il n'a contracté aucune obligation envers les intimés; qu'ainsi il y a lieu de réformer la décision des premiers juges :

Par ces motifs,

LA COUR, faisant droit à l'appellation interjetée par Jean Rué-Perrey du jugement rendu dans la cause par le trib. civ. de Louhans le 15 avril 1859, met ladite appellation et ce dont est appel à néant; — et, par nouveau jugement, dit que Jean Rué est propriétaire exclusif des eaux pluviales qu'il détourne dans son fonds n° 588, au point de jonction des routes de

Cuisery à Louhans et à Bourg ; qu'à ce titre, il a droit d'en user de la manière la plus absolue, soit pour ledit fonds nº 588, soit pour toutes autres propriétés contiguës, notamment pour son fonds nº 595, sans être tenu d'en rendre compte aux propriétaires du pré dotal.

Du 29 juillet 1859. — C. imp. de Dijon. — 1re Ch. — M. Piffond, f. f. Prés.

Art. 335.

Défrichement de bois. — Permis de l'agent forestier chef de service.

Le propriétaire d'un bois qui a fait la déclaration de son intention de le défricher, obtenu la décision du ministre autorisant le défrichement et satisfait aux conditions ordinaires de mesurage et de délimitation, n'est pas passible des peines prononcées par l'art. 220 du Code forestier pour avoir commencé le défrichement avant la délivrance du permis de l'agent chef de service, lorsque ce permis a été accordé avant les poursuites.

(Administration forestière C. De Sainte-Maure-Montaussier.)

Jugement du Tribunal correctionnel de Semur, du 5 juillet 1859, dont la teneur suit :

Considérant que M. de Sainte-Maure-Montaussier, propriétaire d'un bois situé sur le territoire de la commune de Flée, canton et arrondissement de Semur, ayant fait à la sous-préfecture de Semur, à la date du 11 septembre 1857, la déclaration de l'intention qu'il avait de défricher 5 hectares 49 ares de ce bois, il est intervenu le 15 janvier 1858 une décision de M. le Ministre des finances autorisant ce défrichement à la charge de satisfaire aux conditions ordinaires de mesurage et de délimitation préalables ;

Considérant qu'il est constant et reconnu par l'administration forestière que M. de Sainte-Maure a obéi à cette dernière prescription, en remettant, en octobre ou novembre 1858, à M. l'Inspecteur des forêts un plan de la parcelle à défricher ; que s'il est vrai que ce plan lui ait été renvoyé par suite d'une erreur commise par le géomètre dans l'orientation, il est également constant et reconnu que peu de jours après il a été remis de nouveau, après rectification, à l'administration forestière ;

Considérant cependant qu'il n'a été procédé par l'administration qu'en avril dernier à la vérification des limites de la partie à défricher, limites qui ont été reconnues exactes ; qu'à la suite de cette vérification, et à la date du 26 avril 1859, M. l'inspecteur des forêts à la résidence de Semur a délivré au sieur Goutard, comme fondé de pouvoirs de M. de Sainte-Maure, un permis de défrichement ;

Considérant qu'antérieurement à la délivrance de ce permis émané de M. l'inspecteur, mais postérieurement soit à la décision de M. le ministre des finances, soit au mesurage et à la délimitation qui plus tard ont été reconnus exacts, des ouvriers ont, dans le cours de l'hiver de cette année, en février et mars, sans ordre de M. de Sainte-Maure ou de son mandataire (ainsi qu'en fait M. l'inspecteur l'a reconnu), mais aussi sans opposition de la part des gardes, défriché 2 hectares 8 ares compris dans les 5 hectares dont le défrichement avait été autorisé ;

Considérant que c'est uniquement pour ce fait que M. l'inspecteur a conclu contre M. de Sainte-Maure à une condam-

nation de 1,040 fr. d'amende par application de l'art. 220
Code forestier ;

Considérant que c'est à tort et par erreur que le procès-
verbal dressé contre M. de Sainte-Maure à la date du 18 avril
dernier, relatant la décision ministérielle du 15 janvier 1858,
allègue que cette décision n'a été accordée qu'à la charge par
ce propriétaire de fournir un plan de la parcelle à défricher, et
de n'opérer le défrichement qu'après en avoir reçu le permis de
l'agent forestier chef de service ; — qu'en effet, la décision de
M. le Ministre des finances ne parle ni de plan à fournir ni de
permis à obtenir, mais dit seulement que le propriétaire devra
satisfaire aux conditions ordinaires de mesurage et de délimitation préalables ; ce que M. de Sainte-Maure avait fait bien
avant que des ouvriers qu'il n'a pas commandés, mais dont il
a tout au plus toléré l'action, eussent commencé le défrichement ;

Considérant que l'art. 220 du Code forestier ne peut, dans
l'espèce, recevoir son application ; que l'administration forestière l'a implicitement reconnu elle-même en ne concluant pas à
ce que M. de Sainte-Maure fût tenu de rétablir les lieux en nature de bois, dans un délai déterminé ; — qu'en effet, il ne
pouvait y avoir lieu à replanter un bois que son propriétaire
avait été autorisé à défricher ; — que cependant ce rétablissement est la conséquence de la contravention à la loi ; — que si la
contravention existe, le rétablissement du bois doit être opéré ;
— que si c'est indûment que le défrichement a été commencé,
il n'y a pas seulement ouverture à l'amende, mais ouverture à la réparation que l'art. 220 Code forestier prononce
en outre de la peine ; — que ces deux dispositions sont corré-
latives ; — que la seconde sert à interpréter la première et à
déterminer dans quels cas celle-ci doit recevoir son application ; — qu'il n'y a lieu à l'amende, comme au rétablissement

du bois, que dans le cas de contravention à l'art. 219 Code forestier ; — que la contravention n'existe que quand le propriétaire opère le défrichement ou sans déclaration préalable, ou pendant les six mois accordés à M. le Ministre des finances pour statuer sur l'opposition que forme habituellement l'administration forestière ; — que M. de Sainte-Maure ne se trouve ni dans l'un ni dans l'autre cas, puisqu'il n'a commencé à défricher son bois que plus d'un an après en avoir obtenu l'autorisation expresse de M. le Ministre des finances, et plusieurs mois après avoir satisfait aux conditions de mesurage et de délimitation.

Considérant cependant qu'aux yeux de l'administration, son délit consisterait à n'avoir point attendu la délivrance d'un permis de l'agent forestier chef de service ; — mais que l'obligation d'attendre ce permis n'est écrite nulle part, soit dans la loi du 21 mai 1827 (Code forestier), soit dans l'ordonnance royale du 1er août suivant, pour l'exécution de cette loi ; — qu'on ne peut étendre par analogie une loi pénale d'un cas prévu à un cas imprévu, et moins encore créer un délit nouveau en substituant à la décision de M. le ministre des finances (la seule que la loi exige) la permission d'un agent forestier, permission sans laquelle la décision ministérielle, devenue lettre morte, ne pourrait servir au propriétaire, qui verrait l'exercice d'un droit reconnu indéfiniment ajourné ; — que vainement dirait-on que l'autorisation de M. le Ministre est conditionnelle et subordonnée au mesurage et à la délimitation préalables du bois à défricher ; — qu'en fait, M. de Sainte-Maure a satisfait autant qu'il était en lui à ces conditions, en fournissant un plan qui, signalé d'abord comme inexact quant à l'orientation, a été rectifié et reproduit avant qu'on ne commençât à défricher ; — qu'en fait également, les agents forestiers ont reconnu l'exactitude du plan et des limites ; — qu'il importe peu qu'ils n'aient fait cette reconnaissance que tardivement et après le défrichement commencé ; — que ce retard, indépendant de la volonté de M. de Sainte-Maure, ne peut ni infirmer l'opération commencée, ni surtout faire dégénérer en délit une action licite, un acte de propriété, et un acte autorisé ; — que dût-on, enfin, envisager comme satisfaisant seul au vœu soit des articles 219 et 220 du Code forestier, soit de la décision de M. le Ministre des finances, le permis de défrichement délivré par M. l'inspecteur forestier (bien qu'il n'en soit parlé ni dans ces articles, ni dans cette décison), il est constant en fait que ce permis avait été accordé avant les poursuites ; — qu'à quelque époque qu'il soit intervenu, il doit avoir un effet rétroactif au jour où il a été demandé ; — que l'obtention du permis empêche qu'il y ait un délit dans le sens des art. 219 et 220 du Code forestier ; — qu'il n'en est pas de l'autorisation de défricher son propre bois accordée à un propriétaire, comme du permis d'exploiter que doit obtenir préalablement à tout commencement d'exploitation l'adjudicataire d'une coupe de bois soumis au régime forestier ; que si l'art. 50 du Code forestier a puni comme délinquants, pour les bois qu'ils auraient coupés, les adjudicataires qui auraient commencé l'exploitation avant d'avoir obtenu par écrit le permis de l'agent forestier local, ni cette disposition, ni aucune autre, ne s'applique au propriétaire qui a prématurément défriché son bois, c'est-à-dire qui a commencé à le défricher avant le permis de l'administration forestière ; — que, ce genre de prétendu délit n'ayant été nulle part prévu ni puni, on ne peut lui appliquer aucune peine, pas] plus celles de l'art. 220 que celles de l'art. 50 du Code forestier.

Par ces motifs, le Tribunal renvoie M. de Sainte-Maure-Montaussier des poursuites de l'administration des forêts, sans amende ni dépens.

Appel de la part de l'administration forestière.

ARRÊT.

Adoptant les motifs qui ont déterminé les premiers juges, etc.

Du 24 août 1859.— C. imp. de Dijon.— Ch. correct.—
Prés. M. Guillemot, f. f. Prés. — Av. gén., M. Gouazé,
concl. contr.

ART. 336.

Journaux étrangers. — Introduction frauduleuse en France. — Circonstances atténuantes.

*La disposition de l'art. 463 du Code pénal est applicable au
fait d'introduction en France d'un journal non autorisé.*

(Ministère public C. Dessaules et Compagnie du chemin de fer de l'Est.)

La Cour de cassation avait, par arrêt du 25 juin 1859,
cassé et annulé l'arrêt rendu par la Cour impériale de
Colmar, chambre des appels de police correctionnelle, en
date du 12 avril précédent, et, pour être statué sur l'appel
interjeté par le Procureur général de la dite Cour contre le
jugement rendu par le Tribunal de police correctionnelle
d'Altkirch le 22 février, renvoyé les parties devant la
chambre des appels de police correctionnelle de la Cour
impériale de Dijon.

M. l'avocat général Gouazé, siégeant pour M. le Procureur général, prit des réquisitions tendant à ce qu'il plût
à la Cour réformer ledit jugement en ce que les premiers juges, en reconnaissant dans la cause l'existence
de circonstances atténuantes, avaient violé l'art. 2 du dé-

cret du 17 février 1852, et fait une fausse application des art. 8 du décret du 11 août 1848, et 463 du Code pénal.

ARRÊT.

Considérant qu'il est parfaitement établi par les pièces de la procédure que, le 27 décembre 1858, à la douane de Saint-Louis, le sieur Dessaules, venant de Bâle par le chemin de fer, a été trouvé porteur de vingt-un numéros du journal l'*Indépendant de Neufchâtel*, formant série du n° 280 au n° 304;

Que ce fait, prévu par l'art. 2 du décret du 17 février 1852, étant constant et non dénié par le prévenu, il ne s'agit plus que d'examiner la question de savoir si l'art. 463 du Code pénal peut trouver place dans la cause;

Considérant qu'en déclarant l'art. 463 du Code pénal applicable aux délits de la presse en général, le législateur de 1848 a eu manifestement en vue toutes les infractions commises par la voie de la presse, ou du moins toutes celles qui se trouveraient punies de peines correctionnelles; — que le mot *délit* a incontestablement été entendu en ce sens par le décret du 27 juillet 1849;

Que telle est, du reste, la portée légale du mot *délit*, aux termes de l'art. 1er du Code pénal;

Que, par conséquent, le bénéfice du décret du 11 août 1848, art. 8, qui domine toute la matière, s'étend de droit à l'infraction prévue par l'art. 2 du décret du 17 février 1852, infraction punie d'un emprisonnement correctionnel d'un mois à un an;

Qu'en laissant au juge une pareille latitude quant à la quotité de la peine, le législateur de 1852 a prévu non-seulement le fait matériel d'introduction volontaire en France d'un journal non autorisé, mais évidemment aussi l'appréciation, s'il y échet, de l'intention plus ou moins coupable dans la-

quelle aurait eu lieu cette introduction , et que dès lors il ne s'a-
git pas uniquement d'une contravention pure et simple dans
l'art. 2 du décret du 17 février 1852 ;

Par ces motifs, -

LA COUR , sans s'arrêter à l'appellation interjetée par le
ministère public du jugement rendu contre Paul-Emile Dessaules, par le Tribunal correctionnel d'Altkirch , le 22 février
dernier , met ladite appellation à néant ; ordonne que ledit jugement sortira effet.

Du 24 août 1859. — C. imp. de Dijon.—Ch. correct.
— Prés., M. Guillemot, f. f. — Av. gén., M. Gouazé.

ART. 337.

Livres d'église. — Permission de l'évêque. — Vente. — Libraires.

*Un libraire ne peut contraindre l'imprimeur qui a obtenu de
l'évêque la permission d'imprimer et de vendre le propre
d'un diocèse , à lui en livrer un certain nombre d'exemplaires, en offrant de payer le prix comptant.*

(Royer C. Dejussieu et Mulcey.)

Le sieur Dejussieu, en recevant de monseigneur l'évêque d'Autun la concession du *propre* de son diocèse ,
contracta l'obligation d'éditer ledit ouvrage et de le
vendre.

Le sieur Royer, muni de demandes nombreuses de la
part des prêtres de ce diocèse, s'adressa soit à Dejussieu,
soit à Mulcey, libraire, chez lequel il avait annoncé avoir

un dépôt toujours approvisionné. Il paraîtrait, suivant Royer, qu'il éprouva constamment des refus.

Royer fit assigner Dejussieu et Mulcey pour ouïr dire qu'aux risques et périls de l'un et de l'autre, ils seraient tenus de lui livrer, dans les vingt-quatre heures du jugement à intervenir, 12 exemplaires du *propre* in-12, 50 exemplaires propre du *missel*, et 25 exemplaires propre du *bréviaire* in-12, s'il avait paru, aux prix ordinaires, et aux offres de Royer de payer comptant; sinon, et à défaut par eux d'avoir opéré cette livraison dans ledit délai, et icelui passé, s'ouïr condamner au payement d'une somme de 20,000 fr. à titre d'intérêts, et aux dépens.

Jugement du Tribunal de Chalon en date du 10 janvier 1859, qui rejette cette demande.

Appel de la part de Royer.

Le rit romain, disait-il, a été adopté dans le diocèse d'Autun, et les livres de ce rit sont dans le domaine public.

L'évêché d'Autun a établi pour ce diocèse un *propre*, c'est-à-dire des suppléments au missel, au bréviaire et autres livres. Ces suppléments se réunissent aux livres ordinaires, et sont indispensables aux prêtres, aux fidèles et aux marchands de librairie religieuse du domaine public.

L'évêque d'Autun a accordé au sieur Dejussieu le droit d'imprimer ces suppléments, selon la loi du 7 germinal an XIII, portant, art. 1er : « Les livres d'église, heures et prières ne pourront être imprimés ou réimprimés que d'après la permission donnée par les évêques diocésains, laquelle permission sera textuellement rapportée et imprimée en tête de chaque exemplaire.

Le sieur Dejussien vend lui-même le *propre*, et a établi un dépôt chez Mulcey.

La prétention de ces deux libraires, poursuit l'appelant, est de ne vendre qu'à ceux qu'ils jugent convenable, et de pouvoir refuser de me vendre, refus qui me met dans l'impossibilité de continuer mon commerce de librairie religieuse et de satisfaire aux commandes que j'ai reçues.

La permission d'imprimer ne peut dégénérer en un monopole arbitraire. Le but de la loi de l'an XIII est d'assurer l'orthodoxie. La permission d'imprimer de la part de l'évêque comporte implicitement l'obligation de vendre à tous. Les livres d'église sont destinés au public et faits pour lui, sans distinction des personnes et de leur profession.

Les intimés répondaient :

La prétention du sieur Royer de se faire délivrer par Dejussieu les livres dont il s'agit, pour les revendre au public, n'est pas admissible. Ce serait une atteinte au droit de propriété du concessionnaire, qui a bien évidemment le droit de vendre directement au public, soit par lui-même, soit par ses dépositaires, sans être tenu d'accepter d'autres intermédiaires.

ARRÊT.

Considérant, sur la première question, que tout éditeur est propriétaire de l'édition qu'il publie, et qu'à ce titre, il est le maître de choisir ses intermédiaires pour la mise en vente ;

Considérant que cette faculté de droit commun ne saurait être refusée à Dejussieu, dans l'espèce ; qu'en effet, l'autorisation qui lui a été accordée par l'évêque de publier seul le *propre* du diocèse d'Autun, n'a pu rendre moins favorable vis-à-vis des autres libraires du diocèse sa condition d'éditeur et son droit de propriétaire de l'édition ; qu'à la vérité, l'intérêt public exige que le *propre* du diocèse d'Autun soit à la disposition du clergé et des fidèles, mais qu'il ne suit nullement de là que, dans l'intérêt de son commerce personnel, le libraire Royer ait une action en justice pour se faire livrer tout ou partie de l'édition publiée par Dejussieu, pour la mettre en vente à la place de ce dernier ou de ses dépositaires ;

Considérant, sur la deuxième question, que, d'après les motifs qui précèdent, il n'y a lieu de s'arrêter à la demande en dommages-intérêts formée par Royer :

La Cour, etc.

Du 23 mai 1859. — C. imp. de Dijon. — 3ᵉ ch. — Prés., M. Vullierod.

Art. 338.

Vente. — Privilége. — Action résolutoire. — Faillite. — Transcription.

De la perte du privilége et de l'action résolutoire du vendeur à défaut de transcription au jour du jugement déclaratif de la faillite de l'acheteur (1).

Un individu vend son immeuble en donnant un terme à l'acheteur. Celui-ci est déclaré en faillite après avoir

(1) Nos lecteurs nous permettront d'insérer ici cette dissertation sur une difficulté qui peut se rencontrer assez fréquemment dans la pratique. (*Note de la rédaction.*)

été mis en possession. Le contrat de vente n'est pas transcrit au jour du jugement déclaratif. Le vendeur est-il de suite déchu et de son privilége et de l'action résolutoire? Sera-t-il obligé de ne venir dans la faillite que pour y recevoir un dividende presque toujours faible, en concours avec les autres créanciers de la masse? Conservera-t-il, au contraire, son privilége et son action résolutoire? Ou bien, déchu de son privilége, n'aura-t-il pas encore pendant un certain temps le droit d'exercer cette action?

Dans l'un des commentaires que j'ai publiés sur la loi du 23 mars 1855, j'ai enseigné que le privilége du vendeur qui n'a pas été rendu public par l'inscription ou par la transcription avant le jugement déclaratif de la faillite de l'acheteur, était perdu, mais que le vendeur n'en conservait pas moins son droit de résolution, du moins tant que l'inscription de l'hypothèque accordée à la masse de la faillite par l'article 490 du Code de commerce ne serait point prise par les syndics. (Voy. *Questions sur la transcription*, n°s 370-376.)

Cette opinion a été critiquée à des points de vue différents par M. Troplong et par M. Pont.

M. Troplong professe, sous l'empire de la loi de 1855, comme il l'enseignait d'après les règles du Code Napoléon, que le privilége du vendeur est éteint lorsqu'il n'a pas été rendu public avant le jugement déclaratif de la faillite (*Transcription*, n° 282. *Hypothèques*, n° 650). Mais M. Troplong veut que le vendeur perde aussi de suite son action résolutoire (*Transcription*, n° 295).

Pour soutenir l'opinion contraire sur ce dernier point

J'avais dit : « Lorsque la loi du 23 mars s'occupe de la publicité de l'action résolutoire, et lorsqu'elle décide que l'extinction du privilége entraîne la perte de cette action, elle n'envisage le droit de résolution que dans ses rapports avec les tiers qui ont acquis des droits sur l'immeuble du chef de l'acquéreur. Or, dans le cas de faillite, les créanciers n'acquièrent aucun droit réel sur l'immeuble vendu ; créanciers chirographaires avant la faillite, ils restent tels après cet événement. » (*Questions,* n° 374.)

A cela M. Troplong répond que les créanciers ont évidemment ce droit que je leur refuse.

Quel est donc ce droit réel ?

Dans son commentaire du titre des *Donations,* le savant auteur, pour prouver que la transcription n'a aucune valeur lorsqu'elle est faite après le jugement déclaratif de la faillite, s'exprime ainsi : « Par la faillite, le débiteur est dessaisi de ses biens ; ses créanciers les prennent dans l'état où ils sont ; *ils en sont investis à titre de dation en payement,* et tout se trouve arrêté par leur mainmise. Le donataire viendrait donc dans un moment où les choses ne sont plus entières , s'il faisait transcrire après la faillite ; *il ressemblerait à un donataire qui ferait transcrire quand le donateur a cessé d'être propriétaire de la chose par une vente* » (n° 1162).

J'avais pensé qu'il résultait de ce passage, — et peut-être ne serai-je point seul de cet avis, — que, d'après la doctrine de M. Troplong, la transcription de l'aliénation n'était plus possible après le jugement déclaratif, parce que le failli avait cessé d'être propriétaire, parce qu'il était dépouillé de sa propriété, par le jugement déclaratif, au profit des créanciers de la masse, qui en étaient investis à

titre de dation en payement. — La réfutation de cette opinion n'était point difficile, et je disais : Cette proposition
est en opposition avec les textes et les principes les plus
certains du droit commercial en matière de faillite. L'article 443 C. Comm. porte, en effet : « Le jugement déclaratif de la faillite emporte de plein droit, à partir de sa
date, dessaisissement pour le failli de *l'administration
de tous ses biens...* » — Il n'y a qu'un dessaisissement de
l'administration, et non pas un dépouillement de la propriété par suite de dation en payement. Le failli ne
cesse point d'être propriétaire (*Questions,* n° 195).

. M. Troplong en convient; car, dans sa réponse à mes
observations, il dit : « Lorsque nous avons parlé de dation en payement, nous avons fait une comparaison, et
rien de plus. Et comment nier la justesse de cette comparaison? Sans doute, le débiteur reste propriétaire; sans
doute, il n'est que dessaisi et non encore exproprié »
(*Transcription,* n° 148, p. 174). — Je pourrais bien dire
que la comparaison n'est pas exacte; car, si les créanciers de la faillite sont investis *à titre de dation en payement,* il est évident que le failli ne reste point propriétaire ; et s'il conserve le droit de propriété, on ne peut
point parler de dation en payement. — Mais voyons la
pensée tout entière de M. Troplong : « Est-ce que la justice, poursuit-il, ne l'a (le failli) pas dessaisi pour que
ses créanciers se payent sur cet actif exclusivement affecté à leur droit? Est-ce que, quoique propriétaire, il
peut diminuer le gage que la justice a mis entre les mains
des créanciers, et qui doit leur servir de payement ?
Comment, en un mot, nier que les créanciers, de chiro-

graphaires qu'ils étaient auparavant, ont été investis d'un droit réel ? » (*Transcription*, n° 149).

Ce n'est donc plus une espèce de droit de propriété que M. Troplong accorde aux créanciers de la faillite, mais une sorte de droit de gage, ou, comme il le dit lui-même ailleurs, *un droit de saisine* (*Transcription*, n° 295, p. 338); et c'est ce droit de saisine qui suffit pour faire rentrer les créanciers chirographaires de la faillite dans la catégorie des tiers qui ont acquis des droits sur l'immeuble du chef de l'acquéreur, selon le vœu de l'art. 7 de la loi du 23 mars 1855.

Cette théorie me rappelle celle de l'envoi en possession que le préteur romain accordait aux créanciers qui avaient obtenu une condamnation, ou dont le débiteur était *confessus* ou *indefensus*, et qui voulaient arriver à la vente de ses biens. Après l'envoi en possession, les créanciers étaient réputés détenir à titre conservatoire, et le gage prétorien existait en effet à leur profit.

Ce ne sont point là les principes de notre législation commerciale. Voici simplement, si je ne me trompe, ce qui résulte du jugement déclaratif de la faillite : Le failli est mis dans l'impuissance de rien faire au préjudice de ses créanciers en général, ni au détriment ou en faveur d'aucun d'eux en particulier. Ses créanciers sont saisis tout bonnement de l'administration des biens, qu'ils administrent par l'organe des syndics comme le curateur d'une succession vacante administre la masse des biens du défunt (1).

(1) On peut consulter à cet égard le *Traité du Contr. de commission* de MM. Delamare et Lepoitvin, tom. v, n° 96.

Mais jusque-là les créanciers chirographaires de la faillite ne peuvent encore se prévaloir d'aucun droit réel. Il y a cependant un moment où un droit de cette nature vient se manifester : c'est lorsque les syndics prennent inscription sur les immeubles du failli au profit de la masse. Mais alors c'est une véritable hypothèque que la loi leur accorde, et non un droit qu'il serait impossible de préciser si on adoptait la doctrine de M. Troplong.

C'est, du reste, un point sur lequel j'aurai à revenir plus loin, quand je répondrai à la critique de M. Pont.

En un mot, jusqu'à l'inscription prise au nom de la masse par les syndics, les immeubles du failli ne sont affectés d'aucun droit réel au profit des créanciers chirographaires de la faillite, soit qu'on veuille baptiser ce droit du nom de *saisine*, soit qu'on prétende y voir une *espèce de droit de gage.*

Cela suffit pour répondre à un autre argument que M. Troplong invoque à l'appui de sa thèse : Le privilège et l'action résolutoire, dit le célèbre auteur, sont désormais solidaires. La clause résolutoire n'a d'énergie contre les tiers qu'autant qu'elle est publique, et elle n'est publique que par la publicité du privilège lui-même. Donc, si le privilège est perdu, si par conséquent la publicité lui manque, l'action résolutoire ne doit pas être reçue.

Que M. Troplong tienne ce langage à l'égard des tiers ayant acquis du chef de l'acheteur soit le droit de propriété, soit un de ses démembrements, je ne le contesterai pas : je l'ai enseigné moi-même (voy. *Explication*, n°s 111 et suiv.). Mais ce raisonnement n'est plus admissible lorsqu'on se trouve en présence de personnes qui n'ont pas encore de droits réels sur l'immeuble , en présence de créanciers chirographaires: ce n'est point pour eux que les dispositions de la loi du 23 mars, et notamment celles de l'art. 7, ont été édictées.

M. Pont n'adopte pas non plus la théorie de M. Troplong, et, pour la combattre, il donne à peu près les motifs que j'avais exposés : « La règle de l'art. 7 de la loi du 23 mars 1855, dit-il, n'est pas absolue : le législateur y exprime que l'action résolutoire n'est perdue, par suite de l'extinction du privilége, que vis-à-vis des tiers *qui ont acquis des droits sur l'immeuble, et qui se sont conformés aux lois pour les conserver.* Or le jugement déclaratif de la faillite ne donne évidemment pas aux créanciers du failli *ce droit réel* qui leur permettrait de se poser comme des tiers dans le sens de la disposition précitée. Les créanciers sont, après ce jugement, les ayants cause de l'acquéreur; ils tiennent tous leurs droits de lui ; ils le représentent , et par conséquent ils n'ont contre l'action du vendeur d'autres moyens que ceux que l'acquéreur avait lui-même » (Sur l'art. 2146, n° 904).

Néanmoins M. Pont n'accepte ni la doctrine de M. Troplong, ni la nôtre. Selon cet estimable auteur, lors même que la vente n'est point transcrite au jour du jugement déclaratif de la faillite de l'acheteur, le vendeur n'en conserve pas moins son privilége et son action résolutoire.

En outre, quand même on déciderait,—ce que M. Pont n'admet point, — que la thèse qu'il cherche à établir, et suivant laquelle le vendeur ne perd point son privilége à défaut de transcription, est fautive, il faudrait encore décider que l'action résolutoire serait recevable même après l'inscription prise au nom de la masse par les syndics, suivant la disposition de l'art. 490 C. comm. (voy. *loc. cit.*, n°s 903 et suiv.).

D'après la théorie de M. Pont, le privilége du vendeur a ses conditions et son caractère propres, qui ne sont point modifiés par la disposition de l'art. 448 du Code de commerce. Ce privilége n'est que conçu, tant qu'il n'y a pas encore de transcription ; il ne naît qu'après l'accomplissement de cette formalité. Mais jusque-là, le vendeur n'a pas besoin de ce privilége, car il n'y a pas réellement de propriété transmise à l'égard des tiers. Il peut hypothéquer, vendre une seconde fois l'immeuble, et cela aussi bien lorsque l'acheteur est déclaré en faillite, que dans le cas où il resterait *integri status*. Or, comment peut-on supposer, dit M. Pont, que le vendeur qui peut ainsi se procurer *indirectement* tous les effets de son privilége au moyen d'affectations hypothécaires ou d'aliénations qu'il pourrait consentir, lorsque la transcription n'est pas faite, n'ait pas le droit de s'assurer ou acquérir directement ce privilége au moyen de la transcription.

Tel est le premier et principal raisonnement de M. Pont.

Avant d'y répondre, je ferai remarquer à M. Pont une espèce de confusion, ou plutôt une inadvertance qui me semble exister dans sa discussion.

Au n° 902 de son commentaire de l'art. 2146, M. Pont fait l'hypothèse suivante : « Voici que j'aliène tout mon bien et le vends en viager, parce que les produits ordi-

naires ne suffisent pas aux besoins de ma vie. Mais à
peine en possession, mon acquéreur est déclaré en faillite...., et, parce que le contrat que j'ai fait avec lui n'était
pas encore transcrit au moment où l'événement s'est
produit, les créanciers de la faillite pourront me dire
que mon bien est perdu pour moi, que du moins il est
désormais une portion de l'actif de la faillite..... » Puis,
au n° 904, cet auteur s'explique ainsi : « Le vendeur peut
demander une protection et une sécurité plus complètes
aux principes de la loi en matière de privilége, au caractère même et à la nature de sa créance, à son droit, enfin,
qui subsiste nonobstant la faillite de l'acquéreur, et lui
permet, quand la vente n'est pas transcrite au moment
où la faillite est déclarée, *soit de retenir sa chose*, dont, à
défaut de transcription, il est resté propriétaire vis-à-vis
des tiers..... Dans tout ce qui précède, nous avons sup-
posé que la déclaration de faillite survenue avant la transcription de la vente *a trouvé le failli toujours en possession*
de l'immeuble. »

Dès que M. Pont suppose que le failli est en possession
de l'immeuble par lui acquis, dès qu'il suppose que le
vendeur a fait la délivrance, il est bien évident qu'il ne
peut plus se prévaloir du droit de rétention. Je n'ai pas
besoin d'insister. Ce n'est là qu'une pure distraction, qu'il
suffira d'avoir signalée à l'esprit ordinairement si exact
de M. Pont, pour qu'il la fasse disparaître lors de la nouvelle édition de son excellent travail sur les priviléges
et hypothèques.

Cette observation faite, je reviens au principal argument de M. Pont.

J'en admets les prémisses ; mais je ne puis en accepter les conséquences. Oui, tant que la transcription n'est pas effectuée, le vendeur malhonnête homme peut encore hypothéquer, vendre même une seconde fois l'immeuble, parce que l'acheteur n'a qu'une propriété relative, en d'autres termes n'est point saisi à l'égard des tiers. C'est le principe de la loi nouvelle. Mais de ce qu'un homme de mauvaise foi peut concéder à des tiers des droits sur un immeuble qu'il a déjà vendu, il n'est, à mon sens, ni juste ni rationnel d'en tirer une conséquence quant aux droits qu'il peut avoir lui-même. Que les tiers puissent se prévaloir des droits qui leur seront conférés, à l'encontre de l'acheteur qui n'a pas transcrit ou de ses créanciers, cela n'est point douteux : la loi l'a permis par des motifs qu'il serait superflu de répéter ici ; mais lorsque le vendeur viendra lui-même invoquer son privilége, l'art. 448 du Code de commerce sera là avec toute l'énergie de sa disposition pour faire obstacle à l'efficacité d'une transcription tardivement effectuée.

Notons bien que la disposition de l'art. 448 a été insérée dans le Code de commerce lors de la révision de 1838, et à une époque où une vive controverse existait dans la doctrine et la jurisprudence sur le point de savoir si l'article 2146 du Code Napoléon était applicable au privilége du vendeur. La Cour de cassation se prononçait pour la déchéance du privilége (Req., 16 juillet 1818 ; cass., 12 juillet 1824. Dans le même sens, Pardessus, n° 1136 ; Troplong, *Hypoth.*, n° 650). Or les rédacteurs de la loi de 1838, qui sans aucun doute connaissaient cette difficulté, ont nécessairement compris ce même privilége dans la

disposition de l'art. 448. Le 1er alinéa est, en effet, très-
général : « Les droits d'hypothèque et de privilége valablement acquis pourront être inscrits jusqu'au jour du
jugement déclaratif de faillite. » La loi ne distingue pas;
aucune exception n'est faite en faveur du privilége du
vendeur.

Aussi, de graves auteurs qui, avant la loi de 1838, enseignaient que les dispositions de l'art. 2146 C. N. ne devaient pas même être appliquées aux priviléges soumis à
l'inscription, professent aujourd'hui une autre opinion.
Ainsi, MM. Aubry et Rau disent : « La jurisprudence des
Cours royales et de la Cour de cassation s'était prononcée
en sens contraire quant au privilége du vendeur.... C'est
cette jurisprudence que l'art. 448 du Code de commerce
nous paraît avoir eu pour objet de consacrer (Note 14,
§ 272, t. II, 2e édit.).

Cependant M. Pont, pour repousser l'application de
l'art. 448, fait encore le raisonnement suivant : La publicité du privilége du vendeur se produit non pas par
une inscription, mais par la transcription du contrat de
vente. Or l'art. 448, en prohibant par exclusion les inscriptions qui viendraient après la date du jugement déclaratif de faillite, établit une déchéance qui doit être
limitée à son objet précis et déterminé, et, par cela
même, ne peut être appliquée au privilége du vendeur
qui naît et se conserve par une autre voie que celle de
l'inscription.

Quand même il ne serait pas déjà démontré que l'article 448 du Code de commerce s'applique au privilége
du vendeur, ce second argument n'aurait pas une bien

grande force ; car, quoi qu'en dise M. Pont, dès que la transcription vaut inscription pour le vendeur créancier du prix, dès que la transcription suffit pour avertir le public, conserver le privilége du vendeur et lui donner effet, il est bien difficile d'admettre que l'art. 448 n'a pas trait à ce privilége, parce qu'il ne parle que d'inscription, et non de transcription. Je comprends très-bien qu'on ne puisse invoquer la disposition de l'art. 448, lorsqu'il s'agit des effets propres de la transcription (voy. *Questions*, nº 193); mais quand la transcription doit produire les effets mêmes de l'inscription, et pourrait être remplacée, quant à ces effets, par l'inscription, l'interprétation qui se cramponne à un mot ne m'inspire aucune confiance.

Je crois donc que l'opinion généralement admise, suivant laquelle le privilége du vendeur est éteint à défaut de transcription au jour du jugement déclaratif de la faillite de l'acheteur, est la meilleure et la plus facile à défendre sur *le terrain du droit et de la loi*.

Maintenant, il me reste à répondre à la critique que M. Pont a dirigée spécialement contre l'opinion que j'ai adoptée au sujet de l'action résolutoire.

Selon M. Pont, en admettant que le privilége du vendeur soit perdu, l'action résolutoire serait conservée, et elle le serait malgré l'inscription de l'hypothèque prise par les syndics dans les termes de l'art. 490 du Code de commerce.

Si M. Pont reconnaissait dans la disposition de cet article, la création d'une hypothèque en faveur de la masse de la faillite, il est probable qu'il n'hésiterait pas à refuser au vendeur l'exercice de l'action résolutoire après l'inscription de cette hypothèque ; mais M. Pont ne peut point partager cette opinion.

L'hypothèque dont parle l'art. 490 n'est pas, suivant ce jurisconsulte, une véritable hypothèque ; elle n'est ni conventionnelle, ni judiciaire, ni légale : de sorte que l'inscription prise par les syndics n'est qu'un moyen de publicité ajouté aux autres moyens organisés par le Code de commerce, pour faire connaître l'incapacité du failli.

Cette opinion, qui était déjà enseignée par plusieurs auteurs, et même consacrée par la jurisprudence de la Cour de cassation, sous l'empire du Code de commerce, et avant la révision de 1838, peut difficilement se soutenir aujourd'hui.

Ecartons d'abord le raisonnement qui consiste à dire que l'hypothèque n'est ni conventionnelle, ni judiciaire, ni légale. Il est bien évident que l'hypothèque conférée par l'art. 490 est *légale*, si elle est accordée par la *loi*, lors même qu'elle ne jouirait pas des pérogatives attachées à d'autres hypothèques légales. Or l'art. 517 C. comm. porte formellement que l'homologation du concordat conservera à chacun des créanciers sur les immeubles du failli l'HYPOTHÈQUE *inscrite en vertu du 3e paragraphe de l'art.* 490.

Et ce n'est point seulement le *mot* qui se trouve dans les dispositions de la loi, la *chose* y est aussi. Il était, en effet, utile, dans le système du Code sur la faillite, d'accorder aux créanciers de la masse une hypothèque qui, une fois inscrite, serait opposable aux inscriptions des tiers qui n'ont pas contracté avec le failli personnellement, et qui pourraient survenir après le jugement déclaratif.

M. Pont prétend cependant que, parce que l'art. 517 parle encore d'une inscription (l'inscription du jugement d'homologation) pour conserver l'hypothèque à chacun des créanciers, il en résulte que la loi n'imprime pas à l'hypothèque que les syndics ont déja dû inscrire le caractère d'une véritable hypothèque. Cette inscription, dit-il, serait inutile, et aurait été remplacée par une simple mention à l'effet d'individualiser les créanciers, si l'hypothèque était déjà inscrite au nom de la masse. — La réponse est encore ici facile : Les droits étaient *collectifs, indéterminés,* quand les syndics ont pris inscription en vertu de l'art. 490 ; après le concordat, l'inscription prescrite par l'art. 517 révèlera aux tiers des droits désormais *individualisés, précisés, limités.* Une seconde inscription, celle du jugement d'homologation, était donc nécessaire.

Du reste, la Cour de cassation, qui, dans des espèces résolues par les règles du Code de commerce, avant la révision de 1838, consacrait l'opinion adoptée par M. Pont (Req., 22 juin 1841), décide au contraire aujourd'hui que l'inscription prise dans les termes de l'art. 490 n'a pas seulement pour objet de donner une plus grande publicité à la faillite, mais bien de protéger les droits hypothécaires de la masse des créanciers. *C'est,* dit la Cour, *ce qui résulte de l'art.* 517 *nouveau Code de commerce , aux termes duquel l'homologation du concordat conserve à chacun des créanciers sur les immeubles du failli l'hypothèque inscrite en vertu de l'art.* 490 *C. comm.* (Req., 29 décembre 1858).

Cette jurisprudence récente de la Cour régulatrice ne fait que me confirmer dans l'opinion que j'avais émise, et m'affermit dans la conviction que la doctrine de M. Pont, qui accorderait au vendeur déchu de son privilége l'exercice de l'action résolutoire, même après l'inscription de l'hypothèque au profit de la masse, n'est point conforme aux principes résultant des dispositions combinées du Code de commerce et de la loi du 23 mars 1855 sur la transcription.

En résumé, après le jugement déclaratif, lorsque l'acte de vente n'a pas été transcrit, le vendeur est déchu de son privilége : c'est ce qui résulte de la disposition générale de l'art. 448 C. comm. ; mais l'action résolutoire subsiste tant que les immeubles du failli ne sont pas affectés du droit d'hypothèque accordé à la masse, par suite de l'inscription prescrite aux syndics (art. 7 l. 23 mars 1855, et art. 490 C. comm.).

Cette solution respecte les dispositions de la loi, et accorde au moins au vendeur un certain temps pour user de la dernière ressource qu'il peut trouver dans l'exercice de l'action résolutoire.

Je sais qu'il est difficile de combattre avec succès deux autorités aussi graves que celles de MM. Troplong et Pont; mais, quand des adversaires sont divisés, la lutte est moins inégale, et le triomphe plus facile.

H. F. RIVIÈRE.

ART. 339.

Saisie immobilière. — Subrogation aux poursuites. — Créanciers. — Tierce Opposition.

Lorsqu'il s'agit d'un jugement prononçant sur un incident relatif à une subrogation aux poursuites sur saisie immobilière, les créanciers hypothécaires ne sont pas recevables à former tierce opposition.

Il en est ainsi même dans le cas où le débiteur, après avoir obtenu de tous les créanciers inscrits sur les immeubles l'autorisation de faire radier en totalité la saisie qui avait été pratiquée, a laissé prononcer ensuite la subrogation.

(Brémond et autres C. Mathieu.)

Suivant exploit du 13 février 1858, M. et Mlle Mathieu, en qualité d'héritiers de la veuve Beaudrand, firent commandement à M. Auloy et à la dame Benoîte Millerand, son épouse, de leur payer, 1° la somme de 10,000 fr., montant en principal d'une obligation souscrite solidairement par ces derniers, au profit de la veuve Beaudrand, devant Me Coste et son collègue, notaires à Lyon, le 18 juillet 1844, exigible depuis le 18 juillet 1848; 2° celle de 1,500 fr. pour intérêts de ce capital échus au 18 janvier 1858; 3° les intérêts courants et à échoir, ainsi que tous accessoires de droit.

Par exploit du 13 mars suivant, les sieur et dame Auloy firent opposition à ce commandement.

A la date du 16 du même mois, les consorts Mathieu formèrent au sieur Auloy et au sieur Claude Petit, journalier, demeurant à Marcigny, une demande à l'effet de se

faire subroger aux poursuites d'expropriation commencées par celui-ci contre Auloy et abandonnées.

Par jugement contradictoire du 3 juin 1858, le Tribunal
de Charolles rejeta l'opposition des mariés Auloy, et sub-
rogea M. et Mlle Mathieu à la procédure d'expropriation, en fixant les lecture et publication du cahier des
charges pour avoir lieu à l'audience des criées du 12
août suivant.

Ce jugement fut signifié aux mariés Auloy, à la voie
de leur avoué, par acte du 15 juillet 1858. Il fut en outre
signifié à domicile, soit aux époux Auloy, soit aux syndics de la faillite de M. Auloy, par exploit du même
jour.

A la date du 19 juillet, les consorts Mathieu consi-
gnèrent, à la suite du cahier des charges, un dire par lequel ils expliquèrent qu'aux termes d'un acte passé devant Me Niteffliot et son collègue, notaires à Lyon, le
11 juillet 1857, le sieur Auloy ayant vendu au sieur
Pierre-François-Marie Brémond, rentier à Vaugenay, des
immeubles consistant en une petite propriété appelée la
Chassignole, située en la commune de Laugy, ces immeubles devaient être distraits de la poursuite à laquelle
ils avaient été subrogés, et qu'il serait seulement mis en
adjudication : 1° les autres immeubles situés en la commune de Baugy, et non compris dans la vente passée à
M. Brémond ; 2° les immeubles situés sur la commune de
Marcigny, consistant en vastes bâtiments servant à l'habitation de M. Auloy et à sa fabrique, avec cour, hangar,
jardin et un pré, ainsi que tous immeubles par destination
servant à l'exploitation de la fabrique, circonstances et
dépendances.

Les héritiers de la veuve Beaudrand conclurent, dans ce dire, à ce qu'il plût au Tribunal, lors de la lecture qui en serait faite, ainsi que du cahier des charges, à l'audience du 12 août, leur donner acte de ladite publication et des modifications ci-dessus, lesquelles seraient admises, et ordonner qu'il serait procédé à l'adjudication au jour qu'il plairait au Tribunal de fixer.

Par exploit du 20 juillet, les consorts Mathieu firent sommation, conformément à la loi, soit à Auloy, soit aux syndics de sa faillite, soit à la dame Auloy, soit enfin aux créanciers inscrits du sieur Auloy, parmi lesquels figuraient M. Brémond et la dame veuve Guy, d'avoir à prendre communication du cahier des charges, et du dire consigné à la suite le 19 juillet, et d'y fournir tous dires et observations ayant pour objet d'y introduire des changements ou modifications, et ce, trois jours au plus tard avant la lecture et publication de ce cahier des charges et du dire dont il a été parlé, lequel serait au besoin validé, sous peine de déchéance et de forclusion, les sommant en outre d'avoir à assister à ces lecture et publication, ainsi qu'à la fixation du jour de l'adjudication.

Les autres formalités prescrites par la loi furent remplies. Le 12 août, jour fixé pour la publication, M. Brémond, la dame veuve Guy, le sieur Dufour, MM. Pontal et compagnie, ces deux derniers créanciers chirographaires d'Auloy, firent signifier aux consorts Mathieu, à la voie de leur avoué, une requête par laquelle ils déclarèrent former tierce opposition au jugement du 3 juin précédent, qui prononçait la subrogation aux poursuites de Petit.

A l'appel de la cause pour la lecture du cahier des charges, Brémond et consorts et le sieur Auloy demandèrent à ce qu'il fût sursis à ladite lecture.

Le Tribunal rendit un jugement par lequel il renvoya la publication à l'audience du 19 août, tous moyens réservés.

Les consorts Mathieu contestèrent le mérite de la tierce opposition, puis, le 5 mai 1859, le Tribunal de Charolles rendit le jugement suivant :

En ce qui touche le mérite de la fin de non-recevoir proposée contre la tierce opposition formée par Brémond et consorts au jugement rendu en ce tribunal le 3 juin dernier,

Considérant qu'aux termes de l'art. 474 du Code de procédure civile, une partie peut former tierce opposition à un jugement qui préjudicie à ses droits, et lors duquel ni elle ni ceux qu'elle représente n'ont été appelés, quoiqu'ils aient dû l'être;

Considérant, d'abord, qu'aucune disposition de loi n'impose au créancier qui demande la subrogation à son profit de la poursuite en expropriation forcée, l'obligation d'appeler dans l'incident les créanciers, lors même qu'ils seraient hypothécaires;

Qu'il est de principe non moins constant que ces créanciers sont censés représentés par leur débiteur, la partie saisie, dans les jugements qui interviennent; qu'il suit de là que la tierce opposition formée par Brémond et consorts, en leur qualité de créanciers des consorts Auloy, au jugement qui a prononcé au profit des consorts Mathieu la subrogation aux poursuites en saisie immobilière dirigées contre lesdits consorts Auloy, ne saurait être reçue;

Qu'en vain, pour justifier leur action, les tiers opposants

excipent de cette circonstance, que les consorts Mathieu auraient, lors de l'instance en subrogation suivie par eux, dissimulé qu'un jugement de ce Tribunal rendu entre Auloy et le sieur Petit, saisissant, confirmé par arrêt de la Cour, aurait ordonné depuis plusieurs années la radiation et fait mainlevée de la saisie à laquelle ils demandaient à être subrogés, et que ce n'est qu'à l'aide de cette dissimulation, qui constituerait une fraude, qu'ils sont parvenus à surprendre le jugement qui est attaqué;

Considérant qu'il faut bien reconnaître que le fait qui est signalé, celui de la radiation et de la mainlevée, fait qu'on aurait passé sous le silence lorsqu'a été rendu le jugement sus-énoncé, aurait pu avoir, s'il eût été révélé, une certaine influence sur le sort de la demande en subrogation, mais qu'aujourd'hui, pour que MM. Brémond et consorts pussent invoquer ce moyen avec succès, il faudrait qu'ils établissent que la dissimulation est le résultat d'un dol ou d'une fraude de leur débiteur, ou d'une collusion entre eux et leurs adversaires, pour leur faire perdre l'action qui leur appartenait du chef de ce débiteur, leur qualité d'ayants cause ne pouvant, dans ce cas, faire obstacle à leur tierce opposition, car il serait impossible alors de les considérer comme ayant été représentés par des individus qui les auraient dépouillés frauduleusement de leurs droits;

Mais considérant qu'aucune preuve à cet égard n'est rapportée; qu'on n'offre pas même d'en faire une; qu'au surplus, toutes les circonstances de la cause repoussent l'idée d'un concert pratiqué entre les consorts Auloy et leurs créanciers demandeurs en subrogation, en sorte que l'objection de Brémond et consorts est sans valeur et ne peut justifier leur action;

Considérant, au surplus, que cette mainlevée et la radiation dont il s'agit n'auraient été prononcées qu'en ce qui concerne

Petit, et ne sauraient par conséquent avoir d'effet qu'à l'égard de celui-ci ;

Considérant, enfin, que le défaut par les tiers opposants d'avoir critiqué la procédure dans les délais prescrits par l'art. 728 Code de procédure civile, les rendait encore aujourd'hui non recevables dans leur prétention :

Par ces motifs, le Tribunal, sans s'arrêter ni avoir égard à l'opposition et à la tierce opposition d'Auloy et de Brémond et consorts, la rejette, et dit que le jugement attaqué demeure maintenu dans toutes ses dispositions, et sortira en conséquence son plein et entier effet ; et subsécutivement, dit qu'il sera procédé à la lecture et à la publication du cahier des charges à l'audience du jeudi 16 juin prochain, etc.

Les sieurs Brémond et consorts formèrent appel de ce jugement.

Contre cet appel, les consorts Mathieu, intimés, disaient :

Le jugement du Tribunal de Charolles a statué sur une subrogation à la poursuite d'une saisie réelle.

D'après l'art. 730 C. pr., l'appel d'un tel jugement n'est pas recevable *au fond :* suivant l'art. 728 C. pr. civ., les consorts Brémond devaient présenter leurs moyens de nullité tant à la forme qu'au fond contre la procédure qui avait précédé la publication du cahier des charges, trois jours au plus tard avant cette publication, à *peine* de déchéance. Ils n'ont critiqué cette procédure que le jour fixé pour la publication. Ainsi l'art. 728 a été justement appliqué par le jugement dont est appel.

Les consorts Brémond n'étaient pas recevables à former tierce opposition au jugement du 3 juin 1858, parce que ce jugement ne lésait pas leurs *droits,* et que des

créanciers n'ont pas la *faculté* de s'opposer à la vente
des biens du débiteur, parce que ces créanciers ne devaient pas être appelés à l'incident en subrogation, et
qu'ils étaient représentés par le débiteur saisi et le créancier saisissant, et qu'aucune collusion n'a existé entre
Auloy et Petit et les consorts Mathieu.

La saisie n'ayant été radiée qu'en ce qui concernait
Petit, elle subsistait et empêchait d'en faire une nouvelle
d'après les art. 680 et 724 C. pr.

Les consorts Mathieu ont donc pu la reprendre et la
poursuivre selon l'art. 693.

Les appelants répondaient :

La tierce opposition est une matière spécialement régie par les art. 474 et suiv. C. pr. civ.

Aucun de ces articles ne vise l'art. 730, et par conséquent on ne saurait refuser à des tiers opposants la voie
de l'appel, qui est de droit commun.

Au surplus, le jugement du 3 juin 1858, objet de la
tierce opposition, ne statue pas uniquement sur une subrogation de poursuites de saisie, et pour ce motif il ne
rentre pas sous l'application de l'art. 730.

Si les créanciers sont censés en principe représentés
par leur débiteur, cette règle souffre exception toutes les
fois que les créanciers ont des moyens personnels à opposer.

Dans l'espèce, Brémond et consorts ont précisément
des moyens personnels à opposer à Mathieu. En effet, par
actes authentiques des 9 et 11 juillet 1857, tous les créanciers hypothécaires d'Auloy ont renoncé simultanément
au bénéfice de la saisie Petit, et se sont engagés à ne pas

user du bénéfice de la surenchère sur des immeubles vendus par Auloy à Brémond.

Le concours de tous ces créanciers hypothécaires dans ces actes, et la nature des dispositions qui y sont contenues, en font de véritables contrats intervenus entre ces créanciers, et où chacun d'eux puise un droit distinct et personnel pour contraindre tous les autres à les respecter.

Le délai pour intenter la tierce opposition est de trente ans. C'est à tort que les premiers juges ont cru en voir une abréviation spéciale dans l'art. 728 C. pr.

Pour appliquer l'art. 728, il faut que les moyens de nullité aient été proposés moins de trois jours avant la publication du cahier des charges : cet article est donc inapplicable dans l'espèce, puisque le cahier des charges n'a pas encore été publié.

Au surplus, cette disposition ne saurait dans aucun cas être opposable à Brémond et consorts, qui ne se présentent pas comme des créanciers hypothécaires ordinaires, mais bien comme des tiers ayant contracté avec les saisissants et puisant dans ce contrat même le droit d'empêcher les adversaires de le violer.

Ainsi, en résumé, la tierce opposition est recevable en la forme. Au fond, le jugement du 3 juin 1858 a subrogé Mathieu à la poursuite de saisie commencée en 1853 par Petit.

La mainlevée et la radiation de cette saisie ont été ordonnées par jugement et arrêt intervenus sur les oppositions formées avant l'accomplissement des formalités exigées par l'art. 693 C. pr. civ. pour que la saisie profite à tous les créanciers inscrits. Il suit de là que la mainlevée et la radiation de la saisie ont été absolues, et que personne ne peut aujourd'hui demander à être subrogé dans les poursuites Petit. Mathieu et consorts, moins que tous autres, peuvent demander cette subrogation, puisque la veuve Beaudrand, leur auteur, a expressément renoncé à se prévaloir du bénéfice de la saisie Petit.

ARRÊT.

Considérant, sur la première question, que la tierce opposition a été déclarée non recevable par le motif que les appelants n'avaient pas qualité pour l'intenter ; — que le jugement dont est appel n'a pas statué sur une question de subrogation à une saisie immobilière, et que c'est à tort qu'on demande dans la cause l'application de l'art. 730 C. pr. civ. ; — que, relativement à une demande d'une valeur indéterminée, la qualité des parties étant en jeu, l'appel est de droit commun ; qu'il y a donc lieu de déclarer recevable celui qui a été interjeté dans cette cause ;

Considérant, sur la deuxième question, que, pour pouvoir former tierce opposition, il faut établir que le jugement contre lequel on la dirige porte préjudice à des droits personnels, et qu'on n'y a pas été représenté par le débiteur ; — que, lorsqu'il s'agit d'un jugement prononçant sur un incident relatif à une subrogation de poursuites sur saisie immobilière, les créanciers hypothécaires auxquels la saisie a été dénoncée ne sont pas assignés pour assister au jugement : ils sont représentés par le débiteur, et la décision est en dernier ressort, sauf le cas de dol et de fraude ; — que la conséquence directe de cette législation est que les créanciers hypothécaires, étant représentés, ne sont pas recevables, en cette matière, à former tierce opposition ; — que les appelants soutiennent aussi qu'ils sont dans une hypothèse spéciale ; qu'en vertu de deux actes en date des 9 et 11 juillet 1857, ils ont des droits personnels qui rendent la tierce opposition recevable ; qu'Auloy ayant obtenu de tous les créanciers inscrits sur les immeubles saisis l'autorisation de faire radier en totalité la saisie *Petit*, cette saisie a été annulée, et qu'on ne peut leur opposer le jugement de 1858 accordant subrogation aux consorts Mathieu, parce qu'il a été rendu par suite de l'erreur ou de la négligence d'Auloy, qui ne peuvent pas préjudicier à leurs droits ;

Considérant que la concession faite à Auloy de pouvoir opérer la radiation de la saisie avait sans aucun doute créé à son profit un droit certain ; qu'avant le jugement, chacun des créanciers aurait pu faire exécuter la convention en exerçant les droits de son débiteur ; mais qu'Auloy ayant laissé prononcer la sub-rogation, aucun de ses créanciers ne peut revenir contre son adhésion, qui n'est pas le résultat de la fraude ; — qu'en effet, la comparution des créanciers hypothécaires aux actes des 9 et 11 juillet 1857, loin de leur accorder des droits per-sonnels et exclusifs, n'a été qu'une faveur accordée à Auloy, à laquelle il a pu renoncer, et ils ne peuvent le relever du ju-gement qu'il a laissé prendre contre lui ; — qu'au surplus, la saisie n'a pas cessé d'exister, et qu'elle n'a été radiée qu'en ce qui concerne Petit ; — que c'est donc le cas de confirmer le jugement qui a déclaré la tierce opposition non recevable ;

Considérant, sur la troisième question, que la position d'Auloy offre de l'intérêt ; que, pour lui faciliter le payement de ses dettes, il y a lieu de lui accorder un délai. .....

Par ces motifs,

La Cour, sans s'arrêter à la fin de non-recevoir opposée aux appelants ;

Sans s'arrêter non plus à l'appellation interjetée par Bré-mond et consorts du jugement rendu entre les parties par le

Tribunal civil de Charolles le 5 mai 1859, met ladite appellation à néant, et ordonne que ledit jugement sortira effet;

Dit néanmoins qu'il sera procédé à la publication du cahier des charges à l'audience du Tribunal civil de Charolles le 3 novembre 1859.

Du 9 août 1859. — Cour imp. de Dijon. — 3e Ch. — Prés., M. Vullierod.

Art. 340.

Option. — Appel. — Désistement. — Délai.

L'individu qui, condamné à restituer des marchandises dans la huitaine de la signification du jugement, sinon à payer au demandeur une somme déterminée, forme de ce jugement un appel dont il se désiste ensuite, peut valablement restituer les marchandises dans la huitaine de ce désistement.

(Syndic Gallois C. Lacordaire.)

Attendu que, par jugement du Tribunal de commerce de Saint-Dizier du 24 mai 1858, Lacordaire a été condamné à remettre à Gallois, syndic de la faillite Lardry, dans la huitaine de la signification du jugement, des marchandises qu'il avait reçues, sinon à payer une somme de 1,589 francs ;

Attendu que ce jugement a été signifié à Lacordaire le 6 juillet 1858 ; que le 16 du même mois Gallois a fait commandement à Lacordaire de payer ladite somme de 1,589 fr. ;

Attendu que, le 20 juillet, Lacordaire a interjeté appel du jugement rendu contre lui, puis, et par acte du 20 novembre suivant, s'est désisté de cet appel ;

Attendu que l'appel, étant suspensif, a conservé au profit de Lacordaire le droit d'option que lui confère le jugement du 24 mai;

Que le désistement qu'il a fait signifier n'a pas eu d'autre effet que de faire acquérir au jugement de première instance l'autorité de la chose jugée, ainsi que l'aurait fait un arrêt confirmatif; que, dans la huitaine de ce désistement, Lacordaire a effectué la remise des marchandises; qu'il s'est donc valablement libéré, conformément aux prescriptions de ce jugement, et que son opposition est bien fondée:

Par ces motifs, le Tribunal, jugeant en premier ressort en matière sommaire, et après en avoir délibéré, reçoit Lacordaire opposant aux poursuites dirigées contre lui par exploit du 16 juillet 1858; statuant au principal, déclare le sieur Lacordaire libéré par la remise des marchandises, ordonne que les poursuites seront discontinuées, et condamne Gallois, ès noms, aux dépens.

Du 31 août 1859. — Trib. civ. de Langres. — Prés., M. Mougin.

Art. 341.

Tiers Détenteur. — Hypothèque légale. — Purge.

Le tiers détenteur qui n'a pas purgé est tenu de payer intégralement les reprises de la femme sans distinction, ou de délaisser l'immeuble hypothéqué.

(Dussange C. Vincelette Vouillon femme Dussange.)

A une certaine époque, Louis Dussange avait acheté

des immeubles appartenant à son frère Joseph et frappés de l'hypothèque légale de la femme.

On cherchait à soutenir au nom de Dussange, qu'au moyen d'une petite somme qui était offerte, la femme Vouillon serait remplie des reprises qui lui étaient dues au moment de l'aliénation des immeubles.

Le Tribunal :

Considérant que Louis Dussange, tiers détenteur d'immeubles ayant appartenu à son frère Joseph et frappés de l'hypothèque légale de la femme de ce dernier, séparée de biens d'avec le mari, ne pouvait échapper aux conséquences du payement intégral des reprises ou du délaissement des immeubles, qu'en remplissant, aux termes de l'art. 2467 du Code Napoléon, les formalités de la purge ; conséquemment, que la distinction par lui établie entre les dates des créances de la femme Dussange, et en vertu desquelles son hypothèque légale a pris naissance, ne saurait prévaloir sur les dispositions formelles de la loi ;

Considérant que la partie qui succombe, etc.

Par ces motifs,

Rejette, comme insuffisantes, les offres faites par Louis Dussange, inférieures aux reprises réclamées ; rejette également son opposition aux contraintes, lesquelles seront continuées, etc., etc.

Du 18 mai 1859. — Trib. civ. de Mâcon. — M. Lacroix, Prés. — M. Guichard, Subst., conclusions conformes.

~~approuve le surveuse~~

ART. 341.

𝕰xception de cession d'action. — Subrogation. — Obligation directe.

*L'exception de cession d'action ne peut être opposée à celui
qui est devenu créancier hypothécaire par suite de subrogation dans des prix de vente d'immeubles, ni aux acquéreurs subrogés légalement en raison du payement qu'ils ont
fait à ce créancier, par ceux qui se sont obligés solidairement à justifier au créancier subrogé, dans un certain délai,
de la radiation de toutes les inscriptions grevant les biens
dont le prix lui était cédé.*

(Chauvot et consorts C. Léonard Laloy, Machard et autres.)

Par acte reçu Me Masson, notaire à Chalon-sur-Saône,
le 29 mai 1840, MM. Coste-Colasson et Chanut, associés,
et MM. Berthot neveu et Coste, aussi associés, demeurant tous à Chalon-sur-Saône, ouvrirent un crédit de
trente mille francs au profit de M. Jean-Baptiste Petitjean,
marchand de bois et propriétaire, et de dame Marie-
Françoise-Victoire Machard, son épouse, demeurant ensemble à Rivolles, commune de Lanthes, et sous le cautionnement solidaire des époux Machard-Parisot, demeurant
à Lavilleneuve. A la sûreté de cette somme, les débiteurs
et les cautions hypothéquèrent tous les immeubles qu'ils
possédaient sur la commune de Lavilleneuve ; cette
hypothèque fut inscrite le 2 juin 1840.

A la date du 31 décembre 1842, il intervint un autre
acte par lequel cette ouverture de crédit fut prorogée de

deux ans, sous la condition qu'on ne dérogerait en rien à l'acte du 29 mai 1840, qui devait continuer à produire tous ses effets ; de plus, et à titre de supplément de garantie, les mariés Petitjean-Machard hypothéquèrent deux parcelles de terre situées à Lavilleneuve, ainsi que l'universalité des fonds en nature de pré qu'ils pouvaient posséder dans cette commune. Cette nouvelle hypothèque fut inscrite le 9 janvier 1843.

Par autre acte reçu Me Serrigny, notaire à Seurre, le 13 juin 1845, M. de Brosses remboursa aux maisons de banque Coste-Colasson et Chanut, et Berthot neveu et Coste, la somme de 30,000 fr., formant le montant du crédit ouvert par elle au profit des mariés Petitjean-Machard, et fut subrogé dans tous les droits, hypothèques et inscriptions des créanciers.

A cet acte intervinrent : 1o Madame Marguerite Parisot, propriétaire, demeurant à Seurre, veuve de Claude Machard, décédé à Lavilleneuve ; 2o les mariés Petitjean-Machard ; 3o Claude-Anne Machard-Grapin ; 4° les époux Aubert-Machard ; 5o Jean-Léonard Laloy, agissant tant en son nom personnel qu'en celui de ses enfants alors mineurs, nés de son mariage avec défunte Jeanne-Judith Machard, qui, en qualité de cohéritiers du sieur Claude Machard-Parisot, ont déclaré avoir pour agréable la subrogation ci-dessus au profit de M. de Brosses, et qui, pour donner plus de sécurité à ce dernier pour garantie du remboursement du capital de 30,000 fr. par lui payé aux maisons Berthot neveu et Coste, Coste-Colasson et Chanut, cédèrent et transportèrent avec toute garantie audit de Brosses une somme de 23,018 fr., montant des prix de divers immeubles vendus par les mariés Petitjean-Machard aux sieurs Chauvot et consorts, et qu'ils s'obligèrent solidairement à faire payer au fur et à mesure des échéances par les acquéreurs en l'étude de Me Serrigny, entre les mains et sur les quittances du mandataire de M. de Brosses. Il fut en outre dit que les mariés Petitjean-Machard, la veuve Machard, les mariés Aubert et MM. Machard et Laloy, ainsi que leurs héritiers et ayants cause, seraient tenus solidairement à l'exécution de toutes les conditions imposées dans l'acte, et à garantir M. de Brosses de tous troubles et évictions, et à lui justifier en novembre 1845 de la radiation de toutes les inscriptions grevant les biens dont les prix de vente étaient cédés, autres toutefois que celles prises au profit de MM. Coste-Colasson et Chanut et Berthot neveu et Coste.

Postérieurement à l'obligation du 29 mai 1840, et par acte passé devant Me Serrigny le 15 février 1844, les époux Petitjean-Machard se sont reconnus débiteurs solidaires envers M. Adrien Baudot de la somme principale de 4,164 fr. 48 c., à la sûreté de laquelle ils ont affecté et hypothéqué la généralité des biens immeubles leur appartenant à cette époque, et ceux qui pourraient leur advenir par la suite à quelque titre que ce soit.

En vertu de cet acte, inscription fut prise par M. Baudot au bureau des hypothèques de Chalon-sur-Saône le 17 février 1844, et renouvelée plus tard le 1er février 1854.

Le prix des ventes cédées par les époux Petitjean-Machard à M. de Brosses en vertu de l'acte du 13 juin 1845 fut versé par les acquéreurs desdits immeubles entre les mains du notaire Serrigny, qu'il employa à désintéresser d'autant M. de Brosses; et ce dernier, ayant été payé du surplus de ce qui lui était dû par la veuve et les héritiers Machard-Parisot, ne renouvela pas son inscription,

M. Baudot, ayant au contraire renouvelé la sienne, exerça des poursuites tant contre les mariés Petitjean-Machard que contre leurs acquéreurs. Ces derniers payèrent au sieur Baudot les sommes qui lui étaient dues tant en principal qu'en intérêts et frais, et se firent en même temps subroger par M. de Brosses dans tous ses droits et actions contre lesdits sieur et dame Petitjean.

C'est alors que le sieur Chauvot et consorts, croyant pouvoir se faire rembourser par la veuve et les héritiers Machard-Parisot des sommes qu'ils avaient indûment payées à M. Baudot, les firent assigner par-devant le Tribunal civil de Beaune.

Sur cette assignation, les défendeurs soutinrent que le cautionnement souscrit par eux le 13 juin 1845 était éteint, puisque l'obligation de laquelle il résultait était éteinte conformément aux dispositions de l'art. 2037 C, N.; et que du reste ils ne s'étaient pas engagés vis-à-vis de M. Baudot.

Le Tribunal de Beaune rendit, le 12 août 1858, un jugement par lequel il déclara les consorts Chauvot mal fondés dans leur demande contre les consorts Machard, et en renvoya ces derniers avec dépens.

Le sieur Chauvot et consorts formèrent appel de cette décision.

On disait pour eux :

En payant leur prix entre les mains de M. de Brosses, créancier inscrit sur les immeubles à eux vendus par Petitjean-Machard, les appelants ont été subrogés, de

plein droit à tous les droits résultant au profit de M. de
Brosses de l'acte du 13 juin 1845. Au nombre des obligations contractées par cet acte se trouve l'engagement
pris par les intimés de rapporter mainlevée des inscriptions existant sur les immeubles avant le... novembre 1845, parmi lesquelles figurait l'inscription prise au
nom de M. Adrien Baudot. Il résultait de cette stipulation
pour M. de Brosses, et par suite pour les subrogés, une
dispense de renouveler l'inscription qui garantissait la
créance ; et par suite les héritiers Machard ne peuvent
opposer à l'action de Chauvot et consorts la déchéance
résultant de l'interprétation donnée par certains arrêts à
l'art. 2037 Code Nap.: d'où il suit que c'est à tort que les
premiers juges ont renvoyé les héritiers Machard de la
demande en payement formée contre eux.

Les intimés répondaient :

D'après l'art. 2037 Code Nap., la caution est libérée
lorsque le créancier ne peut plus par son fait la subroger
à ses droits, privilèges et hypothèques.

Les appelants ne peuvent trouver dans l'acte du 13 juillet 1845 une obligation personnelle des cautions en leur
faveur. Cet acte leur est étranger. Ils n'y sont pas parties
Son objet est de régulariser la cession faite à M. de
Brosses, par M. Coste-Colasson et consorts, de leur créance sur les mariés Petitjean-Machard, cautionnée par
les mariés Machard-Parisot, et de parvenir au payement
du cessionnaire. C'est pour assurer ce payement que les
débiteurs principaux ont cédé à M. de Brosses 23,018 fr.
du prix de vente de leurs biens hypothéqués à la dette.
Le concours des cautions à l'acte était nécessaire pour

empêcher l'extinction du cautionnement par application de l'art. 2038 Code Nap. Leur promesse de payer à défaut par les acquéreurs de le faire n'est relative qu'à M. de Brosses.

Les cautions, voulant éteindre leur dette, n'ont pas entendu s'engager envers les acquéreurs à les garantir ; se libérer d'un côté et s'obliger de l'autre. Aucune stipulation de l'acte ne permet cette supposition. Cet acte n'a apporté aucune modification à la position des acquéreurs, qui sont restés maîtres de la situation.

Ils ont commis la faute de payer sans s'assurer de l'existence de l'hypothèque de M. Adrien Baudot, et de ne pas conserver, comme subrogés de droit à M. de Brosses, l'inscription qui les mettait à l'abri de tout danger. Or, entre deux parties, la perte doit rester à la charge de celle qui est en faute et qui l'a causée.

ARRÊT.

Considérant qu'en s'engageant expressément à *justifier à M. le comte de Brosses, en novembre* 1845, *de la radiation de toutes les inscriptions qui pesaient sur les biens dont le prix lui était cédé,* les intimés ont contracté une obligation directe qu'il n'est pas possible d'assimiler à un simple cautionnement ; que c'est sur la foi de cette obligation solidaire que de Brosses et ses ayants droit ont cru pouvoir se dispenser de renouveler l'inscription qui leur appartenait, et qu'alors même qu'on pourrait leur reprocher incurie de leur part, il faut reconnaître que c'est à l'inexécution de l'engagement contracté envers eux, que la créance Baudot, qui devait être éteinte, s'est produite par antériorité à la créance que sa radiation devait garantir ;

Qu'en conséquence, c'est aux consorts Machard à s'attribuer l'éviction qui a été subie, et qu'ils doivent en être responsables vis-à-vis des appelants, subrogés à de Brosses dans tous les droits résultant à ce dernier de l'acte du 13 juin 1845;

Considérant que, dans tous les cas, l'application de l'art. 2037 C. N. ne saurait être réclamée par les codébiteurs solidaires :

Par ces motifs,

La Cour, faisant droit à l'appellation tranchée par Chauvot et consorts du jugement rendu par le Tribunal de Beaune le 12 août 1858, met ce dont est appel à néant, et, par nouveau jugement, condamne les intimés à payer et rembourser aux appelants, 1º la somme de 4,164 fr. 68 c. ; 2º celle de 507 fr. 68 c. pour intérêts échus au 22 juillet 1854 ; 3º celle de 408 fr. 95 c. pour frais dus à M. Baudot ; 4º celle de 952 fr. 70 c. pour intérêts du 22 juillet 1854 au 22 avril 1858 : en tout 6,034 fr. 1 c., avec intérêts du 22 avril 1858, etc.

Du 12 mai 1859. — C. imp. de Dijon. — 1re Ch. —Pr., M. Muteau, p. p.

Art. 342.

Transcription. — Vente. — Privilége. — Renouvellement de l'inscription d'office.

Lorsqu'un contrat de vente a été transcrit avant la loi du 23 mars 1855, et lors même que l'inscription prise d'office n'a pas été renouvelée dans les 10 ans, il n'y a pas extinction du privilége.

(Consorts Despinay C. X.)

Considérant, en fait, que les consorts Despinay, subrogés

contre. Berny aux droits de son vendeur, par acte du 24 avril 1841, transcrit le 11 mai suivant, ont produit à cet ordre ouvert sur l'expropriation des immeubles Berny, et ont vu leur privilége tomber, dans la collocation provisoire, au rang de simple hypothèque, par le motif que leur inscription d'office du 11 mai 1841, n'ayant été renouvelée que le 27 juillet 1857, après les 10 ans, aurait entraîné dans sa péremption l'extinction du privilége, alors même que les immeubles n'avaient pas changé de main ;

Considérant, en droit, que, sous l'empire du Code Nap., qui régit l'espèce, antérieure à la loi du 23 mai 1855 sur la transcription, le privilége vivait au profit du vendeur, sans inscription, sans transcription, jusqu'à l'expiration de la quinzaine de l'art. 834 du Code de procédure civile, lequel suppose une revente et la transcription du nouveau contrat ;

Considérant que ces principes sont la conséquence logique, inévitable de l'art. 2108 du Code Nap., lequel, ne fixant aucun délai au vendeur pour s'inscrire ou faire transcrire, lui laisse par là même cette faculté jusqu'à l'extrémité dernière où la propriété est purgée ; et ce dernier moment, c'est la revente faite par l'acquéreur ou l'expropriation. L'art. 2106 n'y fait point obstacle. S'il assujettit à l'inscription le privilége, qui cependant n'en dérive pas, et qui a son fondement et son existence dans la nature même de la convention, c'est uniquement pour assurer entre les créanciers, par cette formalité extrinsèque et complémentaire, l'efficacité du privilége, qui, sans cette publicité, condamnée à l'inertie, ne peut le mettre en action, mais qui, aussitôt inscrit, entre, suivant l'expression d'un illustre commentateur, dans la plénitude de ses prérogatives, dont la plus importante et la plus précieuse est de primer les hypothèques : d'où l'on est forcé de conclure que ce n'est pas par la date de l'inscription que se règle le rang de la créance privilégiée. Autrement, on la réduirait à la condition d'une simple hypothèque, et la formalité de l'inscription, prescrite positivement pour consolider l'effet du privilége, tournerait contre les vues du législateur.

L'avis du conseil d'Etat du 22 janvier 1808 n'y fait pas obstacle non plus. Tout ce qui en résulte, c'est que, faute d'opérer dans les 10 ans le renouvellement d'inscription qui lui est imposé, et dont le conservateur est à bon droit déchargé, le vendeur, dit M. Troplong, se trouve évidemment réduit à la condition de celui dont le titre n'aurait jamais été transcrit, ou dont le privilége n'aurait pas été inscrit. Il ne peut s'inscrire à nouveau après les 10 ans, que si l'immeuble, comme dans l'espèce, est resté dans les mêmes mains ;

Considérant que s'il en est ainsi, d'après tous les auteurs et la jurisprudence maintenant constante, sous la loi ancienne, qui régit l'espèce, il en serait de même encore sous la loi nouvelle de la transcription ; car cette loi n'a touché en aucune manière aux principes des priviléges, lorsque, dans l'intérêt des tiers et pour la sécurité des prêteurs, elle a voulu rendre l'action résolutoire solidaire du privilége et indissolublement liée à son existence ;

Considérant que cette existence, en la cause, étant manifeste au 1er janvier 1856, date de la mise à exécution de la loi nouvelle, il n'y a point à s'arrêter à son article 11, disposition transitoire évidemment sans application ;

Considérant que la partie qui, etc.

Par ces motifs ,

Le Tribunal, faisant droit aux contredits formés par les consorts Despinay, et réformant l'ordre, dit qu'ils y seront colloqués par privilége et avant tous créanciers hypothécaires pour le montant de leur créance, s'élevant à.... etc.

Du 12 juillet 1859. — Trib. civ. de Mâcon. — M. Lacroix, Prés. — M. Guichard, Subst.

N. B. Le Tribunal de Mâcon avait décidé le contraire par un jugement du 22 décembre 1858 (voy. t. II, art. 262 de ce Recueil).

Le jugement du 12 juillet 1859, rendu après partage, est seul conforme aux principes.

Art. 343.

Donation. — Libéralité indirecte. — Non-acceptation. — Révocation.

La libéralité faite indirectement et sous forme de condition ou de charge imposée au donataire direct et principal, peut être révoquée par le légataire universel du donateur, tant qu'elle n'a pas été acceptée par celui qui est ainsi gratifié. Le bénéfice de la révocation appartient à celui qui a le droit de révoquer.

(Marchand C. Toussaint et autres.)

Considérant que, par testament reçu Mairet, notaire à Genlis, le 3 janvier 1856, enregistré, Jeanne Marchand, veuve de Claude Menu, a institué pour ses légataires universels Françoise-Apolline-Justine et Esprit Marchand, ses nièce et neveu, après avoir légué : 1° à Pierrette-Apolline Marchand, femme de Jean-Claude Gaidot, la pleine propriété d'une maison sise à Genlis avec ses dépendances, et le quart de son mobilier, à la charge d'acquitter une somme due aux sieurs Chevalier, de Dijon ; 2° à Jean Marchand, de Chevigny, une somme de 600 fr. ; 3° à Rose, fille dudit Marchand, une somme de 400 fr., — ces deux sommes payables dans l'année du décès ; 4° et aux enfants de

François Thomas et de Claire Marchand la propriété d'une certaine étendue de terres labourables et de près;

Considérant que, par acte passé devant Mairet, notaire à Genlis, le 23 juin 1856, enregistré, la même dame veuve Menu a fait donation entre-vifs à Anne Thomas, femme de Joseph Gremailly, et au sieur Thomas, ses nièce et neveu, de divers immeubles, et à chacun d'une somme d'argent, en leur imposant certaines conditions, et notamment en chargeant Toussaint Thomas de payer après son décès : 1º à Jean Marchand, cultivateur à Chevigny, 600 fr.; 2º à Rose Marchand, femme de Claude Beaudement, 400 fr.; 3º à Pierrette Marchand, femme de Jean-Claude Gaidot, 1,500 fr.; 4º aux pauvres de la commune de Genlis, 400 fr.; 5º à Esprit, Françoise et Virginie Marchand, enfants de Claude Marchand-Renaudot, 1,000 fr. divisibles entre eux par tiers;

Considérant que la veuve Menu est décédée le 19 janvier 1858, et que le 2 février suivant, par acte reçu Me Kind, notaire à Genlis, les légataires universels institués par le testament du 3 janvier 1856 ont déclaré révoquer, pour défaut d'acceptation, les donations indirectement faites à : 1º Jean Marchand; 2º la dame Beaudement; 3º la dame Gaidot; 4º et les pauvres de la commune de Genlis;

Considérant que, par acte du même jour 2 février, aussi passé devant Me Kinde, Esprit Marchand, Françoise Marchand et Claude Marchand ont déclaré accepter la stipulation d'une somme de 1,000 fr. faite à leur profit par la dame veuve Menu, suivant acte de donation du 23 juin 1856, et vouloir en profiter;

Considérant que ces divers actes ont été signifiés aux parties intéressées;

Considérant que les consorts Marchand, demandeurs, s'étant adressés à Toussaint Thomas pour obtenir le payement de toute la somme que celui-ci était chargé de payer par la donation du 23 juin 1856 (3,900 fr.), ledit Toussaint Thomas a lui-même interpellé judiciairement les autres parties en instance, afin de faire décider par un jugement commun avec elles à qui il devait payer, et si la révocation de donation du 2 février 1858 devait ou non produire effet;

Considérant qu'en règle générale toute donation entre-vifs doit être acceptée pour assurer son exécution; qu'aucun texte ne dispense de cette formalité la libéralité faite indirectement et sous forme de condition ou de charge imposée au donataire direct et principal;

Que l'acceptation par ce donataire principal n'a d'effet qu'en ce qui le concerne, et ne régularise pas la situation du tiers au profit duquel il lui a été imposé une obligation à remplir;

Considérant qu'il n'est pas douteux que la veuve Menu aurait eu le droit de révoquer le bienfait par elle conféré directement au sieur Jean Marchand, la dame Beaudement et autres, tant qu'il n'y avait pas eu acceptation de la part de ces derniers;

Que si elle ne l'a pas fait, on ne doit pas en tirer la conséquence qu'elle a irrévocablement lié ses héritiers institués, et que ceux-ci sont tenus de souffrir que la libéralité soit exécutée;

Qu'à la différence de la donation directe, qui doit être acceptée du vivant du donateur, la stipulation au profit d'un tiers, insérée comme condition d'une donation, n'est pas assujettie à l'acceptation solennelle et expresse exigée pour les donations ordinaires par l'art. 932 C. N.; qu'il suffit que le tiers ait manifesté l'intention de profiter de la stipulation par un acte quelconque, même après le décès du donateur, pourvu que la manifestation se soit produite avant toute révocation de la part de l'héritier, si le donateur n'avait exprimé aucune volonté à cet égard (Cass., rej., 22 juin 1859);

Considérant que le droit de révocation qui appartient au donateur passe à ses héritiers ; qu'il est de principe, en effet, que les droits du défunt sont transmissibles à ses héritiers ; qu'il ne s'agit pas dans l'espèce d'un droit attaché à la personne de la veuve Menu, mais bien d'un droit compris dans sa succession ;

Que, de la part des tiers au profit desquels a été insérée la stipulation contenue dans la donation du 25 juin 1856, ou tout au moins de la part de Rose Marchand, femme Beaudement ; de Pierrette Marchand, femme Gaidot ; et des pauvres de la commune de Genlis, il n'y a pas eu, avant la révocation du 2 février 1858, l'expression quelconque de la volonté de profiter de l'intention de la stipulation ; qu'aucun acte, aucun document ayant cette portée n'est produit, se référant à la manifestation exigée par la jurisprudence ;

Que dès lors, au regard de ces derniers, la stipulation ne pouvant plus produire d'effet, ils n'ont aucun droit pour exiger le payement des sommes qui devaient leur être payées, d'après l'intention de la veuve Menu, par son mandataire Toussaint Thomas ;

Considérant, en ce qui concerne Jean Marchand, qu'il pose en fait avoir reçu de Toussaint Thomas, en vertu de la donation du 23 juin 1856, et dès le 29 janvier 1858, c'est-à-dire antérieurement à l'acte de révocation, la somme de 600 fr. qui devait lui être comptée ;

Considérant que si le payement avait été effectué à l'époque indiquée, il est évident qu'il y aurait eu de la part dudit Jean Marchand la manifestation la plus expresse de son intention de profiter de la stipulation ;

Mais que les légataires universels de la veuve Menu soutiennent que ce n'est qu'après le 2 février 1858 que Jean Marchand a été payé par Toussaint Thomas.....

Considérant que la solution de la question de savoir si les

sommes exprimées aux stipulations de la donation du 23 juin 1856 font double emploi avec celles dont est mention au testament de la veuve Menu du 3 janvier 1856, devient sans intérêt en ce qui touche la dame Beaudement, puisque, à son égard, la stipulation du 23 juin ne doit pas produire d'effet ;

Considérant, sur la difficulté soulevée aux conclusions des consorts Marchand, demandeurs, laquelle consiste à savoir si les sommes que ne recevront pas les bénéficiaires de la stipulation du 23 juin 1856, devront profiter aux légataires universels de la dame Menu, ou à son donataire Toussaint Thomas,

Qu'elle n'a aucun caractère sérieux ; que, d'une part, il est évident que la donatrice n'a entendu transporter à son donataire que ce qu'elle lui assignait directement et personnellement ; que, d'autre part, le retour ne doit profiter qu'à celui qui a droit de révocation.....

Par ces motifs,

Le Tribunal déclare sans effet, pour défaut d'acceptation, la stipulation insérée dans l'acte de donation du 23 juin 1856, au profit de la dame Beaudement, de la dame Gaidot, et des pauvres de la commune de Genlis ;

En conséquence, donne acte à Toussaint Thomas de sa déclaration qu'il est prêt, comme il l'a toujours été, à payer aux consorts Marchand, demandeurs, la somme de 1,000 francs qui leur a été attribuée par la donation du 23 juin 1856, et à verser entre les mains de qui par justice sera ordonné le surplus des libéralités mises à sa charge dans ladite donation, ainsi que les intérêts qu'il pourrait devoir, etc.

Du 10 août 1859. — Trib. civ. de Dijon. — 1re Ch. — Prés., M. Méaux.

N. B. **Les auteurs** ne sont point d'accord au sujet de la révocabilité de la donation faite à un tiers comme condition ou charge imposée au donataire direct et principal.

Quelques-uns enseignent que tant que le tiers donataire n'a pas accepté, il n'y a de la part du stipulant qu'une pollicitation ; ce n'est, disent-ils, que le concours des deux volontés qui peut faire naître le droit. Par conséquent, si la mort du stipulant arrive avant l'acceptation du donataire indirect, le concours des deux volontés n'étant plus possible, ce dernier ne peut plus profiter de l'offre qui lui a été faite.

D'autres pensent que la mort du stipulant n'annule pas la donation indirecte, mais que les héritiers de celui-ci ont le droit de la révoquer tant que le tiers ne l'a point acceptée. « Nous admettons, dit M. Duranton, que les héritiers du stipulant auraient encore le droit de révoquer, tant que le tiers n'aurait pas accepté ; et en cela nous nous écartons du système de ceux des anciens auteurs qui admettaient la révocabilité tant que cette acceptation n'avait pas été faite, et qui regardaient la clause, en cet état, comme devenue irrévocable seulement par la mort de l'une des parties contractantes ; mais notre opinion, ce nous semble, est bien plus rationnelle et plus conséquente ; car il est de principe que les héritiers, quand il ne s'agit pas de dispositions testamentaires, ont les mêmes droits que leur auteur ; or celui-ci avait le droit de révoquer. »

Cette doctrine est admise par la décision du Tribunal de Dijon.

Art. 344.

Avocat. — Conseil de discipline. — Tableau. — Tribunal. — Appel. — Inscription. — Ministère public. — Bâtonnier.

Est susceptible d'appel la décision d'un Tribunal faisant, à défaut d'un nombre suffisant d'avocats, fonctions de conseil de discipline, et spécialement, la décision qui, en omettant sur le tableau le nom d'un avocat précédemment inscrit, ou en refusant de le réinscrire, opère une véritable radiation devant alors avoir lieu dans les formes déterminées par l'ordonnance de 1822.

L'inscription au tableau constitue, en faveur de celui qui l'a obtenue, une possession d'état, un droit dont il ne peut plus être privé que par des raisons d'incompatibilité ou de discipline, et par une décision motivée, assujettie à des formes déterminées et sujette à l'appel (ord. 1822, art. 13).

Le ministère public chargé de la surveillance des conseils de discipline a les mêmes droits lorsque les fonctions du conseil de discipline sont exercées par le Tribunal, ce qui rend incompatible sa participation comme juge aux décisions prises par le Tribunal.

L'avocat qui, ayant accepté momentanément une position incompatible avec sa profession, a envoyé sa démission au conseil de l'ordre, peut, avant que ce conseil ait régulièrement accepté cette démission, la retirer et continuer à jouir de l'exercice de ses fonctions (ord. 1822, art. 42).

Le bâtonnier de l'ordre des avocats est valablement intimé

19

sur l'appel des décisions rendues par un Tribunal faisant
fonctions de conseil de discipline, et doit être condamné
aux dépens, ès noms, si l'appel est admis par la Cour.
(C. proc. civ., art. 130.)

X. C. X.

Me V... exerçait la profession d'avocat à Mâcon depuis
1826. — Vers le mois de septembre 1858, il accepta la
direction d'un établissement industriel à Tournus. — Il
écrivit en conséquence au bâtonnier de l'ordre pour l'en
prévenir et lui annoncer qu'il renonçait à être inscrit sur
le tableau qui serait formé pour 1858-1859. — Délibération du conseil de l'ordre qui ne comprend pas Me V...
sur ledit tableau. — Quelques mois après, Me V... quitte
l'établissement industriel de Tournus et forme une *de-*
mande en réinscription. — Délibérations du conseil en
date du 24 décembre 1858 et du 23 janvier 1859, qui repoussent cette demande. — Appel de Me V... A la première audience on plaide sur la recevabilité de l'appel.
— Le procureur général demande la remise à huitaine
pour donner ses conclusions. — A la huitaine, Me V...
pose des conclusions très-subsidiaires qui arrêtent le
procureur général et la Cour. — Il s'agissait de la légalité de la composition du conseil, dont faisait partie
M. Vis..., avocat-agréé et agent d'affaires à Tournus. —
On appelle M. Vis... pour donner des explications, et
même pour encourir telle peine qu'il appartiendra.

Vendredi 29 janvier 1859. — Cour impériale de Dijon,
convoquée en assemblée générale pour statuer sur l'appel tranché par le sieur V.... d'une délibération prise

par le conseil de discipline des avocats de Mâcon en date du 24 décembre 1858.

Mᵉ Defranc a pris pour le sieur V... les conclusions suivantes :

Faisant droit sur l'appellation, casser la décision du conseil de discipline du 24 décembre 1858; dire qu'il y avait lieu d'admettre la demande de Mᶜ V...; et dans tous les cas, en raison de sa qualité d'ancien avocat inscrit sur le tableau, le conseil de discipline ne pouvait, sans excès de pouvoir, refuser de le réinscrire; sous réserves de voies disciplinaires, s'il y a lieu;

Ordonner en conséquence, etc.

La Cour continue la cause au vendredi 4 février, sur la demande du procureur général.

4 février 1859. — Mᵉ Defranc a pris les conclusions suivantes :

Plaise à la Cour, très-subsidiairement, dans le cas où elle rejetterait les conclusions principales, annuler, soit la délibération du 16 novembre, soit celle du 24 décembre 1858, soit celle du 23 janvier 1859, comme émanées d'un conseil de discipline illégalement élu, en ce que l'élection a été faite par les cinq avocats résidant à Mâcon, et par M. Vis..., résidant à Tournus (arrondissement de Mâcon), où il est agréé près le Tribunal de commerce, agent d'affaires, et où il exerce une fonction incompatible avec celle d'avocat inscrit au tableau, aux termes de l'art. 42 de l'ordonnance de 1822.

Remise à huitaine. Le 11 février 1859,

ARRÊT.

La Cour,

Considérant qu'alors même que la Cour serait incompétente pour statuer sur le fond du procès, sa compétence ne pourrait être contestée sur le nouveau moyen fourni par l'appelant, qui tend à attaquer l'existence même du pouvoir qui a prononcé contre lui;

Que c'est donc le cas d'examiner d'abord la question préjudicielle que V... propose sous le titre de conclusions très-subsidiaires;

Considérant que, pour être légalement constitués, les conseils de discipline de l'ordre des avocats doivent être composés de cinq membres au moins, et élus par un nombre de votants qui ne peut-être *au-dessous* de 6;

Considérant que, pour concourir à la formation du conseil de discipline, il faut être avocat exerçant près le Tribunal, et par conséquent résidant au siége de la juridiction; qu'il faut d'ailleurs n'être placé dans aucune des incompatibilités prononcées par la loi;

Considérant que, parmi les membres du barreau de Mâcon appelés à constituer le conseil de discipline, se trouve le sieur Vis..., domicilié à Tournus, où il exerce les fonctions d'agréé au Tribunal de commerce, où il remplit souvent celles de syndic dans les faillites déclarées, où il se livre, en un mot, à la profession d'agent d'affaires, ainsi que cela est révélé par les documents du procès;

Que cette situation de M. Vis... est légalement incompatible avec son titre d'avocat, et qu'il n'a pu régulièrement concourir à la formation du conseil de discipline du barreau de Mâcon;

Considérant que, par suite, ce conseil a été constitué par cinq avocats seulement, c'est-à-dire contrairement aux strictes prescriptions de la loi ; que ses délibérations sont, par ce fait, entachées du vice de son origine, et doivent, en conséquence, être annulées comme émanant d'un corps sans pouvoir légal ;

Considérant qu'en l'état de la cause, la Cour n'est pas suffisamment éclairée pour évoquer et statuer sur le fond ;

Considérant que la partie qui succombe, etc. :

Par ces motifs,

La Cour, statuant sur les conclusions subsidiaires présentées par V...., et y faisant droit,

Annule, au regard dudit V..., les délibérations du conseil de discipline de Mâcon portant les dates des 16 novembre, 24 décembre 1858, et 23 janvier 1859, comme illégalement prises et ne pouvant produire d'effet ;

Au fond, renvoie l'appelant à se pourvoir devant qui de droit ;

Condamne, etc.

Le procureur général appelle de nouveau pour le 2 mars M. le Bâtonnier et l'avocat-agréé de Tournus.

2 mars 1859. — Le procureur général conclut à ce qu'il plaise à la Cour lui adjuger les conclusions de l'assignation par lui donnée au bâtonnier et au sieur Vis...; donner acte au ministère public de l'adhésion donnée aux conclusions de ladite assignation par le bâtonnier de Mâcon et le sieur Vis...

La Cour,

Considérant que nul ne peut être inscrit sur le tableau des avocats d'une Cour ou d'un Tribunal, *s'il n'exerce réellement* près de ce Tribunal ou de cette Cour ;

Considérant, d'un autre côté, que la profession d'avocat est incompatible avec tous emplois d'agent à gages ou comptable, et qu'en sont spécialement exclues toutes personnes exerçant la profession d'agent d'affaires ;

Considérant que Vis..., bien qu'il ait prétendu faire partie du barreau de Mâcon, a fixé sa résidence à Tournus (arrondissement de Mâcon), et n'est pas dans la condition de l'exercice réel qu'exige l'article 5 de l'ordonnance du 20 février 1822 ;

Considérant, en outre, qu'il résulte des documents de la cause qu'il remplit les fonctions d'agréé près le Tribunal de commerce de Tournus, qu'il occupe souvent en qualité de syndic dans les faillites déclarées, et se livre publiquement à la profession d'agent d'affaires ;

Considérant que cette situation de Vis... est incompatible avec la profession d'avocat, et qu'il reconnaît lui-même, dans sa lettre au procureur général, qu'il a été indûment porté au tableau de 1857-1858, renonçant en même temps à toute prétention de figurer au tableau de 1858-1859 ;

Considérant que le défaut de qualité de Vis... pour participer à la formation du tableau et à la constitution du conseil de discipline a réduit à cinq le nombre des avocats qui ont pris part à cette double opération ; que par suite ce nombre, qui ne pouvait être moindre de six, est devenu légalement insuffisant, et le conseil sans pouvoir pour prendre aucune délibération valable ;

Qu'il y a lieu, dès lors, de faire droit aux réquisitions du procureur général ;

Considérant que la partie qui succombe, etc. :

Par ces motifs,

Vu l'adhésion de Vis... et de Ch..., non comparants, ce dernier ès nom et qualité qu'il agit, à ce qu'il soit passé outre, la Cour donne acte au procureur général de la déclaration à lui faite par Vis...., dans sa lettre du 22 février 1859, qu'il reconnaît avoir été indûment porté au tableau de 1857-1858, et qu'il n'a aucune prétention à figurer sur le tableau de 1858-1859 ; lui donne acte également de la déclaration écrite de Ch... en qualité de bâtonnier, tant en son nom qu'en celui de ses confrères, qu'en ce qui concerne les conclusions prises contre le conseil de discipline, il s'en remet complétement et entièrement à la décision de la Cour ; statuant sur la réquisition du procureur général, déclare que Vis... a indûment et illégalement concouru à la formation du conseil de l'ordre des avocats de Mâcon, et a été indûment et illégalement inscrit au tableau de cet ordre ;

Ordonne, en conséquence, que son inscription pour l'année 1857-1858 sera considérée comme nulle et non avenue, et dit qu'il ne pourra utilement participer à la composition du conseil, ni faire partie du nouveau tableau pour l'année 1858-1859 ; déclare nulle et de nul effet la constitution du conseil de l'ordre tel qu'il a été composé, ainsi que tous les actes et délibérations auxquels il aurait été par lui procédé, et notâmment la formation du tableau dressé à la date du 16 novembre 1858.

Après l'arrêt du 2 mars et la démission de deux autres avocats de Saint-Gengoux et de Tournus, l'ordre ne se trouvant plus en nombre suffisant pour avoir un conseil, le Tribunal civil de Mâcon devenait conseil de l'ordre.

Il faut remarquer que la fin de l'arrêt du 11 février 1859 renvoie l'appelant V.... *à se pourvoir devant qui de droit.*

6 avril 1859. — Le Tribunal de Mâcon, en assemblée générale, visant la demande en réinscription, l'arrêt de la Cour du 11 février, une nouvelle lettre de Me V..., sta-

tuant administrativement et non en matière disciplinaire, déclare qu'il *n'y a lieu à réinscrire M*ᵉ *V…*

Après un assez long temps, appel par Mᵉ V… signifié au bâtonnier et à M. le procureur impérial.

Arrêt de la Cour de Dijon, ainsi conçu :

La Cour,

Sur la fin de non-recevoir résultant de ce que la matière ne serait pas appelable : — Considérant qu'il appartient aux Cours de statuer sur l'organisation et la validité de la composition des conseils de discipline des avocats, toutes les fois qu'elles sont saisies de ces questions, soit dans un intérêt d'ordre public par M. le procureur général, soit dans un intérêt privé par l'appel des parties qui se prétendent lésées dans leurs droits par les décisions d'un conseil irrégulièrement formé; Considérant qu'il en est de même lorsqu'il s'agit de statuer sur la composition d'un Tribunal faisant, à défaut d'un nombre suffisant d'avocats, fonctions de conseil de discipline; qu'ainsi, et sous ce premier rapport, l'appel de V…, en tant qu'il porte sur la composition du Tribunal de Mâcon, qu'il prétend irrégulière, est recevable; — Considérant, d'autre part, que le Tribunal de Mâcon, en omettant sur le tableau de 1858-1859 le nom de V…, ou en refusant de le réinscrire sur un tableau où il avait été porté sans interruption depuis 1826, a opéré une véritable radiation de son nom, qui ne pourrait avoir lieu que dans les formes déterminées par l'ordonnance de 1822 et sous la condition de l'appel; — Considérant, en effet, que, sans examiner la question de savoir si les conseils de discipline et les tribunaux qui les représentent peuvent refuser arbitrairement et sans contrôle d'inscrire sur la liste un avocat qui se présente pour la première fois, il faut reconnaître que cette inscription, une fois opérée, constitue en faveur de celui qui l'a obtenue une possession d'état, un droit dont il ne peut plus être privé que par des raisons d'incompatibilité ou de discipline et par une décision motivée, assujettie à des formes déterminées et sujette à l'appel ; que supposer que les conseils de discipline peuvent, dans la révision annuelle de leur liste, administrativement et sans donner de motifs, omettre contre son gré le nom d'un avocat qui s'y trouvait l'année précédente, ce serait accorder plus d'effet à une radiation par voie indirecte et sans garanties, qu'à la radiation prononcée en vertu de l'art. 18 de l'ordonnance du 20 novembre 1822, ce qui est impossible à admettre ; — Que, même dans le cas où le nom de l'avocat a momentanément cessé d'être inscrit sur la liste par suite d'une interruption de fonctions, l'art. 13 de l'ordonnance, lorsque l'avocat demande sa réinscription, ne donne au conseil que le droit de statuer sur le rang qu'il occupera, et non sur le fait de sa réinscription ; — Qu'ainsi, et quelle que soit la position de V..., la Cour est saisie d'une matière dont la décision souveraine est de sa compétence, et que, sous tous les rapports, la fin de non-recevoir est mal fondée ;

Sur la demande en nullité de la décision rendue par le Tribunal : — Considérant que le ministère public est chargé de la surveillance des conseils de discipline, de veiller à leur organisation légale et à ce qu'ils se maintiennent dans l'ordre de leurs attributions ; qu'il peut prendre devant eux des réquisitions et déférer leurs décisions aux Cours, pour, suivant les cas, les faire annuler ou réformer ; que les droits du ministère public sont les mêmes lorsque les fonctions du conseil de discipline sont exercées par le Tribunal, ce qui rend par conséquent incompatible sa participation comme juge aux décisions prises par le Tribunal en cette matière ; — Considérant, en fait, que, les membres du parquet de Mâcon ayant pris part soit à la délibération, soit au vote de la décision rendue par le Tribunal le 6 avril dernier, cette décision doit être annulée dans l'intérêt de V..., qui le demande ; et que, par suite, il y a lieu d'évoquer, si la matière est prête à recevoir jugement au fond ;

Sur le fond : — Considérant que V... était inscrit au tableau de 1857-1858, qui, d'après les décisions judiciaires intervenues, n'a pas cessé d'exister jusqu'au jour où le Tribunal a été appelé à en former un nouveau ; qu'à la vérité, V..., ayant accepté momentanément une position incompatible avec la profession d'avocat, avait, le 14 novembre 1858, adressé sa démission à l'ordre dont il faisait partie ; mais qu'elle est arrivée à un conseil irrégulièrement constitué, qui n'a pu l'accepter ; que, depuis, V... ayant renoncé à cette position, qu'il n'a exercée que pendant un temps très-court, a retiré sa démission pour reprendre sa place au barreau, où il a trouvé son inscription toujours subsistante ; — Considérant que l'interruption accidentelle intervenue dans l'exercice de sa profession n'a pas eu pour effet· de détruire *ipso facto* sur la liste son inscription, qui ne pouvait disparaître que par une décision régulière, et que le Tribunal, trouvant cette inscription existante, n'a pu l'anéantir, ni en vertu d'une démission qui était retirée, ni par suite d'une incompatibilité qui avait cessé ;

Sur les reproches de fraudes et infractions qui ont pu être dirigés contre V... devant le Tribunal, et qui ont été produits devant la Cour par M. le procureur général, sans qu'il ait insisté sur la partie écrite de ses conclusions par laquelle il demandait à ne les faire connaître que hors de la présence de V... et de son conseil ;

Considérant que ces imputations adressées à V... sont, ou dès à présent détruites, ou tellement dépourvues de précision et de certitude, qu'il est impossible de s'y arrêter ; que, d'ailleurs, elles ne sont présentées aujourd'hui que dans le but d'empêcher administrativement le maintien d'une inscription qui ne peut disparaître par ce moyen ; et que, si elles avaient quelque fondement sérieux, c'est sous forme de poursuites disciplinaires qu'elles devaient être présentées, ce qui n'existe pas ;

Sur les dépens : — Considérant que V..., demandant la réformation d'une décision rendue dans l'intérêt de l'ordre des avocats, a dû nécessairement intimer le bâtonnier, pour que la décision à intervenir fût contradictoire avec lui ; et que, V... réussissant dans son appel, les dépens de cette procédure doivent être à la charge du bâtonnier, qualité qu'il agit :

Par ces motifs,

Sans s'arrêter à la fin de non-recevoir, faisant droit à l'appel, annule, en ce qui concerne V..., la décision du Tribunal de Mâcon du 6 avril dernier ; évoquant et statuant au fond, ordonne que le nom de V..., inscrit sur le tableau des avocats de 1857-1858, demeure maintenu et inscrit sur celui de 1858-1859 ; condamne le bâtonnier, qualité qu'il agit, aux dépens.

Du 20 juillet 1859. — Cour impériale de Dijon. — 1re Chambre. — Prés., M. Muteau.

Art. 345.

Dépens. — Instance en partage. — Héritiers. — Tiers détenteurs. — Créanciers. — Insuffisance d'offres.

L'action en partage doit être dirigée contre les héritiers ou les acquéreurs de droits successifs, et ne peut pas être

exercée contre les tiers détenteurs de biéns héréditaires,
alors même qu'ils détiendraient tous les immeubles de la
succession.........Dès lors, les frais exposés par le
créancier de l'un des héritiers sur une instance en par-
tage poursuivie contre celui-ci et ses cohéritiers tombent
à la charge des tiers détenteurs des immeubles hypothé-
qués, et les offres du principal et des intérêts de la
.créance, déduction faite des frais de partage, sont in-
suffisantes. (Art. 815 et 2205 du Code Napoléon.)

(Falcoz contre Viennois-Veau et Petit.)

Le quinze juin 1857, le sieur Jean-Baptiste Falcoz,
marchand à Sens, a obtenu à la justice de paix de Pierre,
contre le sieur François Nivet, un jugement condamnant
celui-ci à lui payer la somme de cent quarante-quatre
francs cinq centimes pour prix de marchandises vendues, avec intérêts à partir du dix juin 1857.

Le 7 juillet 1857, une inscription fut prise, en vertu de
ce jugement, au nom du sieur Falcoz, sur tous les biens
présents et à venir du sieur François Nivet, son débiteur.

Au commencement de l'année 1858, le sieur François
Nivet et la demoiselle Marie Nivet, sa sœur, recueillirent
la double succession des sieurs Jean-Marie et Jean
Nivet, leurs frère et père.

Le 5 avril 1858, les deux héritiers François et
Marie Nivet vendirent aux sieurs Viennois-Veau et Petit
les immeubles qu'ils venaient de recueillir dans la succession de leur frère et de leur père, en se bornant à faire
mentionner dans les actes de vente l'origine des biens,

mais sans indiquer s'ils composaient ou non tout l'actif héréditaire immobilier qui leur était dévolu.

Dans les premiers mois de l'année 1859, le sieur Falcoz, procédant du chef de François Nivet, son débiteur, assigna celui-ci, ainsi que la nommée Marie Nivet, sa cohéritière, par-devant le Tribunal, dans le but d'arriver au partage des successions tant mobilières qu'immobilières leur provenant de leurs père et frère. Les sieurs Viennois-Veau et Petit ne furent pas appelés dans cette instance en partage.

Le 3 septembre 1859, on procéda au tirage des deux lots formés par l'expert commis à cet effet, et, par suite de ce tirage, il advint que les sieurs Viennois-Veau et Petit détenaient tous deux des immeubles tombés au lot de François Nivet, et frappés par suite de l'hypothèque judiciaire du sieur Falcoz.

Le 8 septembre 1859, le sieur Falcoz fit commandement au sieur François Nivet de payer les sommes à lui dues ; et le quatorze septembre 1859 il fit sommation aux sieurs Viennois et Petit de payer ou de délaisser les immeubles échus à François Nivet.

Le 18 octobre 1859, les tiers détenteurs répondirent à la sommation par des offres réelles renfermant le principal de la créance, les intérêts, et autres frais accessoires, à l'exception des dépens occasionnés par l'instance en partage, qui, d'après leurs prétentions, aurait dû être dirigée contre eux, qui avaient seuls intérêt pour y défendre.

Le sieur Falcoz, de son côté, a soutenu qu'il n'avait pas le choix de diriger son action contre telles ou telles personnes; que la loi lui avait imposé l'obligation de l'exercer contre ceux qui avaient la saisine héréditaire, et qui ne s'en étaient pas dépouillés, puisqu'ils n'avaient fait que vendre à titre singulier les immeubles dépendant des deux successions qu'ils avaient recueillies.

C'est en présence de ces faits et discussions, qu'est intervenu le jugement dont la teneur suit :

JUGEMENT.

Attendu qu'aux termes de l'article 2205 du Code Napoléon, la part indivise d'un cohéritier dans les immeubles d'une succession ne peut être mise en vente par les créanciers personnels qu'après un partage préalable ;

Que Falcoz, créancier hypothécaire de François Nivet en vertu d'un jugement, ne pouvait poursuivre le recouvrement de sa créance qu'après que la part des biens revenant à ce dernier dans les successions de ses père et frère aurait été déterminée ;

Attendu que l'action en partage ne peut être exercée que contre des héritiers ou acquéreurs de droits successifs; que les sieurs Viennois et Petit ne sont que des acquéreurs à titre particulier d'immeubles provenant des successions échues à François Nivet et à Marie Nivet sa sœur ;

Que dès lors ce n'était point contre eux que l'action en partage devait être intentée ;

Que, Falcoz ayant regulièrement procédé, les frais de cette instance doivent être supportés par Viennois et Petit, comme accessoires de la créance ;

Que les offres desdits Viennois et Petit, ne comprenant pas ces frais, sont insuffisantes :

Par ces motifs,

LE TRIBUNAL déclare insuffisantes les offres de la somme de

deux cent quinze francs dix centimes contenues au procès-
verbal du treize octobre 1859 ; donne mainlevée de l'opposition formée par les prénommés aux contraintes de Falcoz ; ordonne que les poursuites commencées continueront jusqu'à
l'entier payement de sa créance en principal, intérêts et frais ;
et condamne les opposants aux dépens.

Du 24 novembre 1859. — Trib. civ. de Louhans. —
M. Lorin de Reure, faisant fonct. de Prés. — M. Doncieux,
Procureur impér.

OBSERVATIONS.

Le jugement qui précède nous semble avoir fait une
juste application des principes du droit à l'espèce sur
laquelle il a statué.

Cette question n'est pas neuve en jurisprudence, et il
existe en cette matière des précédents importants qui
avaient déjà nettement tracé les règles dont le Tribunal
de Louhans a fait de nouveau une judicieuse application.

Ainsi, un arrêt de la Cour de cassation en date du 6
décembre 1825, rendu par la Chambre des requêtes,
avait posé en principe que l'action en pétition d'hérédité ne pouvait être exercée que contre des cohéritiers
ou des acquéreurs de droits successifs, et que celle intentée contre un tiers acquéreur à titre particulier des
biens de la succession était non recevable.

Rejet, 6 décembre 1825 (Sirey, t. 26, 1, 419. —
D. p., 26, 1, 45). — C'est aussi l'opinion émise par Va-
zeille sous l'art. 816, n° 5.

Enfin, un nouvel arrêt émané de la Cour de cassation,
et rendu dans une espèce presque identique à celle ter-

minée par le jugement du 24 novembre 1859, décide
que le partage que le créancier qui a une hypothèque
sur la part indivise d'un cohéritier dans un immeuble
de la succession est autorisé à provoquer, est un partage
de la succession *entière*, et non pas seulement un partage
partiel de l'immeuble hypothéqué, et que cette règle
s'applique même au cas où les cohéritiers ont eux-
mêmes, et avant partage, vendu en commun l'immeuble
hypothéqué. — 16 janvier 1833, rejet (Sirey, t. 33,
1, 87. — D. p., 33, 1, 82).

Art. 346.

Partage. — Soulte dissimulée. — Réclamation. — Preuve. — Droit de titre.

Le droit de titre est exigible dès qu'on excipe, à l'appui
d'une demande, d'une convention qui eût dû être enregis-
trée et qui ne l'a pas été. Il n'y a pas à distinguer si le
litige a lieu entre toutes les personnes qui ont pris part
à cette convention, ou s'il se restreint à l'une d'elles, qui
s'en prévaut contre un tiers.

(Dame Masuyer contre l'administration de l'enregistrement.)

Lors d'un partage sous seing privé fait avec son frère
et sa sœur, une femme Masuyer avait stipulé de ceux-ci,
à son profit, une soulte de 4,000 fr., qui fut dissimulée
audit acte. Plus tard, cette femme, se faisant séparer
de biens et se disposant à exercer ses reprises, voulut

y faire comprendre cette soulte. Elle demanda à prouver par témoins, et prouva non-seulement la stipulation de ladite soulte, mais encore le payement qui en avait été effectué entre les mains de son mari. Jugement qui condamne ce dernier à payer les 4,000 fr., et sur lequel le receveur d'enregistrement perçoit les droits et doubles droits au taux fixé pour les soultes de partage.

Demande en restitution de la femme Masuyer, fondée sur ce que le droit perçu n'est dû que quand le jugement intervenu remplace exactement le titre qui aurait dû être enregistré et qui ne l'a pas été. Or ce jugement, rendu en l'absence de son frère et de sa sœur, contre son mari seul, est, à l'égard de ceux-ci, *res inter alios acta*. Il ne fait pas titre contre eux, il ne tient pas lieu de l'acte additionnel de partage qui eût dû être enregistré et qui ne l'a pas été. Il n'est donc pas passible du droit de titre. C'est une mutation secrète régie par d'autres règles, et pour laquelle l'administration peut attaquer les possesseurs actuels, le frère et la sœur de la demanderesse. L'administration répond que la femme Masuyer, à l'appui de sa demande contre son mari, a excipé d'une convention qui aurait dû être enregistrée et qui ne l'a pas été, qu'elle en a établi l'existence de la manière la plus formelle, et qu'aux termes de la législation sur la matière, elle est passible du droit et du double droit ; que le jugement fait titre à son profit, non contre ses frère et sœur, qui ont payé, mais contre son mari, le seul qu'elle ait intérêt à actionner ; que cela suffit pour justifier la perception au sujet de laquelle elle réclame.

JUGEMENT.

Le Tribunal, après avoir entendu M. le juge-commissaire en son rapport, et M. le Procureur impérial par l'organe de son substitut, en ses conclusions conformes;

Vu l'art. 69, § 2, n° 9, de la loi du 22 février an VII;

Attendu que cette disposition édictée contre la fraude a eu pour but d'atteindre, lorsqu'elles se produisent en justice à l'appui d'une demande, toutes conventions dont le titre, s'il eût existé, aurait été susceptible d'enregistrement;

Attendu qu'elle est conçue en termes absolus qui ne permettent pas de distinguer le cas où l'un des contractants excipe de la convention contre un tiers, de celui où le litige n'existe qu'entre les seules parties contractantes;

Attendu que la dame Masuyer, après séparation de biens obtenue, a demandé à établir contre son mari que, lors d'un partage sous seing privé fait le 29 septembre 1843 entre elle et ses frère et sœur, une soulte de quatre mille francs, omise audit acte, avait été stipulée à son profit;

Attendu que, cette preuve faite, le Tribunal, par jugement du 26 août 1858, a ordonné que ladite somme de quatre mille francs serait ajoutée au chiffre des reprises de la dame Masuyer, et a condamné son mari à lui en payer le montant;

Attendu que c'est à juste titre que, lors de l'enregistrement dudit jugement, le receveur a perçu sur cette soulte les droits et doubles droits établis par la loi :

Par ces motifs,

LE TRIBUNAL déclare la dame Masuyer mal fondée dans sa demande en restitution, l'en déboute, et la condamne aux dépens.

Du 8 décembre 1859. — Trib. civ. de Louhans. — MM. Garnier, Prés.; Cival, Rapp.; Deshaire, Subst.

Art. 347.

Licitation. — Indivision subsistante. — Droit de transcription.

Le droit de transcription est dû sur l'intégralité de la valeur des biens licités, toutes les fois que la licitation intervenue entre plusieurs cohéritiers ou copropriétaires, ne fait pas cesser complétement l'indivision, notamment lorsqu'elle a lieu en l'absence d'un cohéritier ou copropriétaire qui conserve des droits indivis dans un ou plusieurs des immeubles compris dans la licitation.

(Petit contre l'administration de l'enregistrement.)

Par acte sous seing privé du 20 septembre 1858, les consorts Petit ont réglé leurs intérêts et licité en bloc les biens indivis entre eux et leur provenant de trois successions non encore partagées. Tous les immeubles, évalués ensemble à 72 mille francs, ont été attribués à M. Alphonse Petit, à la charge de payer à sa sœur une somme de 36,000 fr. Le droit de soulte a été payé sur cette somme lors de l'enregistrement dudit acte. Depuis, l'administration a réclamé, sur les 72,000 fr., 1 fr. 50 c. pour 0/0 à titre de droit de transcription. Elle s'est fondée sur ce que deux des immeubles déclarés indivis avec une dame Didier étaient restés tels vis-à-vis de cette dame, depuis et nonobstant l'acte qualifié licitation. Dès lors, a dit l'administration, le principe de l'art. 883 du Code Nap. ne s'applique plus à un tel acte. Il est sujet à transcription et doit en payer les droits.

M. Alphonse Petit, sans contester l'étendue de la perception réclamée, sans prétendre la restreindre, soit aux 36,000 fr. prix de la part de sa sœur, soit à la valeur non spécifiée des deux immeubles demeurés indivis, alléguait qu'il n'avait voulu que partager la succession de sa mère, que sur ce point il avait fait cesser l'indivision.

L'administration répondait victorieusement qu'un des immeubles indivis était précisément dans la succession de sa mère;

Que quant à l'autre, il dépendait de la succession d'un aïeul, dans laquelle ils avaient pour cohéritière une tante qu'ils auraient dû appeler et qu'ils n'avaient pas appelée lors du règlement de leurs intérêts communs.

Contrainte décernée par l'administration pour obtenir le payement du droit de transcription.

Opposition de M. A. Petit à cette contrainte.

JUGEMENT.

Considérant que les actes de licitation ou partage sont considérés comme translatifs de propriété toutes les fois qu'ils ne font pas cesser complétement l'indivision entre tous les cohéritiers ou copropriétaires, et, comme tels, passibles du droit de transcription établi par l'art. 54 de la loi du 28 avril 1816;

Considérant que l'acte sous seing privé du 20 septembre 1858 laisse subsister l'indivision relativement à deux immeubles (les domaines du Fay et de Ratte);

Considérant qu'il n'est pas exact de prétendre que l'acte dont il s'agit n'ait eu pour but que de partager la succession de la dame Petit née Boudier;

Que les parties ont exprimé formellement l'intention de partager ou liciter tout ce qui était indivis entre elles, notamment la succession du sieur Boudier père;

Considérant que dans cette succession se trouve un immeuble (celui de Ratte) indivis entre elles et la dame Didier née Boudier, leur tante;

Que celle-ci, dès lors, était cohéritière des enfants Petit dans la succession susdite, et que, pour faire cesser complétement l'indivision, elle aurait dû être appelée au partage du 20 septembre sus-relaté;

Considérant qu'elle devait aussi y être appelée à raison de son droit de copropriété dans le domaine du Fay, dépendant de la succession de sa sœur la dame Petit;

Qu'à défaut par elle d'y avoir participé, l'acte du 20 septembre 1858 est passible du droit de transcription sur la somme de 72,000 francs:

Par ces motifs,

Le Tribunal déboute le sieur Petit de l'opposition par lui formée; ordonne que la contrainte décernée par l'administration de l'enregistrement le 3 septembre 1859 recevra sa pleine et entière exécution, jusqu'à parfait payement des sommes pour lesquelles elle a procédé; condamne ledit sieur Petit aux dépens.

Du 9 décembre 1859. — Trib. civ. de Louhans. — M. Garnier, Prés.—M. Cival, Rapp.—M. Deshaires, Subst.

Art. 348.

Société civile. — Assurances mutuelles contre la grêle. — Payement des primes. — Défaut d'autorisation.

Lorsque des propriétaires se sont engagés à payer à une

société d'assurances mutuelles contre la grêle des primes
pendant un certain nombre d'années, ils ne peuvent se
refuser à payer la prime pour une de ces années en oppo-
sant que la société n'a pas d'existence légale à défaut
d'autorisation.

Une société de cette nature, soit qu'on la considère comme
une société en participation ou comme une société mu-
tuelle, n'a pas besoin d'autorisation pour exister légale-
ment.

(Maas contre Venot.)

Suivant police faite à Dijon le 28 mai 1853, le sieur
Venot, propriétaire, demeurant à Saint-Apollinaire, a
assuré contre la grêle, à la Compagnie l'*Abeille,* dont le
siége est à Dijon, les propriétés qu'il possède sur le territoire de cette commune.

Dans cette police, la prime d'assurance est stipulée
payable au domicile du directeur, chaque année et dans
le mois de janvier.

Le sieur Venot, qui n'avait payé sa prime de 1854 qu'à
la suite d'une instance judiciaire dirigée contre lui, refusa de payer celle de 1855.

En conséquence, le sieur Maas présenta requête à
M. le président du Tribunal civil de Dijon, et, en vertu
de l'ordonnance qui fut rendue par ce magistrat le 27
novembre 1855, il fit assigner le sieur Venot à comparaître extraordinairement devant ce Tribunal le 29 du
même mois.

Le défendeur soutint que s'il avait souscrit une police
d'assurances envers l'*Abeille,* cette société était faussement qualifiée de société civile en participation ; qu'en

réalité c'était une société d'assurances mutuelles qui
n'avait jamais eu d'existence régulière et sérieuse ; que.
même cette société irrégulière avait cessé d'exister de
fait, et avait été remplacée par une nouvelle société
anonyme d'assurances à primes fixes et au capital social
de 2 millions. Enfin, il allégua qu'il avait notifié d'une
manière régulière au sieur Maas, le 23 mai 1855, qu'il
entendait faire cesser les effets de sa police d'assurance
et dégager le sieur Maas des obligations qui pouvaient
résulter de cette police, comme aussi il se considérait
comme dégagé de ses propres obligations.

Le Tribunal de Dijon a rendu un jugemeut qui est
conçu en ces termes :

Considérant que, le 28 mai 1855, Venot a assuré pour le laps
de cinq années, à la Compagnie d'assurances contre la grêle
dite l'*Abeille*, les récoltes des propriétés qu'il possède et qu'il
exploite, moyennant une prime annuelle de 255 fr. 35 c. ;

Considérant que ledit Venot a acquitté pour 1853 et 1854
les primes à sa charge ;

Et que, pour 1855, il a fourni aux agents de la Compagnie
l'*Abeille* l'état de ses propriétés ensemencées ;

Que cette compagnie n'avait pas cessé d'exister en 1855 ;

Que, soit qu'on la considère comme société en participation
ou comme société mutuelle, elle n'avait pas besoin d'autorisation pour exister légalement ;

Que Venot, qui a librement fait sa condition, ne peut, pour
le temps passé, se dispenser de satisfaire à ses engagements ;

Que vainement il allègue que la Compagnie l'*Abeille* se trouvait dans l'impossibilité de remplir ses obligations ; qu'il doit
s'imputer, s'il en est ainsi, d'avoir agi inconsidérément, et que

nul motif sérieux et fondé n'existe devant le dispenser de payer la prime qu'il doit pour 1855 ;

Considérant, sur la demande reconventionnelle de Venot, que Maas, qualité qu'il est au procès, déclare être prêt à résilier la police d'assurance pour le temps qui en reste à courir, y compris l'année 1856, ou, si Venot y consent, à faire continuer l'assurance par la nouvelle compagnie l'*Abeille bourguignonne*, récemment autorisée par décret impérial ;

Qu'il suffit de donner acte de cette déclaration faite sans réserves en plaidant ;

Considérant que la fin de non-recevoir indiquée dans les conclusions de Venot n'est que de pur style ;

Considérant que la partie qui succombe doit supporter les dépens :

Par ces motifs,

LE TRIBUNAL condamne Venot à payer à M. Maas, qualité qu'il agit, avec intérêts à partir du jour de la demande en justice, la somme de 255 fr. 35 c., qu'il lui doit pour solde de sa prime d'assurances contre la grêle pour l'année 1855, etc.

Du 2 juillet 1859. — Trib. civ. de Dijon.

ART. 349.

Serment déféré subsidiairement. — Supplétif.

Le serment qui a été déféré subsidiairement ne peut être considéré que comme serment supplétif.

(Bachelet C. Bachelet.)

Considérant, en ce qui touche le serment, qu'il n'a été déféré par Claude Bachelet à Jules Bachelet, son frère, que très-subsidiairement; qu'il n'avait donc pas le caractère de serment décisoire, et ne pouvait être considéré que comme serment supplétif, abandonné dès lors à la discrétion du juge, qui ne peut cependant l'ordonner, aux termes de l'art. 1367 C. N., qu'autant que la demande ou l'exception ne sont ni pleinement justifiées ni totalement dénuées de preuves;

Considérant que, dans la cause, le prétendu fait duquel Claude Bachelet voudrait faire résulter une exception contre la demande en dommages-intérêts de son frère, à savoir : que ce dernier aurait, antérieurement à la vente fictive de la maison par acte du 26 juillet 1856, donné son consentement pur et simple à la résiliation du bail, — ne repose que sur la simple allégation dudit Claude Bachelet, sans aucun indice ni la moindre présomption à l'appui; que dès lors il ne pouvait y avoir lieu au serment supplétif, non plus qu'au serment décisoire :

Par ces motifs,

La Cour, etc.

Du 18 novembre 1859. — Cour imp. de Dijon. — 1re Ch. — Prés., M. Legoux.

Art. 350.

Séparation de corps. — Ordonnance du président. — Appel. — Résidence provisoire. — Exclusion du mari. — Garde des enfants.

1o *Est susceptible d'appel l'ordonnance rendue par le président en vertu de l'art. 878 Code proc. civ., lorsque, soit par la nécessité des circonstances, soit par excès de pouvoir, cette ordonnance statue sur un véritable contentieux.*

2° *Le président peut assigner à la femme, à l'exclusion du mari, pour lui servir de résidence provisoire pendant l'instance en séparation de corps, la maison que les époux habitent, lorsque cette maison appartient à la femme avec tout le mobilier qui s'y trouve, ainsi que le train d'agriculture dont celle-ci a la gestion.*

3° *Mais il ne peut pas confier provisoirement et à l'exclusion du mari la garde des enfants à la femme.*

(Fourney C. f. Fourney.)

Considérant que, s'il est vrai que les décisions rendues et les mesures prescrites par le président du tribunal dans les limites du pouvoir discrétionnaire dont l'investit l'art. 878 C. proc. civ., soient affranchies, par leur nature conciliatrice et paternelle, du contrôle de l'autorité supérieure, il ne peut plus en être de même, et les parties doivent rentrer dans le droit commun d'appel, lorsque, soit par la nécessité des circonstances, soit par un excès du pouvoir qui lui est confié, l'ordonnance du magistrat se trouve avoir statué sur un véritable contentieux;

Considérant qu'il en est évidemment ainsi dans l'espèce, au regard d'abord de la résidence provisoire assignée à la femme, puisque, par le fait même de l'assignation de cette résidence, avec exclusion du mari, dans la maison qui était la demeure commune et le domicile légal des deux époux, l'ordonnance a directement touché aux droits de l'autorité maritale, et statué bien moins par indication à la femme d'une résidence provisoire, que par intimation au mari d'avoir à sortir du lieu qui constituait le domicile conjugal; qu'il en est de même encore de la disposition de l'ordonnance qui, toujours à l'exclusion du mari, ordonne que les enfants issus du mariage demeureront provisoirement confiés à la garde et aux soins de leur mère;

Que, ici encore, il y a atteinte à l'autorité du père de famille, au delà des termes et des prévisions de l'art. 878 ;

Que, sur ces deux chefs de l'ordonnance, l'appel est donc recevable ;

Au fond, et sur le premier chef, — Considérant qu'il est constant en fait que la maison dans laquelle habitent les deux époux est une maison propre à la dame Fourney, circonstance qui, à elle seule, ne serait pas suffisante pour en faire sortir le mari ; mais que, de plus, la dame Fourney est séparée de biens en vertu de jugement du Tribunal de Dijon du 17 novembre 1858, auquel il a été acquiescé par Fourney, et se trouve à la tête d'un train d'agriculture dont le mobilier, ainsi que tout le mobilier intérieur garnissant la maison, lui a été vendu et cédé par son mari aux termes d'un acte reçu Me Jougant, notaire à Arc-sur-Tille, dès le 13 octobre précédent ; que, en cet état exceptionnel, et ladite maison ne paraissant pas pouvoir, sans de graves inconvénients, comporter, pour les deux époux, une habitation même distincte et séparée, l'ordonnance dont est appel doit être maintenue en ce qu'elle assigne à la femme, à l'exclusion du mari, ladite maison pour lui servir de résidence provisoire pendant l'instance en séparation de corps ;

Sur le deuxième chef, — considérant que l'art. 878 ne fait aucune mention des enfants et ne renferme aucune disposition dans laquelle on puisse trouver même le germe d'une autorisation, pour le président du tribunal, de statuer sur la garde provisoire desdits enfants ; — que le droit de statuer à cet égard reste exclusivement réservé à la juridiction ordinaire, aussi bien que sur les demandes en simples provisions, conformément à la disposition finale du même art. 878 ;

Que l'ordonnance dont est appel doit donc, de ce chef, être annulée, la surveillance du père de famille demeurant maintenue de plein droit tant qu'il n'en aura pas été autrement et régulièrement ordonné.........

Par ces motifs,

La Cour, sans s'arrêter a la fin de non-recevoir opposée par la dame Fourney à l'appel interjeté par son mari de l'ordonnance rendue entre les parties par M. le président du Tribunal civil de Dijon le 20 août 1859, déclare ledit appel recevable sur l'un et l'autre des deux chefs faisant l'objet de ladite ordonnance;

Et, statuant au fond, — sans s'arrêter à l'appellation sur le premier chef, maintient l'ordonnance en ce que, pour satisfaire au vœu de l'art. 878 C. proc. civ., qui, à défaut d'accord à cet égard entre les parties, charge le président d'indiquer d'office la maison où la femme se retirera provisoirement, — ladite ordonnance a, à cet effet, assigné à la dame Fourney sa propre maison, dont Fourney sera tenu de se retirer, soit volontairement, soit, au besoin, comme contraint par les voies de droit;

Sur le deuxième chef, en ce qui concerne les enfants, faisant droit à l'appellation, déclare nulle et non avenue la disposition de l'ordonnance qui ordonne que les enfants resteront provisoirement confiés aux soins et à la garde de leur mère, — la surveillance du père de famille demeurant maintenue de plein droit;

Du 28 décembre 1859. — 1re Ch. — Prés., M. Legoux.

N. B. Il paraît difficile d'admettre qu'une simple ordonnance du président puisse ainsi expulser le mari du domicile commun. Les textes du Code Nap. et ceux du Code de procédure civile (art. 268 et 878) supposent bien que c'est la femme qui sera autorisée à se retirer de ce domicile. C'est une faculté que la loi lui accorde. Cette faculté ne peut être convertie par le juge en un droit rigoureux contre le mari, en une mesure qui est une grave atteinte à l'autorité maritale. L'opinion consacrée par la Cour de Dijon est cependant enseignée par M. Demolombe (vol. IV, n° 457).

Le même auteur accorde aussi au président le droit de pourvoir provisoirement à la garde des enfans, mais seulement lorsqu'il y a urgence, et il pense que ce doit être là, autant que possible, l'exception et non la règle (*loc. cit.*, n° 452).

Toutes ces décisions peuvent bien tenir compte des nécessités de la pratique ; mais nous doutons fort qu'elles soient d'accord avec les prescriptions de la loi.

Si on décide que l'ordonnance peut chasser le mari de son domicile, pourquoi ne pas faire comme M. le président du Tribunal de Dijon, et ne pas lui enlever provisoirement ses enfants, si cela est nécessaire ? Les dispositions de la loi ne sont pas plus contraires à cette seconde solution qu'à la première, et il y a au moins quelque logique dans cette opinion que nous croyons être une erreur. L'arrêt de la Cour de Dijon, pour justifier la distinction qu'il fait, dit que l'art. 878 ne renferme aucune disposition quant à la garde des enfants. Mais, vraiment, il est bien difficile de trouver une disposition, *même en germe*, concernant l'expulsion du mari. L'art. 268 Code Nap. porte que la femme *pourra quitter le domicile* du mari pendant la poursuite, et l'art. 878 Code proc. civ. ajoute : « Le président autorisera la femme *à se retirer* provisoirement dans telle maison, etc. » Est-ce que ces deux dispositions peuvent, quelque bonne volonté qu'on en ait, se plier à l'interprétation de M. Demolombe, de M. le président du Tribunal et de l'arrêt de la Cour de Dijon?

On allègue les inconvénients résultant des intérêts matériels qui peuvent rester en souffrance si la femme s'éloigne du domicile commun. Mais n'y a-t-il pas un plus grand inconvénient à contraindre ainsi le chef de famille à déposer par mesure provisoire le sceptre du ménage? Qu'il soit obligé de l'abandonner quand le Tribunal l'aura ordonné, très-bien ; mais jusque-là , respect à l'autorité maritale aussi bien qu'à la puissance paternelle! Telle est du moins notre opinion.

H. F. R.

Art. 351.

Lettre missive. — Caractère. — Diffamation. — Dommages-intérêts.

Toute lettre adressée à un tiers est réputée confidentielle, et ne peut, en règle générale, servir de base à une action en dommages-intérêts de la part de celui qui s'y prétendrait diffamé.

(Arcelot de Dracy C. Clémencet-Jeanniard.)

Considérant, sur la première question, que l'action en dommages-intérêts intentée par Clémencet-Jeanniard contre Arcelot de Dracy est basée sur deux lettres que celui-ci aurait écrites le 20 février 1858 à Coquillon et à Augustine Godard, de Chailly ; — que la lettre adressée à Coquillon, la seule qui soit produite au procès, renferme, à l'égard de Clémencet-Jeanniard, des imputations de nature à porter atteinte à son honneur et à son crédit, et dont tous les éléments de la cause démontrent la malveillance et la fausseté ;

Considérant qu'il n'apparaît d'aucun document du procès et qu'il n'est pas même allégué qu'Arcelot de Dracy ait coopéré d'une manière quelconque à la divulgation du contenu de cette lettre ; que les indiscrétions qui en ont révélé l'existence ne semblent pas davantage devoir être attribuées à Coquillon, qui ne s'est dessaisi de la lettre que sur la demande du juge de paix du canton de Pouilly, lequel l'a remise à Clémencet-Janniard ;

Considérant que la lettre adressée par Arcelot de Dracy à Augustine Godard n'est pas représentée, et que son existence, déniée par Arcelot de Dracy, n'est constatée que par une déclaration d'Augustine Godard, aujourd'hui décédée, déclaration provoquée par le juge de paix du canton de Pouilly, sur la demande expresse de Clémencet-Jeanniard ; que, d'après cette déclaration, la lettre, considérée par la destinataire comme purement confidentielle, a été aussitôt détruite ; que son contenu était demeuré secret, et n'a été révélé que par suite de l'intervention du juge de paix ;

Considérant qu'en cet état des faits, il y a lieu d'examiner si Clémencet-Jeanniard peut faire peser sur Arcelot de Dracy la responsabilité du préjudice qu'il prétend avoir éprouvé par suite de la divulgation des deux lettres émanées de ce dernier ;

Considérant que toute lettre adressée à un tiers est réputée confidentielle, et que l'inviolabilité du secret des lettres ne permet pas à des personnes étrangères de s'en prévaloir devant la justice ; que ce principe, bien qu'il ne soit pas écrit dans la loi, repose sur des considérations de morale et d'ordre public qui ne sauraient être méconnues sans péril pour la société ; qu'en effet, si une lettre divulguée par l'imprudence ou la légèreté du destinataire, ou livrée par une complaisance coupable à celui qu'elle attaque, pouvait servir de base à une action en dommages-intérêts, les communications intimes, les renseignements confidentiels, les relations sociales, en un mot, deviendraient impossibles, et la carrière serait ouverte aux procès les plus scandaleux, comme aux spéculations les plus honteuses ;

Considérant que, pour refuser d'appliquer ces principes aux faits de la cause, il faudrait que, par le nombre des personnes auxquelles elles ont été adressées, les lettres diffamatoires constituassent une sorte de publication exclusive de tout caractère confidentiel, ou qu'il fût démontré qu'Arcelot de Dracy n'a écrit ses lettres à Coquillon et à Augustine Godard que pour se créer des instruments de publicité, circonstances qui ne se rencontrent pas au procès......

Par ces motifs,

La Cour, etc.

Du 16 novembre 1859. — Cour imp. de Dijon. — 3e Ch. — Prés., M. de Lacuisine.

Art. 352.

Hypothèque légale. — Date. — Tiers détenteur.

La femme n'a hypothèque légale pour le remploi de ses propres aliénés qu'à compter du jour de la vente qui en a été faite, et les tiers acquéreurs de ces biens ne peuvent être assujettis à répondre hypothécairement du prix des autres aliénations, qu'autant qu'il s'agit d'actes antérieurs à leur acquisition.

(Dussange C. f. Dussange.)

Considérant, sur la première question, qu'il est de principe consacré par l'art. 2135 C. N. que la femme n'a hypothèque légale pour le remploi de ses propres aliénés qu'à compter du jour de la vente qui en a été faite, et que les tiers acquéreurs de ces biens ne peuvent être assujettis à répondre hypothécairement du prix des autres aliénations qu'autant qu'il s'agit d'actes antérieurs à leur acquisition personnelle, et non de celles qui auraient pu être faites postérieurement;

Considérant que si, aux termes des art. 2167 et 2168 C. N., le tiers détenteur qui veut conserver l'immeuble hypothé é qué est tenu de payer hypothécairement ou de notifier son contrat, rien ne l'oblige à remplir au préalable cette dernière formalité, qui n'est commandée que pour provoquer ce payement auquel il resterait sans cela exposé; — qu'ainsi les premiers juges, en décidant qu'en ne faisant pas notifier son titre d'acquisition, Dussange était resté exposé au payement hypothécaire intégral des reprises de la femme, sans distinguer l'origine de ces reprises d'autres aliénations d'immeubles, quelles qu'en fussent les dates, ont fait une fausse application de ces deux articles et violé expressément l'art. 2135 précité du même Code ;

Considérant qu'en partant de ces bases, et en appliquant à la liquidation des reprises de l'intimée la règle des imputations légales, savoir, etc..., il y a lieu de déclarer bonnes et valables les offres réelles faites par l'appelant, par exploit du 29 mars 1859, à la femme Dussange, et renouvelées depuis en justice.....

Du 14 novembre 1859. — Cour imp. de Dijon. — 3e Ch. — Prés., M. de Lacuisine.

N. B. Voyez le jugement du Tribunal de Mâcon (p. 272 du Recueil) contenant une décision contraire.

Art. 353.

Action en garantie. — Tribunal de commerce. — Incompétence.

L'action en garantie ne peut pas être portée devant les juges saisis de la demande originaire, lorsqu'elle fait naître un litige dont le Tribunal saisi de la demande principale ne peut connaître en raison de la matière.

(Voillemin-Lebel C. Frotte.)

Considérant, sur la première question, que, si la demande en garantie peut être portée en général devant les juges saisis de la demande originaire, cette règle ne s'applique pas au cas où l'action en garantie fait naître un litige dont le tribunal, régulièrement saisi par une action principale, ne pouvait pas connaître en raison de la matière ;

Considérant, en fait, que Voillemin-Lebel, appelé en garantie par Frotte par suite de la demande formée contre ce dernier par Vasselet, est un propriétaire cultivateur ; qu'il ne doit être soumis, pour une simple vente de denrées provenant de ses récoltes, à la juridiction commerciale, et est parfaitement fondé à demander son renvoi, comme défendeur, devant ses juges naturels , qui sont les tribunaux civils : d'où il suit que le jugement du Tribunal de commerce de Chaumont , qui a méconnu ce principe, doit être annulé pour cause d'incompétence *ratione materiæ*.....

Par ces motifs,

LA COUR.....

Du 28 novembre 1859. — Cour imp. de Dijon. — 3ᵉ Ch. — Prés. , M de Lacuisine.

ART. 354.

Chemin de fer. — Camionnage. — Dommages-intérêts.

Lorsque le cahier des charges d'une concession de chemin de fer porte que les expéditeurs et les destinataires resteront libres de faire eux-mêmes et à leurs frais le factage et camionnage des marchandises, la Compagnie n'a pas le droit de faire camionner par son propre facteur, au domicile des destinataires, les marchandises expédiées en gare avec l'indication d'un autre camionneur, ou adressées au camionneur en gare pour remettre aux destinataires.

On doit le décider ainsi pour toute marchandise qui même n'est pas expédiée en gare, lorsque les destinataires manifestent la volonté d'en opérer eux-mêmes le camionnage.

Le camionneur qui avait été chargé d'opérer le transport à domicile, et à qui la Compagnie a refusé la délivrance des

*marchandises, ou au préjudice duquel le transport en a
été effectué, a droit à des dommages-intérêts.*

(Mongin C. Cie du chemin de fer.)

Considérant, sur la première question, qu'il est établi par
les documents de la cause que la compagnie du chemin de
fer a fait camionner par son propre facteur au domicile des
destinataires des marchandises expédiées *en gare* à Dijon,
avec cette indication : *Par le camionnage Mongin,* ou adressées à Mongin, *en gare, pour remettre aux destinataires ;* —
que ces transports à domicile de marchandises livrables en
gare paraissent s'être fréquemment renouvelés, et qu'en
tous cas ils sont, dès à présent, constatés en ce qui concerne
les expéditions adressées à Rabutôt, Pernet-Quirot, Moissenet,
Voiret, Alexis Meunier, Lanier et Quillot, tous négociants à
Dijon ; — que la compagnie a fait également transporter à domicile, par son facteur, des marchandises expédiées *en gare,*
bien que Mongin eût représenté, en temps utile, à ses agents
les bons d'enlèvement émanés des destinataires ;—que ce refus
de remettre les marchandises à Mongin, mandataire reconnu
des destinataires, est acquis pour les expéditions adressées à
Delarbre, veuve Lechenet et Quantin, tous négociants à
Dijon ;

Considérant que ces faits se sont renouvelés trop souvent
avant et depuis l'instance pour être, ainsi que l'allègue la
compagnie, le résultat d'erreurs commises par ses agents ; —
qu'à raison de leur fréquence, ils ont causé à l'entreprise de
camionnage dite l'*Union du commerce,* dirigée par Mongin, un
préjudice qui n'a pas été suffisamment apprécié par les premiers juges ;

Considérant, sur la deuxième question, que la compagnie
du chemin de fer conteste aux destinataires la faculté de camionner eux-mêmes, et prétend avoir le droit de conduire à

domicile toute marchandise qui n'est pas expédiée *en gare*, par le motif que, dans ce cas, la lettre de voiture ou facture de transport porte à livrer à *domicile*, et forme ainsi entre l'expéditeur et le voiturier un contrat qui ne peut être rompu par la seule volonté du destinataire ; — qu'en conséquence, elle reconnaît avoir constamment refusé, avant comme depuis l'instance, de remettre à Mongin, porteur des bons d'enlèvement des destinataires, les marchandises expédiées avec l'indication seule du nom et du domicile du destinataire, sans addition des mots *en gare* ; — que dans les cas très-fréquents où les marchandises étaient adressées à Mongin *pour remettre aux destinataires*, ou aux destinataires *par le camionnage Mongin*, sans addition des mots *en gare*, elle les a fait transporter par son camionneur soit au domicile de Mongin, soit à celui des destinataires, et notamment pour les expéditions adressées à Jacques Lièse, Thubet, Billot, Lanier, Goy, Dambrun, etc., tous négociants à Dijon ;

Considérant que l'art. 52 du cahier des charges de la concession du chemin de fer à la compagnie de Paris à Lyon et à la Méditerranée, porte que « la compagnie sera tenue de faire dans certains lieux (et la ville de Dijon est du nombre), soit par elle-même, soit par un intermédiaire dont elle répondra, le factage et le camionnage pour la remise au domicile des destinataires de toutes les marchandises qui lui sont confiées; » mais qu'il ajoute : « Toutefois, les expéditeurs et les destinataires resteront libres de faire eux-mêmes et à leurs frais le factage et le camionnage des marchandises; »

Considérant que cette dernière disposition est générale, et s'applique dès lors, au regard du destinataire, aussi bien aux expéditions qui mentionnent seulement son nom et son domicile qu'à celles adressées *en gare* ;

Considérant que pour aucune des expéditions qui font l'objet du procès, la compagnie ne justifie qu'elle ait été chargée par

l'expéditeur de camionner les marchandises à domicile; que
les lettres de voiture ou factures de transport dont elle excipe
portent bien en effet à livrer à domicile; mais que cette énon-
ciation est le fait exclusif de la compagnie, accompli en l'absence et à l'insu de l'expéditeur, au lieu d'être le résultat d'une
convention intervenue entre elle et cet expéditeur, et dont
la lettre de voiture serait l'expression commune; — que cela
est si vrai, que, dans les cas assez nombreux où les expéditeurs avaient indiqué sur l'adresse des colis le camionnage
Mongin comme mode de transport de la gare d'arrivée au domicile des destinataires, la compagnie n'en a pas moins fait des
lettres de voiture ou factures de transport à domicile, contrairement à la volonté expresse des expéditeurs, circonstance
qui démontre surabondamment que ceux-ci ne prennent aucune part à la prétendue convention dont se prévaut la compagnie; — que c'est là, du reste, l'application de sa prétention erronée, à savoir que toute marchandise qui n'est pas
expédiée *en gare* doit nécessairement être transportée par elle
au domicile des destinataires, et ce malgré la volonté expri-
mée par ces derniers d'en opérer eux-mêmes le camionnage;

Qu'en cet état des faits, il devient superflu d'examiner quels
seraient, au regard du destinataire et par rapport à la faculté
que lui concède la disposition finale de l'art. 52 du cahier des
charges, les effets d'une convention intervenue entre l'expéditeur et la compagnie pour le camionnage à domicile, puisqu'il
est démontré qu'aucune convention de cette nature n'a existé
pour les expéditions mentionnées au procès; — qu'en conséquence, par l'insertion de ces mots : *A livrer à domicile*, dans
les factures de transport, les destinataires n'étaient pas déchus
du droit d'opérer eux-mêmes, ou par l'intermédiaire d'un mandataire porteur d'un pouvoir spécial ou général, le camionnage
de leurs marchandises;

Considérant que, soit par le camionnage à domicile des marchandises livrables en gare, soit par le refus de remettre à Mon in celles dont les destinataires l'avaient chargé de prendre livraison à la gare, la compagnie du chemin de fer a privé Mongin des bénéfices du camionnage, et apporté des entraves à l'exercice légitime de son industrie qu'elle a discréditée; — qu'elle doit donc être condamnée à réparer le préjudice dont elle est l'auteur; — que, pour l'évaluation des dommages intérêts fondés sur ces causes générales et particulières, on doit tenir compte, ainsi que le demande Mongin, du préjudice souffert avant comme depuis le jugement dont est appel, et que la cause présente les éléments nécessaires pour en apprécier l'importance.....

. Par ces motifs,

La Cour, etc.

Du 6 décembre 1859. — Cour imp. de Dijon. — 3e Ch. — M. de Lacuisine, Prés.

Art. 355.

Eau (cours d'). — Irrigation. — Règlement d'eau.

Il n'y a pas lieu à un règlement d'eau entre le propriétaire supérieur et le propriétaire inférieur, si les eaux du ruisseau qui traverse la propriété du premier sont à peine suffisantes pour son irrigation.

(Lamy C. Mauchamp.)

Considérant qu'en pratiquant des rigoles d'irrigation dans.

son pré, Lamy n'a fait qu'user du droit que lui confère le § 2 de l'art. 644 du Code Napoléon ;

Que la loi ne met d'autres restrictions à l'exercice de ce droit que l'abus qu'on pourrait en faire, et l'obligation de rendre à son cours ordinaire l'eau qui a traversé l'héritage, après que les légitimes besoins du propriétaire ont été satisfaits ;

Qu'en fait, il n'est pas même allégué au procès que Lamy ait abusé de l'eau qui traverse sa propriété ; tandis qu'il est établi par les documents de la cause que le ruisseau qui fournit cette eau est à peine suffisant pour irriguer une partie du pré de l'appelant ;

Considérant que si, dans l'intérêt des fonds inférieurs, les droits de Lamy pouvaient être restreints et morcelés suivant les besoins de toute la ligne qui borde le ruisseau, il en résulterait non-seulement que l'usage des eaux deviendrait illusoire pour le fonds supérieur, mais que la part faite à chacun des riverains s'annihilerait elle-même par la division ; qu'une semblable conséquence exclut toute idée de règlement d'eau ;

Que la loi ne peut s'interpréter que par la portée de ses dispositions, et qu'elle n'a certainement pas voulu priver gratuitement le propriétaire d'une prairie naturellement traversée par un ruisseau, de l'eau qui lui est nécessaire pour arroser son héritage, alors que par son art. 644 elle lui en assurait l'usage....

Par ces motifs,

La Cour, faisant droit à l'appellation tranchée par Lamy du jugement du Tribunal de Louhans en date du 5 août 1859,

Met ce dont est appel à néant, en ce que les premiers juges ont donné mission aux experts de fixer le mode de répartition des eaux entre Lamy et Mauchamp ;

Réformant quant à ce, dit qu'il n'y a lieu à règlement d'eau.

Du 16 décembre 1859. — Cour imp. de Dijon. — 1re Ch. — Prés., M. Muteau, p. p.

Art. 356.

Séparation de biens. — Obligation de la femme. — Billet à ordre. — Tiers porteur.

La femme séparée de biens ne peut s'engager hors des limites de son administration sans l'autorisation de son mari.

Par conséquent est nul, même à l'égard du tiers porteur, le billet à ordre qu'elle a souscrit sans cette autorisation.

(Prouvèze C. Levert et autres.)

Le 15 mars 1858, à Givry, la dame Julie Sirot, femme séparée de corps et de biens du sieur Prouvèze, a souscrit au profit et à l'ordre d'un sieur Cuynet, ex-huissier à Givry, agent d'affaires à Bourg, un billet de la somme de 3,000 francs, causé valeur en compte, et stipulé payable le 15 juin 1858.

Ce billet a été passé à l'ordre du sieur Levert par le sieur Cuynet, auquel le montant a été payé comptant le 17 mars 1858. Le sieur Levert, à son tour, a passé ce billet aux sieurs Meulien et Lagadrillier, et ceux-ci l'ont passé à Sébastien Kockel et Cie de Lyon. Ces derniers l'ont fait présenter au domicile élu pour le payement à son échéance, et, le payement n'ayant pas été effectué, ils ont fait dresser un acte de protêt le 16 juin 1858. Les sieurs Meulien et Lagadrillier ont retiré le billet des mains des tiers porteurs pour l'honneur de leur signature, puis ils ont fait dénoncer le protêt tant au sieur Levert qu'au sieur Cuynet, avec assignation par-devant le Tribunal de commerce de Chalon-sur-Saône, et, par un jugement de ce Tribunal en date du 11 juin 1859, Levert et Cuynet ont été condamnés solidairement et par corps à payer aux sieurs Meulien et Lagadrillier, 1o la somme de 3,036 francs 90 centimes pour le montant en principal et frais de protêt du billet sus-énoncé ; 2o les intérêts au taux du commerce à compter du 16 juin 1858 ; 3o les frais du procès, taxés à 25 francs 30 centimes, non compris le coût du jugement.

Le jugement a été régulièrement signifié, et le 1er septembre 1858 MM. Meulien et Lagadrillier ont fait signifier au sieur Levert un commandement à l'effet d'avoir à leur payer le montant des condamnations prononcées par ledit jugement.

Menacé d'être saisi dans ses meubles, et même de la prison, le sieur Levert crut devoir agir contre madame Prouvèze, signataire du billet.

Il forma d'abord opposition aux poursuites, puis, par requête, il demanda à être autorisé à faire assigner à bref délai la dame Prouvèze et son mari en payement de la somme de 3,036 francs et accessoires.

Les sieurs Meulien et Lagadrillier ayant donné suite à leurs contraintes, Levert se vit forcé de les désintéresser, et de recourir à un emprunt pour se procurer la somme nécessaire.

Cet emprunt fut passé par-devant Me Poulet, notaire, le 10 septembre 1858, avec affectation hypothécaire sur les immeubles de Levert. Les sieurs Meulien et Lagadrillier intervinrent dans cet acte, reçurent le montant de la somme empruntée en donnant quittance à Levert, et subrogeant ce dernier dans tous leurs droits et actions soit contre Cuynet, soit contre la dame Prouvèze, notamment dans l'effet d'une cession consentie à leur profit par cette dernière, suivant acte sous seing privé en date du 11 juillet 1858, enregistré à Chalon le 31 août suivant, de trois créances de 1,000 francs chacune, dues à la dame Prouvèze par diverses personnes. Les titres des créances cédées furent remis à Levert.

Ce dernier, dans cette situation, ne jugeait pas utile de faire statuer sur la demande qu'il avait formée.

Mais la dame Prouvèze lui fit sommation de mettre la cause au rôle.

Elle fit ensuite assigner Meulien et Lagadrillier pour qu'ils fussent condamnés à lui restituer la cession du 11 juillet 1858 et les titres de créances cédées. A la date du 27 juin 1859, elle forma une demande reconventionnelle en nullité soit du billet du 15 mars 1858, soit de la cession consentie à Meulien et Lagadrillier.

Jugement du Tribunal de Chalon-sur-Saône, dans lequel on lit :

Attendu que la dame Prouvèze, en obtenant sa séparation de biens d'avec son mari, a repris la libre administration de ses biens, et qu'elle a pu disposer de son mobilier et l'aliéner, ainsi que le décide l'art. 1449 C. N.; que l'emprunt qu'elle a fait d'une somme de 3,000 fr., eu égard à l'importance de sa fortune, n'excède pas les bornes de l'administration dont l'a investie la loi, et qu'il y a lieu dès lors de sanctionner l'obligation qu'elle a consentie vis-à-vis des autres parties de la cause.

Appel de la part de la dame Prouvèze.

On disait pour elle : Le billet souscrit par l'appelante était un billet de *complaisance*.

Suivant l'art. 217 Code Nap., la femme, même séparée, ne peut s'obliger sans l'autorisation de son mari. Si, aux termes de l'art. 1449 Code Nap., la femme séparée reprend l'administration de ses biens, et si elle peut aliéner son mobilier, emprunter et souscrire un billet ce n'est pas administrer ni aliéner son mobilier, c'est s'obliger ; et si l'obligation est valable, elle frappe tous les biens présents et futurs.

L'administration rendue à la femme ne comprend pas le pouvoir de contracter des dettes. Cela résulte de la conciliation des art. 217 et 1449 et d'une jurisprudence constante. Or il en est ainsi, à plus forte raison, lorsque la dette est de pure complaisance. Enfin, la nullité du billet doit entraîner la nullité de la cession en garantie du 11 juillet 1858.

ARRÊT.

Considérant qu'en déterminant les droits de la femme séparée de biens, les art. 1448 et 1449 du Code Napoléon en fixent en même temps les limites ;

Que, pour faciliter à la femme séparée l'administration qui lui est rendue, la loi n'a pu vouloir exposer sa fortune et son bien-être aux hasards de son inexpérience ou au danger de ses prodigalités ; que les engagements qu'elle peut contracter

ne doivent pas dépasser les besoins de son administration jour-
nalière, ni s'étendre au delà des biens dont elle peut légalement disposer ;

Considérant qu'il est établi au procès que le billet souscrit
le 15 mars 1858 par la dame Prouvèze au profit de l'ex-huissier
Cuynet n'est autre chose qu'un acte de complaisance consenti
dans l'intérêt exclusif de ce dernier ;

Que ce billet était de nature, en cas de non-payement, à
entraîner la dame Prouvèze dans des condamnations pouvant
affecter en définitive ses valeurs immobilières elles-mêmes ;

Qu'il ne serait pas raisonnable de considérer comme un simple acte d'administration, c'est-à-dire de conservation, un engagement qui peut devenir une cause gratuite de ruine pour
celle qui l'a souscrit, et de rendre la loi responsable des effets
d'un semblable engagement, alors que, dans sa prévoyante sol-
licitude, elle a voulu, au contraire, entourer les droits de
la femme séparée des plus inviolables garanties ;

Considérant que les obligations subséculivement souscrites
par la dame Prouvèze pour arriver à l'extinction de la dette
qu'elle a si imprudemment contractée, ne sont que la conséquence de son premier billet, et doivent être annulées comme
lui :

Par ces motifs,

La Cour, statuant sur l'appellation tranchée par la dame
Prouvèze du jugement rendu par le Tribunal civil de Chalon-
sur-Saône le 19 juillet 1859, met ce dont est appel à néant,
et par nouveau jugement,

Sans s'arrêter à la demande de Levert, qui est mal fondée ;

Faisant droit, au contraire, à la demande reconventionnelle
de la dame Prouvèze,

Déclare nuls, soit le billet du 15 mars 1858 souscrit à l'ordre
de Cuynet, soit la cession en garantie faite par la dame Prou-

vèze aux sieurs Meulien et Lagadrillier le 11 juillet suivant, de trois créances, savoir : 1° un billet de 1,000 fr. souscrit par Mme Paillard et Mme veuve Marmet; 2° une obligation de 1,000 fr. due par les mariés Pistère; 5° une autre obligation de 1,000 fr. due par les mariés Bacherot et Mme Gabrielle Duvillard ;

Dit en conséquence que les débiteurs cédés ne pourront se libérer qu'entre les mains de la dame Prouvèze ;

Condamne Levert, Meulien et Lagadrillier solidairement, aux risques et périls l'un de l'autre, à restituer les titres desdites créances cédées, avec tous intérêts reçus des débiteurs; et faute par eux de le faire dans la huitaine de la signification du présent arrêt, les condamne dès aujourd'hui, et sans qu'il y ait besoin de nouveau jugement, à payer à la dame Prouvèze la somme de 3,000 fr., avec les intérêts résultant des créances cédées jusqu'au payement effectif;

Condamne Levert à garantir et indemniser Meulien et Lagadrillier de toutes condamnations prononcées contre eux, en capital, intérêts et frais.

Du 8 décembre 1859. — Cour imp. de Dijon. — 1re ch. — Prés., M. Muteau, p. p.

OBSERVATIONS.

L'obligation que la femme séparée de biens a contractée, pour une cause étrangère à l'administration de ses biens, sans l'autorisation de son mari ou de la justice, est-elle valable et exécutoire sur ses revenus et sur son mobilier?

L'affirmative avait été d'abord admise par la section des requêtes (1) et par la section civile (2). Pour décider quel obligation de la femme séparée de biens, contrac-

(1) 16 mars 1813 (Dev., iv, 1, 300).
(2) Cass., 18 mai 1819 (Dev., vi, 1, 74).

tée sans autorisation, était valable et pouvait être exécutée sur ses revenus et sur son mobilier, la Cour
partait de ce principe, que l'incapacité de s'obliger de
la part de la femme était une conséquence de l'incapacité d'aliéner, et que la femme séparée pouvait d'une
manière absolue aliéner son mobilier (1449 Code Nap.);
que par conséquent elle pouvait valablement contracter
des obligations exécutoires sur ce mobilier.

Mais la Cour a reconnu que, d'après le principe résultant des art. 217, 219 à 222 et 224 Code Nap., la
femme, même séparée de biens, était déclarée inca-
pable de contracter sans autorisation, généralement, et
non comme une conséquence de son incapacité d'aliéner.
En modifiant cette règle genérale, l'art. 1449, a-t-elle
dit, dispose que la femme séparée de biens en reprend
la libre administration, et ajoute qu'elle peut disposer de
son mobilier et l'aliéner. Mais toute exception doit être
entendue dans un sens restrictif : d'où il suit que cette
faculté doit être restreinte aux actes qui ont pour cause
l'administration des biens. On ne peut raisonnable-
ment prétendre qu'en accordant à la femme séparée de
biens le pouvoir de disposer de son mobilier et de l'a-
liéner, l'art. 1449 l'autorise à s'obliger pour toutes
causes, sauf à n'exécuter l'obligation que sur son mobilier, puisqu'il s'ensuivrait que, du moment où la séparation serait prononcée, la femme pourrait aliéner son
mobilier présent et à venir, et opérer sa ruine et celle de
ses enfants, ce qui ne peut être entré dans les vues du
législateur. L'obligation ne sera donc valable et exécutoire sur les revenus et le mobilier qu'autant qu'elle
aura pour objet ou pour résultat l'administration des

biens de la femme, qu'autant qu'elle n'excédera pas les limites des actes d'administration qui lui sont permis (1).

Cette dernière jurisprudence de la Cour nous paraît plus conforme aux principes, et mieux en harmonie avec la volonté du législateur.

Il nous semble, en effet, que l'incapacité de la femme, même séparée, de contracter sans autorisation, est consacrée d'une manière générale, non-seulement virtuellement par l'art. 217, mais encore par les autres dispositions qui suivent. D'un autre côté, lors même qu'on admettrait, ce que nous n'admettons point, et ce que la Cour nie également, que la faculté de disposer de son mobilier et de l'aliéner est accordée à la femme séparée par l'art. 1449 d'une manière absolue, et non pas seulement dans les limites de son administration, ce serait encore le principe déposé dans les art. 2 7 et suivants que l'on devrait faire prévaloir ; car, si l'incapacité d'aliéner renferme l'incapacité de s'obliger, la capacité d'aliéner ne doit pas toujours entraîner comme conséquence la capacité de s'obliger. L'obligation est plus grave, peut être plus désastreuse que l'aliénation. Du reste, il appartient aux Tribunaux d'apprécier souverainement, d'après les faits et circonstances, si l'acte de la femme excède ou non les limites de son administration, et leur décision à cet égard échappe à la censure de la Cour (2).

(1) Cass., 5 mai 1829 (Dev., IX, 1, 284); Req., 12 février 1828 (Dev., IX, 1, 31) ; Req., 7 décembre 1829 (Dev., IX, 1, 401); Ch. civ., rej., 7 décembre 1830 (Dev., IX, 1, 600); Cass., 3 janvier 1831 (Dev., 1831, 1, 22).

(2) Req., rej., 21 août 1839 (Dev., 1839, 1, 663).

ART. 357.

Société commerciale. — Chemin de fer. — Commandement. — Domicile.

Un commandement ne peut être signifié à une Compagnie de chemin de fer qu'au lieu de son siége social, lorsqu'elle n'a pas établi ailleurs des agents ou préposés chargés de la représenter.

(Demoiselle Braillard C. Compag. du chemin de fer.)

LE TRIBUNAL,

Attendu qu'en exécution d'un jugement rendu contradictoirement par M. le Juge de paix du canton ouest de Dijon le 29 novembre 1856, et par exploit des 12 et 23 décembre suivant, la demoiselle Braillard a fait commandement à la compagnie du chemin de fer de Paris à Lyon d'avoir à lui payer le montant des condamnations prononcées par ledit jugement;

Attendu que, sur l'opposition formée par la compagnie à ces commandements, qui lui avaient été signifiés à Dijon, en la personne de son chef de gare, le Tribunal civil de Dijon, par son jugement du 19 janvier 1857, rejeta l'opposition et ordonna la continuation des poursuites;

Attendu que la compagnie du chemin de fer s'est pourvue devant la Cour de cassation contre ce jugement; que, par son arrêt du 27 juillet 1858, la Cour de cassation a cassé le jugement du 19 janvier 1857, et a renvoyé les parties devant le Tribunal de Mâcon pour être fait droit au fond;

Attendu, en droit, qu'aux termes de l'art. 583 du Code de proc. civile, tout commandement doit être fait à la personne ou au domicile du débiteur;

Attendu que le débiteur, dans l'espèce, était la compagnie du chemin de fer de Paris à Lyon;

22

Attendu que, d'après les statuts légalement approuvés et auxquels il n'a pas été dérogé, cette compagnie a établi son siége social à Paris ;

Attendu qu'il n'apparaît pas qu'elle ait institué à Dijon des agents qui eussent mandat ou capacité de la représenter en justice et de répondre aux actes d'exécution dirigés contre elle ;

Attendu que les commandements dont il s'agit n'ont été notifiés ni à la personne du directeur de la compagnie, ni au siége social de celle-ci ; mais seulement à Guillaume, chef de gare à Dijon ;

Qu'ils sont donc radicalement nuls, et que l'opposition est bien fondée :

Par ces motifs,

Au fond, déclare nuls et de nul effet les commandements faits à la compagnie, etc., etc.;

Condamne la défenderesse, etc., etc.

Du 16 novembre 1859. — Trib. cib. de Mâcon. — Prés., M. Mougin. — Subst., M. Guicherdonc.

N. B. Voir arrêt de la Cour de cassation du 27 juillet 1858 (Sirey, 8ᵉ et 9ᵉ cahier de 1858). Le jugement a adopté les motifs de l'arrêt.

Voir également un nouvel arrêt de la Cour de cassation du 5 avril 1859 (Sirey, 1859, 8ᵉ et 9ᵉ cahier).

Art. 358.

Enseignement. — Ouverture d'un établissement d'instruction secondaire. — Contravention.

L'ouverture d'un établissement ayant tous les caractères

d'un établissement d'instruction secondaire, avant le délai d'un mois fixé par l'art. 64 de la loi du 15 mars 1850, constitue une contravention passible des peines. de l'art. 66 de la loi précitée. Le prévenu n'en peut être affranchi sous le prétexte qu'une première demande d'autorisation d'ouverture avait été faite un mois avant l'ouverture, si, cette première demande ayant été reconnue irrégulière et nulle, une seconde a été adressée moins d'un mois avant. C'est à partir de cette seconde demande régulière que court le délai d'un mois prescrit par l'art. 64 précité.

Une institution ou pension où l'on reçoit et loge des jeunes gens pour les conduire aux classes d'un collége, en se bornant à surveiller dans la maison même la confection de leurs devoirs, ne rentrant pas dans les conditions d'un établissement d'instruction primaire, appartient nécessairement à l'instruction secondaire, et doit satisfaire aux prescriptions de la loi du 15 mars 1850, comme établissement de cette dernière classe.

(Ministère public C. Finot.)

Nous avons rapporté, art. 304 de ce *Recueil*, l'arrêt de la chambre criminelle du 17 mars 1859, cassant un arrêt rendu par la chambre des mises en accusation de la Cour de Besançon, du 9 décembre 1858, qui avait déclaré n'y avoir lieu à suivre contre le nommé Finot, à raison d'une contravention à lui imputée.

Sur le renvoi prononcé par la Cour de cassation, la chambre d'accusation de la Cour de Dijon a rendu, le 21 avril 1859, un arrêt conforme à l'ordonnance de non-lieu de la Cour de Besançon.

Nouveau pourvoi de la part de M. le procureur général près la Cour de Dijon.

La Cour de cassation, toutes chambres réunies, a prononcé de nouveau la cassation sur le rapport de M. le conseiller Leroux de Bretagne, et conformément aux conclusions de M. le procureur général Dupin. (Audience du 22 décembre 1859.)

Art. 359.

Presse. — Journaux étrangers. — Introduction.

Aux termes de l'art. 8 du décret du 11 août 1848, les tribunaux de répression, autorisés à admettre des circonstances atténuantes en faveur des individus prévenus de délits de presse, ne le sont pas quand il s'agit de contravention à la police de la presse.

Or le fait d'introduction en France de journaux étrangers sans autorisation du gouvernement, prévu par l'art. 2 du décret du 17 février 1852, constituant une contravention à la police de la presse, et non un délit, les tribunaux de répression ne peuvent, dans ce cas, faire usage de l'art. 463 du Code pénal.

(Ministère public C. Dessaules.)

Cassation, sur le pourvoi du procureur général près la Cour de Dijon, d'un arrêt de cette Cour du 24 août 1859, rendu sur renvoi après cassation au profit du sieur Dessaules. — M. Pascalis, cons. rap. ; M. Dupin, proc. gén., c. conf. — Voyez l'arrêt de la Cour de Dijon, art. 336 de ce Recueil.

FIN DU RECUEIL.

TABLE ALPHABÉTIQUE

DES MATIÈRES.

A

ACTE DE COMMERCE.

(*Fonds de commerce. — Achat. — Contrainte par corps.*) L'achat d'un fonds de commerce comprenant l'achalandage et les marchandises existant dans ce fonds au moment de l'achat, est un acte de commerce soumettant l'acheteur à la juridiction du Tribunal de commerce et à la contrainte par corps. 155.

ACTION EN GARANTIE. Voy. Incompétence.

ACTION RÉSOLUTOIRE.

(*Défaut d'inscription.*) Le vendeur dont le privilége est éteint, et qui, dans le délai de six mois accordé par l'art. 11 de la loi du 23 mars 1855, a intenté l'action résolutoire, ne peut pas être déclaré non recevable faute d'avoir fait inscrire cette action. 97. Voy. Transcription.

AJOURNEMENT.

(*Délai de distance.*) Il n'y a lieu à aucune augmentation du délai de distance, en matière d'ajournement, à raison d'une fraction de moins de trois myriamètres de distance qui se trouve en sus d'un nombre de fois trois myriamètres. 168. Voy. Appel.

APPEL.

1. (*Compte. — Recevabilité.*) Est susceptible d'appel le

jugement statuant sur un compte, lors même que le reliquat a été fixé par le demandeur à une somme qui rentre dans les limites du dernier ressort. 212.

2. Est également recevable l'appel formé contre un jugement qui ordonne un compte, alors que les parties sont divisées sur l'existence d'un mandat opposé par le demandeur comme base de son action. 212.

3. (*Justice de paix.*) En matière d'appel de jugement de justice de paix, le jour de l'échéance du délai d'appel (*dies ad quem*) est compris dans le délai. 168.

4. (*Opposition. — Tribunal de commerce.*) L'appel d'un jugement par défaut rendu par un Tribunal de commerce peut être formé avant l'expiration des délais de l'opposition. 166.

5. (*Saisie-arrêt. — Intervention. — Dommages-intérêts.*) Lorsqu'à une demande dont le chiffre est inférieur à 1,500 fr., le demandeur joint une demande en dommages-intérêts qui, réunie à la première, excède le taux du premier ressort, le jugement est susceptible d'appel, lors même que les conclusions relatives aux dommages-intérêts n'ont été prises que postérieurement à l'intervention dans la cause d'un tiers dont la saisie-arrêt antérieure à l'assignation a motivé lesdites conclusions. 193.

6. (*Résolution. — Cession de créance.*) Lorsque l'un des seconds cessionnaires pour une somme au-dessous du taux du dernier ressort est appelé dans l'instance qui a pour objet la résolution de la cession d'une créance s'élevant à plus de 1,500 fr., le jugement est rendu en premier ressort même vis-à-vis de lui. 130. Voy. Avocat. Dernier ressort. Séparation de corps.

AUTORISATION. Voy. Legs.

AUTORISATION DE POURSUITES. Voy. Fonctionnaire public.

AVOCAT.

1. (*Conseil de discipline. — Tableau. — Appel. — Inscription.*) Est susceptible d'appel la décision d'un tribunal faisant, à defaut d'un nombre suffisant d'avocats, fonctions de conseil de discipline, et spécialement la décision qui, en omettant sur le tableau le nom d'un avocat précédemment inscrit, ou en refusant de le réinscrire, opère une véritable radiation devant alors avoir lieu dans les formes déterminées par l'ord. de 1822. 289.

2. L'inscription au tableau constitue, en faveur de celui qui l'a obtenue, un droit dont il ne peut plus être privé que par des raisons d'incompatibilité ou de discipline, et par une décision motivée, assujettie à des formes déterminées et sujette à l'appel. 289.

3. Le ministère public chargé de la surveillance des conseils de discipline, a les mêmes droits lorsque les fonctions du conseil de discipline sont exercées par le tribunal, ce qui rend incompatible sa participation aux décisions prises par le tribunal. 289.

4. L'avocat qui, ayant accepté momentanément une position incompatible avec sa profession, a envoyé sa démission au conseil de l'ordre, peut, avant que ce conseil ait régulièrement accepté cette démission, la retirer et continuer à jouir de l'exercice de ses fonctions. 289.

5. Le bâtonnier de l'ordre des avocats est valablement intimé sur l'appel des décisions rendues par un tribunal faisant fonctions de conseil de discipline, et doit être condamné aux dépens, ès-noms, si l'appel est admis. 289.

B

Bail.

(*Réparations. — Réserve. — Preuve. — Présomptions.*)
Lorsque les parties sont d'accord sur la chose, le prix et
la durée d'un bail, et que le locataire a néanmoins réservé que le bailleur ferait les réparations convenables,
selon les indications antérieurement convenues, et que le
bail ne serait signé que quand elles seraient terminées,
un Tribunal ne peut pas, en cas de désaccord du locataire au sujet du règlement de cette réserve, induire des
présomptions que les parties s'étaient entendues sur ce
point. 15.

C

Cautionnement. Voy. Exécution provisoire. Expropriation. Incompétence. Surenchère.

Cession de créance.

1. (*Garantie de la solvabilité actuelle et future. — Obligation principale.*) Quand une cession de créance est faite
avec la clause que le cédant garantit la solvabilité actuelle
et future du débiteur, et s'engage à payer lui-même dans
un certain délai si, après un commandement, le débiteur
n'acquitte pas la dette, il doit être considéré comme débiteur direct, et il ne peut pas opposer au cessionnaire
l'exception de cession d'actions. 162.

2. (*Cession entre époux. — Résolution. — Second cessionnaire.*) La cession de créance consentie à un mari par
sa femme séparée de biens contractuellement est valable. 130.

3. La femme peut demander la résolution de cette cession, à défaut de payement du prix, vis-à-vis du second

cessionnaire qui n'a pas notifié sa cession aux débiteurs cédés. 130. Voy. Communauté.

CHASSE.

(*Gibier lancé. — Terrain voisin. — Droit du propriétaire.*) Il est permis au propriétaire d'un terrain sur lequel se rend une pièce de gibier lancée sur une propriété voisine et suivie par les chiens de celui qui l'a lancée, de la chasser à son tour et de se l'approprier. 93.

CHEMIN DE FER.

1. (*Camionnage. — Dommages-intérêts.*) Lorsque le cahier des charges d'une concession de chemin de fer porte que les expéditeurs et les destinataires resteront libres de faire eux-mêmes et à leurs frais le factage et camionnage des marchandises, la compagnie n'a pas le droit de faire camionner par son propre facteur, au domicile des destinataires, les marchandises expédiées en gare avec l'indication d'un autre camionneur, ou adressées au camionneur en gare pour remettre aux destinataires. — On doit le décider ainsi pour toute marchandise qui même n'est pas expédiée en gare, lorsque les destinataires manifestent la volonté d'en opérer eux-mêmes le camionnage. — Le camionneur qui avait été chargé d'opérer le transport à domicile, et à qui la compagnie a refusé la délivrance des marchandises, a droit à des dommages-intérêts. 323.

2. (*Commandement. — Domicile.*) Un commandement ne peut être signifié à une compagnie de chemin de fer qu'au lieu de son domicile social, lorsqu'elle n'a pas établi ailleurs des agents ou préposés chargés de la représenter. 337. Voy. Compétence. Dommages-intérêts.

CIRCONSTANCES ATTÉNUANTES.

(*Journaux étrangers.* — *Introduction frauduleuse en France.*) La disposition de l'art. 463 Code pénal est applicable au fait d'introduction d'un journal non autorisé. 241. *Contra,* Cass.

CLÔTURE. Voy. Servitude.

COMMANDEMENT. Voy. Chemin de fer.

COMMUNAUTÉ.

(*Réalisation.* — *Créances de la femme.* — *Cession par le mari.* — *Nullité.*) Le mari ne peut céder les créances appartenant à la femme, et qu'elle a exclues de la communauté. Il n'y a aucune distinction à faire à cet égard entre la partie de la créance échue au moment du transport, et celle à échoir postérieurement. 215.

COMPÉTENCE.

(*Compétence commerciale.* — *Chemin de fer.* — *Commissionnaire de roulage.* — *Dommages-intérêts.*) La demande en dommages-intérêts formée contre une compagnie de chemin de fer par un commissionnaire de roulage, et fondée sur ce que ladite compagnie a refusé de lui remettre à la gare d'un lieu des marchandises dont il était commissionnaire d'après les conventions des parties, est valablement intentée devant le Tribunal de commerce de ce lieu. 186. Voy. Incompétence. Faillite.

COMPTE. Voy. Appel.

CONCORDAT.

(*Cautionnement.* — *Intérêt public.* — *Intérêt des créanciers.*) 1° On ne doit pas assimiler les créanciers cautionnés par des tiers aux créanciers hypothéaires ou nantis de gage, dont les voix ne sont pas admises au concordat. 2° Les Tribunaux de commerce ont un pouvoir souverain pour décider, en cas de concordat, si l'intérêt des créanciers doit l'emporter sur l'intérêt public, et *vice versa*. 103.

CONSEIL DE DISCIPLINE. Voy. Avocat.

CONSEIL JUDICIAIRE. Voy. Interdiction.

CONTRAINTE PAR CORPS.

1. (*Arrestation. — Rébellion. — Demande en référé. — Nullité.*) La rébellion, dans le sens de l'art. 785 Code procédure civile, résulte de tout acte violent qui empêche l'huissier chargé de procéder à une contrainte par corps de mettre fin à sa mission. Ainsi, par exemple, l'impulsion à une voiture dans laquelle se trouve le débiteur donnée par le conducteur qui s'est constitué le fauteur de l'évasion, et qui a forcé l'un des recors à lâcher prise, est une rébellion suffisante pour autoriser les mesures prescrites par l'art. 785 précité, et permettre à la force armée de procéder à l'incarcération, même après le coucher du soleil. 118.

2. L'huissier ne peut, sous peine de nullité de l'écrou et de l'emprisonnement, refuser au débiteur de le conduire en référé, en alléguant l'état d'ivresse de ce dernier. 118. Voy. Acte de commerce.

D

DÉFRICHEMENT DE BOIS.

(*Permis de l'agent forestier.*) Le propriétaire d'un bois qui a fait la déclaration de son intention de défricher, obtenu la décision du ministre autorisant le défrichement, et satisfait aux conditions ordinaires de mesurage et de délimitation, n'est pas passible des peines prononcées par l'art. 220 du Code forestier pour avoir commencé le défrichement avant la délivrance du permis de l'agent chef de service, lorsque ce permis a été accordé avant les poursuites. 236.

DÉNONCIATION CALOMNIEUSE.

(*Preuve.* — *Non-recevabilité.*) Quand l'autorité à laquelle la loi attribuait la connaissance des faits et le soin d'en poursuivre la répression, a décidé qu'ils n'avaient point le caractère exprimé par la plainte ou qu'ils n'étaient point suffisamment établis, le Tribunal correctionnel est lié par cette décision, et ne doit point recourir à des preuves qui pourraient avoir pour résultat de l'infirmer. 60.

DÉPENS.

(*Partage.* — *Héritiers.* — *Tiers détenteurs.*) L'action en partage doit être dirigée contre les héritiers ou les acqué-reurs de droits successifs, et ne peut pas être exercée contre les tiers détenteurs de biens héréditaires. Dès lors, les frais exposés par le créancier de l'un des héritiers sur une instance en partage poursuivie contre celui-ci et ses cohéritiers tombent à la charge des tiers détenteurs des immeubles hypothéqués. 299. Voy. Faillite.

DERNIER RESSORT.

1. (*Exploit introductif.* — *Conclusions définitives.*) Lorsque les conclusions prises dans l'exploit introductif d'instance ne sont pas assez précises pour pouvoir décider si la demande est en premier ou en dernier ressort, on doit recourir, pour la solution de cette question, aux conclusions prises en définitive devant le Tribunal. 17.

2. (*Jonction d'instances.*) Bien qu'il y ait eu jonction de deux instances et qu'il ait été statué par un même jugement, cette jonction n'en a pas moins laissé distincts les intérêts des demandeurs, et, par suite, l'appel contre

l'une des demandes n'est pas recevable, si elle était inférieure à 1,500 fr. 172.

3. (*Objets mobiliers. — Valeur réglée par les usages.*) Toutes les fois que des objets mobiliers ont une valeur réglée par les usages du commerce, on ne peut pas les assimiler à des meubles qui peuvent avoir une valeur d'affection, et par conséquent indéterminée. — C'est la valeur réglée par les usages du commerce qui doit être prise en considération pour déterminer le taux du dernier ressort. 18.

4. (*Offres.*) On doit, pour déterminer le taux du dernier ressort, s'attacher principalement aux conclusions prises par le demandeur plutôt qu'à des adhésions partielles accordées après coup par le défendeur à ces mêmes conclusions. 65.

Désistement. Voy. Option. Serment décisoire.

Dommages-intérêts.

(*Chemin de fer. — Bagage égaré. — Commis-voyageur.*) En cas de perte et d'attente d'une malle et d'une caisse d'échantillons appartenant à un commis-voyageur, les compagnies de chemin de fer sont obligées non-seulement à la réparation du préjudice éprouvé par celui-ci, mais encore à une indemnité envers la maison qu'il représente à titre de privation de bénéfices et de dépréciation de marchandises. 173. Voy. Cours d'eau. Lettre missive.

Donation.

(*Libéralités indirectes. — Non-acceptation. — Révocation.*) La libéralité faite indirectement et sous forme de condition ou de charge imposée au donataire direct et principal, peut être révoquée par le légataire universel du donateur, tant qu'elle n'a pas été acceptée par celui qui est ainsi gratifié. — Le bénéfice de la révocation appartient à celui qui a le droit de révoquer. 283.

E

Eaux pluviales.

(*Irrigation.* — *Acte de partage.* — *Fonds supérieur.*) Celui qui, étant devenu propriétaire d'une partie d'un fonds devant être arrosé, selon un acte de partage, par les eaux pluviales divisées au moyen d'un niveau d'après les droits des parties, a acheté ensuite un terrain supérieur contigu, peut disposer de ces eaux comme bon lui semble. 229.

Eau (cours d').

1. (*Etang.* — *Endiguement.* — *Dommages-intérêts.* — *Prescription.*) Le propriétaire d'un étang, qui, voulant mettre cet étang en culture pendant l'été, détourne de son cours naturel le ruisseau qui le traverse, et l'endigue dans un canal de dérivation, en resserre et maintient ainsi les eaux de manière à les faire refluer et causer des dommages aux propriétés situées en amont, doit être condamné à détruire le susdit canal, et à rendre les eaux à leur cours naturel, à moins qu'il ne préfère se conformer aux mesures nécessaires pour prévenir toute inondation : le tout sans préjudice des dommages intérêts pour réparation des pertes de récoltes et détérioration du sol occasionnées par les eaux. — L'action en dommages-intérêts relative aux récoltes ne peut, dans ce cas, être repoussée par la prescription édictée par les art. 637 et 638 Code instruction criminelle. 200.

2. (*Irrigation.* — *Règlement d'eau.*) Il n'y a pas lieu à

un règlement d'eau entre le propriétaire supérieur et le propriétaire inférieur, si les eaux du ruisseau qui traverse la propriété du premier sont à peine suffisantes pour son irrigation. 327.

Écrou. Voy. Contrainte par corps.

Emprisonnement. Voy. Contrainte par corps.

Enregistrement.

1. (*Légataire universel. — Mère naturelle. — Transaction. — Restitution de droits. — Compétence.*) Quand la mère naturelle d'un testateur a formé contre le légataire universel envoyé en possession de son legs une demande en nullité du testament pour cause de captation, et qu'il intervient entre les parties une transaction par laquelle la succession du testateur est partagée par moitié entre elles, et exécutée ensuite par la délivrance que fait la mère naturelle au légataire, la régie de l'enregistrement n'est pas fondée à percevoir un droit de 9 0|0 sur la part de celle-ci dans la succession, mais seulement celui de 1 p. 0|0. 46.

2. Une demande en restitution de droits d'enregistrement doit être portée devant le Tribunal dans l'arrondissement duquel se trouve le bureau où la perception a été faite. 46.

3. (*Partage. — Soulte dissimulée. — Preuve. — Droit de titre.*) Le droit de titre est exigible dès qu'on excipe à l'appui d'une demande d'une convention qui eût dû être enregistrée et qui ne l'a pas été. Il n'y a pas à distinguer si le litige a lieu entre toutes les personnes qui ont pris part à cette convention, ou s'il se restreint à l'une d'elles, qui s'en prévaut contre un tiers. 304. Voy. Droit de transcription.

ERREUR. Voy. Liquidation.

ESCROQUERIE. L'individu qui se présente dans un hôtel et qui y fait une certaine dépense, sans employer aucune manœuvre frauduleuse, n'est pas, par le seul fait qu'il ne peut payer le montant de cette dépense, coupable du délit d'escroquerie. 78.

EXCEPTION DE CESSION D'ACTIONS.

(*Subrogation.* — *Obligation directe.*) L'exception de cession d'actions ne peut être opposée à celui qui est devenu créancier hypothécaire par suite de subrogation dans des prix de vente d'immeubles, ni aux acquéreurs subrogés légalement en raison du payement qu'ils ont fait à ce dernier, par ceux qui se sont obligés solidairement à justifier au créancier subrogé, dans un certain délai, de la radiation de toutes les inscriptions grevant les biens dont le prix lui était cédé. 274. Voy. Cession.

EXÉCUTION PROVISOIRE.

(*Acte sous seing privé.* — *Cautions.* — *Acte authentique.* — *Débiteur principal.*) Lorsqu'une action est intentée contre plusieurs personnes en vertu d'un titre sous seing privé dans le but de les faire condamner comme cautions solidaires, il n'y a pas lieu d'accorder l'exécution provisoire et sans caution, bien que l'obligation principale soit constatée par un titre authentique, et que le débiteur ait été poursuvi et exécuté dans ses biens en vertu de cet acte. 211.

EXPROPRIATION.

En matière d'expropriation, la loi exige la solvabilité personnelle de l'adjudicataire ou du surenchérisseur, et ne leur permet pas d'offrir une caution pour garantir leur solvabilité. 164. Voy. Faillite.

F

FAILLITE.

1. (*Domicile. — Jugement déclaratif.*) La faillite doit être poursuivie devant le Tribunal de commerce du domicile que le commerçant avait au moment où il a cessé ses payements. 37.

2. (*Opposition.*) Le droit de former opposition au jugement déclaratif de faillite, que l'art. 580 Code comm. accorde aux tiers, est un droit propre à ceux-ci, et en vertu duquel ils peuvent agir directement et de leur chef, sans qu'on puisse leur opposer l'acquiescement du failli au jugement rendu incompétemment. 37.

3. (*Expropriation. — Poursuites continuées. — Créancier chirographaire. — Privilége.*) L'article 571 du Code de commerce a seulement pour objet d'empêcher que des poursuites de saisie réelle soient entreprises par des créanciers chirographaires après la déclaration de faillite, et ne s'applique pas aux poursuites commencées antérieurement. — Le créancier poursuivant qui s'en remet à la prudence de la justice sur la demande en cessation de poursuites doit, dans tous les cas, être colloqué par privilége pour ses frais de poursuites. 79.

4. (*Jugement déclaratif. — Rapport. — Dépens.*) Le jugement qui déclare la faillite d'un commerçant, et qui n'a pas encore acquis l'autorité de la chose jugée, peut être rapporté, lorsque tous les créanciers se réunissent à leur débiteur pour en demander le rapport. Les syndics n'ont plus qualité pour insister sur sa confirmation. — Les dépens de première instance et d'appel restent à la charge du débiteur ; mais les créanciers intervenants supportent

25

les frais de leur intervention. 13. Voy. Concordat, Saisie-arrêt.Transcription.

FAUBOURG. Voy. Servitude.

FONCTIONNAIRE PUBLIC.

(*Autorisation de poursuites. — Agent des douanes. — Blessures.*) L'agent des douanes qui, revêtu de son uniforme et porteur des armes de son administration, s'est mis en marche accompagné des hommes qu'il commandait, pour se rendre au poste d'observation, et, en voulant franchir un fossé, a fait imprudemment partir la détente de son fusil et causé ainsi une blessure à un autre préposé, doit être considéré comme étant en ce moment dans l'exercice de ses fonctions : par conséquent les poursuites en dommages-intérêts dirigées contre lui ne peuvent avoir lieu qu'avec l'autorisation prescrite par l'art.75 de la constitution de l'an VIII. 20.

H

HYPOTHÈQUE. Voy. Inscription.

HYPOTHÈQUE LÉGALE. Voy. Purge.

I

INCOMPÉTENCE.

1. (*Tribunal de commerce. — Cautionnement.*) Les Tribunaux de commerce sont incompétents pour connaître des effets du cautionnement d'une dette commerciale, lorsque ce cautionnement a été consenti par un non-négociant et dans une forme non-commerciale.

2. Il en est ainsi, bien qu'une instance soit déjà pendante devant le même Tribunal contre le débiteur principal, et que l'on puisse joindre les deux poursuites. 116.

3. (*Commissionnaire de roulage. — Remise de marchandises.*) L'action par laquelle un commissionnaire de roulage demande que toutes les marchandises adressées à des personnes désignées lui soient remises, et qu'il soit fait défense à une compagnie de chemin de fer d'opérer le camionnage des marchandises expédiées aux destinataires' soit par elle-même, soit par un tiers, n'est point de la compétence des Tribunaux de commerce. 186.

4. (*Action en garantie.*) L'action en garantie ne peut être portée devant les juges saisis de la demande originaire, lorsqu'elle fait naître un litige dont le tribunal saisi de la demande principale ne peut connaître en raison de la matière. 322. Voy. Juge de paix. Référé.

INDIVISION.

(*Convention d'indivision. — Délai indéterminé. — Nullité.*) Est nulle la clause par laquelle des copropriétaires stipulent que des immeubles leur appartenant resteront, comme par le passé, indivis entre eux, sans plus ample indication de la durée de cette indivision. Une pareille stipulation ne saurait être obligatoire même pour cinq années. 185.

INSCRIPTION. Voy. Radiation.

INSTRUCTION SECONDAIRE.

(*Formalités.*) L'établissement dans lequel un certain nombre de jeunes gens sont reçus pour y être logés et nourris, pour y faire seuls leurs devoirs, être conduits au collége, et en être ramenés, n'offre point les caractères d'un établissement d'instruction secondaire ou autre, soumis à la disposition des art. 64 et 66 de la loi du 15 mars 1850. 107. — *Contra*, Cass.

INTERDICTION.

(*Faiblesse d'esprit. — Conseil judiciaire.*) L'individu sans caractère, facile à dominer, mais qui, pour être sans initiative et sans défense, ne jouit pas moins d'une intelligence relative capable de le diriger suivant la faiblesse de son esprit, ne doit pas être interdit. C'est le cas de nommer un conseil judiciaire. 142.

INTÉRÊT. Voy. Legs.

INTERROGATOIRE SUR FAITS ET ARTICLES. Voy. Serment décisoire.

IRRIGATION. Voy. Cours d'eau. Eaux pluviales.

J

JOUR FÉRIÉ. Voy. Ordonnance de non-lieu.

JOURNAUX ÉTRANGERS. Voy. Circonstances atténuantes.

JUGE DE PAIX.

(*Journées de travail. — Société de commerce.*) La demande en payement du prix de journées de travail formée contre une société de commerce est de la compétence du juge de paix. — L'incompétence du Tribunal de commerce peut être proposée en tout état de cause, et doit même être proposée d'office par ce Tribunal. 166.

L

LEGS.

(*Legs fait aux pauvres d'une commune. — Autorisation. — Intérêts.*) La loi du 18 juillet 1837 sur l'administration communale ne déroge pas à l'art. 1014 Code Napoléon, et soumet seulement l'exercice de cette dernière disposition à l'obtention préalable des autorisations imposées aux établissements publics pour accepter les donations ou legs à eux faits. — Jusqu'à l'autorisation, ces établissements sont sans qualité pour consentir à la délivrance des choses données ou léguées, se les faire remettre, en donner décharge ou faire des poursuites pour les obtenir : d'où il suit que les actes de ce genre qu'ils auraient accomplis ne peuvent les engager ni faire courir contre eux des déchéances ou des intérêts. 65.

LETTRE MISSIVE.

(*Caractère.* — *Diffamation.* — *Dommages-intérêts.*) Toute lettre adressée à un tiers est réputée confidentielle, et ne peut, en général, servir de base à une action en dommages-intérêts de la part de celui qui s'y prétendrait diffamé. 318.

LIQUIDATION. Voy. Partage.

LIVRES D'ÉGLISE.

(*Permission de l'évêque.* — *Vente.* — *Libraires.*) Un libraire ne peut contraindre l'imprimeur qui a obtenu de l'évêque la permission d'imprimer et de vendre le propre d'un diocèse, à lui en livrer un certain nombre d'exemplaires, en offrant de payer le prix comptant. 243.

M

MANDAT. Voy. Notaire.

MITOYENNETÉ.

(*Vues.* — *Prescription.*) Le propriétaire d'un terrain joignant un mur a la faculté de le rendre mitoyen, lors même que le propriétaire du mur aurait stipulé le droit d'ouvrir des jours sur ce terrain, s'il est resté plus de 30 ans sans établir ces jours. 159.

N

NOTAIRE.

. (*Mandat. — Responsabilité.*) Un notaire est responsable du défaut de recouvrement d'un billet devenu irrécouvrable faute de protêt à l'échéance, lorsqu'il était mandataire ou *negotiorum gestor* du porteur de ce billet. — Dans ce cas, l'existence du mandat peut résulter des faits et circonstances de la cause. 161. Voy. Remise de dette.

NULLITÉ. Voy. Communauté. Contrainte par corps. Indivision. Saisie-arrêt. Vente.

O

OBLIGATION AU PORTEUR. Voy. Inscription.

OPPOSITION. Voy. Faillite. Ordonnance de non-lieu.

OPTION.

(*Appel. — Désistement. — Délai.*) L'individu qui, condamné à restituer des marchandises dans la huitaine de la signification du jugement, sinon à payer au demandeur une somme déterminée, forme de ce jugement un appel dont il se désiste ensuite, peut valablement restituer les marchandises dans la huitaine de ce désistement. 271.

ORDONNANCE DE NON-LIEU.

(*Opposition. — Délai. — Jour férié.— Partie civile.*) On doit comprendre dans le délai de 24 heures pour former opposition à une ordonnance de non-lieu, le dimanche ou la fête légale qui suit le jour où a été rendue ou signifiée ladite ordonnance, et ce délai ne doit pas être prorogé de 24 heures lorsque le lendemain du jour de l'ordonnance de non-lieu ou de sa signification est un jour férié. 23.

OUTRAGE A LA PUDEUR.

(*Publicité.*) Est-ce qu'il y a publicité de l'outrage à la pudeur (condition indispensable pour sa répression) lorsque le fait a été commis dans une maison privée en l'absence de témoins, si l'on pouvait apercevoir l'intérieur de la maison par la fenêtre fermée en face de laquelle la scène scandaleuse se passait, bien que personne ne l'ait vue, et qu'elle ait cessé par suite de la présence inopinée d'un tiers? Solution affirmative. 113.

P

PARTAGE.

(*Rapport d'experts. — Erreur de chiffre. — Préjudice. — Réparation.*) Quand, dans un rapport d'experts, il a été commis une erreur de chiffre qui, lors d'une liquidation de succession non terminée, a occasionné à l'une des parties un préjudice, il n'y a pas lieu, pour cette partie, de se pourvoir par action principale pour en obtenir la réparation. 58. Voy. Dépens.

PASSAGE.

(*Enclave. — Changement d'exploitation.*) La servitude de passage due au cas d'enclave peut être modifiée et étendue dans son exercice, sauf indemnité, si, par suite d'une nouvelle destination donnée au fonds enclavé et d'un changement d'exploitation, le passage existant se trouve insuffisant pour les besoins de l'exploitation nouvelle. 96-101.

PRESCRIPTION. Voy. Cours d'eau.

PRÉSOMPTIONS. Voy. Bail.

PREUVE. Voy. Bail.

PRIVILÉGE. Voy. Faillite. Transcription.

PURGE.

1. (*Hypothèque légale.—Tiers détenteur.*) Le tiers détenteur qui n'a pas purgé est tenu de payer intégralement
les reprises de la femme, sans distinction, ou de délaisser
l'immeuble hypothéqué. 272.

2. Jugé au contraire que, la femme n'ayant hypothèque
légale pour le remploi de ses propres aliénés qu'à compter
du jour de la vente qui en a été faite, les tiers acquéreurs de ces biens ne peuvent être assujettis à répondre
hypothécairement du prix des autres aliénations, qu'autant qu'il s'agit d'actes antérieurs à leur acquisition. 320.

R

RADIATION D'INSCRIPTIONS.

(*Obligation au porteur. — Radiation partielle. — Titre
à déposer.*) Au cas de radiation partielle d'inscriptions
prises pour sûreté d'obligations au porteur, le conservateur des hypothèques ne peut exiger le dépôt perpétuel
des grosses de ces obligations. La remise de l'acte contenant mainlevée de l'inscription doit lui suffire, alors
surtout qu'offre lui est faite de la communication desdites
grosses pour y inscrer telles mentions qu'il jugera convenable. 170.

RÉALISATION. Voy. Communauté.

RÉBELLION. Voy. Contrainte par corps.

RÉFÉRÉ.

(*Saisie-arrêt. — Demande en mainlevée. — Incompétence.*) Le juge des référés est incompétent *ratione materiæ*
pour statuer sur une demande en mainlevée formée en

matière de saisie-arrêt par la partie saisie. 213. Voy. Contrainte par corps.

REMISE DE DETTE.

1. (*Héritiers.*) Lorsque, dans un billet par lequel un individu se reconnaît débiteur d'une certaine somme, il existe une clause ainsi conçue : « En cas de décès du créancier avant le remboursement intégral de la somme promise, ce qui restera dû alors sera acquis au débiteur, qui n'en devra compte à personne, » le débiteur n'en doit pas moins être condamné au payement de la totalité de la somme sur la demande des héritiers du créancier. 144.

2. (*Expédition. — Notaire.*) La remise par le notaire de l'expédition d'un acte de vente à l'acquéreur ne prouve pas suffisamment la libération de celui-ci. Elle n'est qu'une présomption de payement qui ne lie pas le juge. 167.

REMPLOI. Voy. Vente.

RÉSOLUTION.

(*Vente. — Marchandises.*) La disposition de l'art. 1657 Code Nap., qui déclare résolue de plein droit et sans sommation au profit du vendeur la vente de denrées et effets mobiliers faute de retirement par l'acheteur au terme convenu, s'applique aux ventes commerciales comme aux ventes civiles. 125. Voy. Cession de créance.

RESPONSABILITÉ. Voy. Notaire.

RÉVOCATION. Voy. Donation.

S

SAISIE-ARRÊT.

(*Faillite. — Jugement de validité. — Nullité.*) La saisie-arrêt pratiquée par le créancier d'un failli entre les mains d'un débiteur de ce dernier, et validée par un jugement rendu par défaut postérieurement à la cessation de payements, ne doit pas recevoir effet, et procurer au saisissant le payement de sa créance au détriment des autres créanciers. Du moins, c'est un acte qui peut être annulé s'il est établi que le créancier poursuivant a eu connaissance de la cessation de payements avant la poursuite. 3. Voy. Référé.

Saisie immobilière.

1. (*Subrogation aux poursuites. — Créanciers. — Tierce opposition.*) Lorsqu'il s'agit d'un jugement prononçant sur un incident relatif à une subrogation aux poursuites sur saisie immobilière, les créanciers hypothécaires ne sont pas recevables à former tierce opposition.

2. Il en est ainsi même dans le cas où le débiteur, après avoir obtenu de tous les créanciers inscrits sur les immeubles l'autorisation de faire radier en totalité la saisie qui avait été pratiquée, a laissé prononcer ensuite la subrogation. 261.

Séparation de biens.

(*Obligation de la femme. — Billet à ordre. — Tiers porteur.*) La femme séparée de biens ne peut s'engager hors des limites de son administration, sans l'autorisation de son mari. — Par conséquent est nul, même à l'égard des tiers porteurs, le billet à ordre qu'elle a souscrit sans cette autorisation. 329.

Séparation de corps.

1. (*Enfants mineurs. — Éducation.*) Le jugement qui prononce la séparation de corps doit, en règle générale, confier l'éducation des enfants mineurs issus du mariage à l'époux qui a obtenu la séparation. 76.

2. (*Propos outrageants. — Tolérance du mari.*) Le mari qui souffre qu'au domicile commun un de ses employés adresse à son épouse des propos outrageants, commet envers elle une injure grave devant donner lieu à la séparation de corps. 73.

3. (*Ordonnance du président. — Appel.*) Est susceptible d'appel l'ordonnance rendue par le président en vertu de l'art. 878 C. pr. civ., lorsque, soit par 'a nécessité des circonstances, soit par excès de pouvoir, cette ordonnance statue sur un véritable contentieux. 313.

4. (*Résidence provisoire.*) Le président peut assigner à la femme, à l'exclusion du mari, pour lui servir de résidence provisoire, la maison que les époux habitent, lorsqu'elle appartient à la femme avec le mobilier qui s'y trouve, ainsi que le train d'agriculture dont elle a la gestion. 314.

5. (*Garde des enfants.*) Mais il ne peut pas confier provisoirement la garde des enfants à la femme. 314.

SERMENT DÉCISOIRE.

1. (*Désistement. — Interrogatoire sur faits et articles.*) La partie qui, après avoir déféré à son adversaire le serment décisoire devant le Tribunal de première instance, s'est désistée de ce mode de preuve pour y substituer devant la Cour l'interrogatoire sur faits et articles qui a eu lieu, ne peut plus revenir sur ce désistement et demander de nouveau que le serment soit prêté. 63.

2. (*Pièce décisive. — Serment référé. — Fait non personnel.*) Celui auquel le serment est déféré par l'autre partie ne peut refuser de le prêter, en alléguant que celle-ci a entre les mains la preuve écrite de la convention. 150.

3. Il ne peut pas non plus être admis à lui déférer le serment sur un fait qui ne lui est pas personnel, alors même qu'elle y consentirait. 150.

SERMENT SUPPLÉTIF.

Le serment qui a été déféré subsidiairement ne peut être considéré que comme serment supplétif. 312.

SERVITUDE.

1. (*Clôture forcée. — Faubourg.*) On doit entendre par faubourg, au point de vue de l'art. 663 Code Nap., l'agglomération des maisons qui sont en dehors des portes d'une ville ou de son enceinte.

Mais on ne saurait considérer comme faubourg la partie du territoire de la ville composée de propriétés purement rurales, alors même qu'elles se trouveraient comprises dans le rayon de l'octroi. 123.

2. Pour pouvoir obliger son voisin à contribuer à la clôture de deux héritages contigus, il faut qu'ils soient tous deux en nature de maison, cour ou jardin ; et notamment cette servitude ne peut être imposée au propriétaire dont l'héritage est une terre arable. 124. Voy. Passage.

SOCIÉTÉ.

1. (*Assurance mutuelle. — Payement des primes. — Défaut d'autorisation.*) Lorsque des propriétaires se sont engagés à payer à une société d'assurances mutuelles contre la grêle des primes pendant un certain nombre d'années, ils ne peuvent se refuser à payer la prime pour une de ces années en opposant le défaut d'autorisation de la société. 309.

2. Une société de cette nature n'a pas besoin d'autorisation pour exister légalement. 310.

SURENCHÈRE.

(*Caution.* — *Insuffisance.* — *Justification supplémentaire.*) La solvabilité de la caution fournie par le surenchérisseur, en exécution de l'art. 2185 Code Nap., ne doit être appréciée que d'après les immeubles dont les titres ont été déposés au greffe, conformément à l'art. 832 Code proc. civ.

En conséquence, la surenchère est nulle si ces immeubles sont grevés d'hypothèques légales pour des causes excédant leur valeur. Cette nullité ne peut être réparée par la consignation d'une somme effectuée après l'expiration des 40 jours. 53.

T

TESTAMENT.

1. (*Commissaire civil de Batna.* — *Nullité.*) Celui qui remplit les fonctions de commissaire civil à Batna ne peut recevoir un testament. 157.

2. (*Olographe.* — *Renvoi.* — *Date.*) Il n'est pas indispensable, dans un testament olographe, d'ajouter la date, qui se trouve à la fin de l'acte, à côté de la signature qui approuve un renvoi en marge. 74.

TIERCE OPPOSITION. Voy. Saisie immobilière.

TIERS DÉTENTEUR. Voy. Purge.

TRANSACTION. Voy. Enregistrement.

TRANSCRIPTION.

1. (*Vente.* — *Privilége.* — *Renouvellement de l'inscription d'office.*) Lorsqu'un contrat de vente a été transcrit avant la loi du 23 mars 1855, et lors même que l'inscription prise d'office n'a pas été renouvelée avant les dix ans, il n'y a pas extinction du privilége. 280.

2. (*Vente.* — *Privilége.* — *Action résolutoire.* — *Faillite.*) Le vendeur est-il de suite déchu de son privilége et de l'action résolutoire à défaut de transcription au jour du jugement déclaratif de la faillite de l'acheteur ? Controverse entre MM. Rivière, Paul Pont et Troplong. 246.

3. (*Droit de transcription.* — *Licitation.* — *Indivision subsistante.*) Le droit de transcription est dû sur l'intégralité de la valeur des biens licités, toutes les fois que la licitation intervenue entre plusieurs cohéritiers ou copropriétaires ne fait pas cesser complétement l'indivision, notamment lorsqu'elle a lieu en l'absence d'un cohéritier ou copropriétaire qui conserve des droits indivis dans un ou plusieurs des immeubles compris dans la licitation. 307.

TRIBUNAL DE COMMERCE. Voy. Compétence, Incompétence. Juge de paix.

V

VENTE.

(*Vente entre époux.* — *Remploi du prix d'immeubles propres à la femme.* — *Défaut de cause légitime.* — *Nullité.*) Est nulle la vente de meubles consentie en remploi de propres par le mari à la femme avant toute séparation de biens, et lorsqu'il n'y a pas de la part du mari envers la femme une dette certaine, liquide et actuellement exigible. 84. Voy. Résolution.

VOL.

1. (*Objets perdus ou déposés sur un chemin public.*) La disposition de l'art. 383 du Code pénal n'est pas applicable au cas de vol d'objets perdus ou déposés sur les routes ou chemins publics. 199.

2. (*Chemin de fer.* — *Escalade.*) Les chemins de fer ne peuvent être considérés comme des chemins publics dans le sens de la disposition de l'art. 383 Code pénal. — Il y a escalade, si les clôtures de ces voies ont été franchies sur certains points. 106.

FIN DE LA TABLE.

DIJON. — IMPRIMERIE DE PEUTET-POMMEY.

EN VENTE

AUX LIBRAIRIES DE MM. MARESCQ, RUE SOUFFLOT, 17; DURAND, RUE DES GRÈS, 5; GUILLAUMIN, RUE RICHELIEU, 14, A PARIS; ET LAMARCHE, PLACE SAINT-ÉTIENNE, A DIJON,

Les ouvrages suivants de M. H. F. RIVIÈRE.

ESQUISSE HISTORIQUE DE LA LÉGISLATION CRIMINELLE DES ROMAINS. 1 vol. in-8°.

Rare dans le commerce.

EXPOSÉ THÉORIQUE ET PRATIQUE DES DROITS DU MARI ET DE SES CRÉANCIERS SUR LES BIENS DE LA FEMME. Broch. in-8°. 2 fr.

A paru sous un pseudonyme (*Paul*).

RÉPÉTITIONS ÉCRITES SUR LE CODE DE COMMERCE.

Nouvelle édition. 1 fort vol. in-8°. 9 fr.

Les répétitions écrites sur le Code de commerce renferment (ce qui est assez rare) plus de choses que le titre n'en promet. C'est un travail sérieux, contenant des principes exacts, des doctrines fécondes et exposées dans un style toujours simple et facile. (*Revue crit. de Législation*).

Dans ce livre si net, si précis et si plein, l'auteur suit pas à pas la lettre du Code de commerce; il l'explique, et l'anime pour ainsi dire, en l'environnant du tableau de la vie commerciale, telle que les âges l'ont formée.... De ses efforts est sortie une œuvre dans laquelle il a su resserrer l'explication non-seulement de ce Code, mais encore de son histoire. (M. DALLOZ.)

L'ouvrage de M. Rivière participe tout à la fois du traité et du commentaire, et l'on y trouve, avec la méthode, les principaux mérites de ses devanciers, notamment la clarté dans l'exposition des principes, et des développements doctrinaux tout à fait irréprochables. (*Recueil gén. des lois et arrets*).

EXAMEN DU RÉGIME DE LA PROPRIÉTÉ MOBILIÈRE EN FRANCE. 1 vol. in-8°. 5 fr.

Contenant le Mémoire couronné par l'Académie de législation.

Cette composition se recommande par une science incontestable. Elle contient des aperçus aussi exacts qu'intéressants. (M. BENECH, *professeur à la Faculté de Toulouse.*)

EXPLICATION DE LA LOI DU 23 MARS 1855 SUR LA TRANSCRIPTION EN MATIÈRE HYPOTHÉCAIRE.

Deuxième édition. 1 vol. in-8°   5 fr.

Cet ouvrage est complété par le suivant :

QUESTIONS THÉORIQUES ET PRATIQUES SUR LA TRANSCRIPTION EN MATIÈRE HYPOTHÉCAIRE. 1 vol. in-8°.   6 fr.

Se recommandant par une analyse exacte, savante et ingénieuse. (*Revue pratique de Droit français.*)

Offrant un ensemble de solutions et d'indications précises, concordantes entre elles, dont la pratique ne manquera pas de profiter, et dans lesquelles la théorie peut puiser d'utiles enseignements. (*Le Droit*).

Le succès que cet ouvrage a obtenu prouve assez que l'estime des praticiens a sanctionné les éloges qu'il a reçus de la critique depuis sa publication. (*Revue crit. de législation.*)

EXPLICATION DE LA LOI DU 17 JUILLET 1856 SUR LES SOCIÉTÉS EN COMMANDITE PAR ACTIONS. 1 vol. in-8°.   3 fr.

Sous le texte de chaque article M. Rivière pose les questions, place les explications nécessaires à leur solution, et résume, dans un style concis et substantiel, les raisons d'après lesquelles il se détermine, raisons dans le choix desquelles il sait avec discernement allier la jurisprudence antérieure et les sévérités de la loi nouvelle. (*Journal du Palais.*)

PRÉCIS HISTORIQUE ET CRITIQUE DE LA LÉGISLATION FRANÇAISE SUR LE COMMERCE DES CÉRÉALES. 1 joli vol. in-8°.   4 fr.

Rien d'aussi complet n'avait encore été écrit sur la législation des grains. (D. MOLINARI, *prof. à l'Institut d'Anvers.*)

Les recherches historiques dont M. Rivière a enrichi le sujet, m'ont paru propres à jeter un jour nouveau sur des faits qui n'avaient pas été suffisamment étudiés. (M. TROPLONG, *président du Sénat.*)

Les faits sont exposés avec la clarté la plus satisfaisante, et les conclusions que M. Rivière en tire, les seules que puisse admettre la science. Il serait fort à désirer que l'on mît sous les yeux du public beaucoup d'œuvres semblables. (M. H. PASSY, *ancien ministre.*)

Les esprits sages que mettent en défiance des polémiques trop ardentes, éprouveront, dès les premières pages du livre de M. Rivière, le désir de le lire tout entier; car ils reconnaîtront dans ce précis historique et critique le langage d'une froide raison vouée à la recherche consciencieuse du bien public, au moyen des enseignements que donnent l'expérience du passé et le spectacle des faits économiques contemporains. (*Recueil gén. des lois et arrêts.*)

Dijon. Impr. Peutet-Pommey.